高等学校实验室
环境健康与安全

EHS

主　编　路建美　黄志斌
副主编　陈永清　宋卫平　谢志余
　　　　张友九　查伟忠　陆新华

南京大学出版社

图书在版编目（CIP）数据

高等学校实验室环境健康与安全 / 路建美，黄志斌主编.
—南京：南京大学出版社，2013.6（2022.7 重印）
ISBN 978 - 7 - 305 - 11614 - 8

Ⅰ.①高… Ⅱ.①路… ②黄… Ⅲ.①高等学校－实
验室－安全管理－研究 Ⅳ.①G642.423

中国版本图书馆 CIP 数据核字（2013）第 126886 号

出版发行　南京大学出版社
社　　址　南京市汉口路 22 号　　　　　邮编　210093
出 版 人　金鑫荣

书　　名　**高等学校实验室环境健康与安全**
主　　编　路建美　黄志斌
责任编辑　陈济平　蔡文彬　　　　　编辑热线　025 - 83592146
照　　排　南京开卷文化传媒有限公司
印　　刷　常州市武进第三印刷有限公司
开　　本　787×960　1/16　印张 14.5　字数 253 千
版　　次　2022 年 7 月第 1 版第 6 次印刷
ISBN　978 - 7 - 305 - 11614 - 8

定　　价　36.00 元
网　　址：http://www.njupco.com
官方微博：http://weibo.com/njupco
微信服务号：njuyuexue
销售咨询热线：(025)83594756

前　言

　　高等学校实验室是人才培养、科学研究和社会服务的重要基地,是培养学生动手操作技能、创新思维能力不可或缺的实践场所。近年来,我国高等教育事业得到迅速发展,高校实验室的作用和地位愈加凸现,在实验室中开展的教学和科研活动更加频繁,从事实验和研究的人员日益增多,人员结构愈加复杂。随着科学技术的快速发展和科学研究的不断深入,边缘学科、交叉学科、多学科协同合作的趋势愈加明显,这些都是将来科学技术发展的必然趋势。实验所涉及的内容和范围将不再纯粹是某单一学科的内容,而是更多涉及多种学科的内容交叉并存。

　　目前,有的高校还没有意识到环境(Environment)、健康(Health)、安全(Safety)(简称 EHS)对于高校可持续发展的重要性。高校实验室不是简单的大楼加仪器,一流大学的实验室不单单是拥有一流的设备就能造就的。高校实验室的建设和管理是一个系统工程,它与人才培养的质量和科研成果的水平密切相关。

　　EHS 管理体系是建立环境、健康、安全的组织机构及其职责、程序、过程和资源构成的三位一体的管理体系,是先进的文化体系,它更加注重以人为本、防范在先,将风险降到最低。高校推行 EHS 必须做到全员参与,注重对全体师生员工的教育和培训。

　　长期以来,苏州大学一直对实验室的 EHS 管理体系建设高度重视,在强调"以人为本"、"防患未然"的同时,多次派出实验室工作一线的管理人员和工作人员赴新加坡、香港、澳大利亚、加拿大等国家和地区的高校就实验室环境、健康、安全等方面的管理和措施进行专题的调研和培训,取得了显著的效果。学校已经基本建立了实验室安全文化建设、实验室管理、安全培训、考核等方面的制度,很多实验室的环境、健康与安全建设已经形成常态化。新生(含本科生和研究生)入学以及新教师进校后必须经过专门的安全培训,考核合格后方可进入实验室工作。在苏州大学校园中业已形成较为浓郁的安全文化氛围,为保护生态环境、师生员工的身心健康和生命财产的安全提供了保障。

　　为使广大师生能更好地形成良好的环境、健康和安全理念,养成良好的行为习惯,我们在原有培训讲义的基础上,编写了这本《高等学校实验室环境健康与安全》。本书分为两个部分:第一部分为理念篇,结合大学实验室的实际情况,从安全文化建设、EHS管理体系的推行、实验室中存在的环境和职业健康隐患等方面进行总体介绍;第二部分为技术篇,根据实验室中常见事故类型及各类实验室的安全防护要求,涉及使用激光、特种设备、大型精密分析仪器的实验室的特殊要求以及实验室用电安全技术要求等进行介绍。在每章中,简要介绍有关的安全知识、安全技能、安全防护、安全规范、安全装备的配置、实验废弃物的安全处置、实验室常见安全事故的应急处理等方面内容。尽可能贴近实际,有很强的针对性和可操作性。

编者的初衷,一方面使读者通过阅读本书,对实验室的环境、健康与安全的理念和相关知识有全面的了解,培养良好的安全意识,养成良好的安全操作习惯;另一方面,当实验室工作人员在遇到具体的问题时,通过查阅本书的相关章节,能够很快找到解决途径。通过多年的实践,我们认为对新入学的研究生、本科生以及新进校的老师进行实验室环境、健康和安全教育,不仅对保证广大师生的职业健康和安全很有帮助,而且能很好地提升学生的安全意识和素养,在校园形成浓郁的安全文化氛围,广大师生也能终生受益。

本书既可作为大学本科生、研究生新生入学进行安全教育的培训教材,也可作为在实验室工作的广大高校教师以及科研院所的研究人员的参考资料。

参加本书编写的人员都是长期工作在实验室管理和实践岗位的技术骨干,主编路建美教授现任苏州大学副校长,长年分管实验室建设和安全工作,在实验室管理方面有先进的理念和丰富的经验。黄志斌为苏州大学材料与化学化工学部副主任,长年分管实验室建设与安全工作。陈永清为苏州大学实验室与设备管理处处长;宋卫平为苏州大学实验室与设备管理处技术安全科科长;谢志余为苏州大学工程训练中心主任;张友九为苏州大学医学部放射医学与防护学院实验中心主任;查伟忠为苏州大学计算机科学与技术学院实验中心主任;陆新华为苏州大学材料与化学化工学部测试中心主任。

本书初稿第1章和第2章由路建美、黄志斌和陈永清编写,第3章由宋卫平和黄志斌编写,第4、5章由黄志斌编写,第6章由宋卫平编写,第7章由谢志余编写,第8章由谢志余、宋卫平、陆新华、黄志斌编写,第9、10章由张友九编写,第11、12章由查伟忠和陆新华编写。全书由路建美和黄志斌统稿。

在本书的编写过程中,阅读和参考了大量的有关实验室环境、健康、安全方面的有关法律法规、国家标准、论文著作以及很多境外大学的实验室安全手册等,借鉴了众多境外高校实验室安全管理方面的先进经验和做法,听取了有关学者、专家和安全工作人员的意见,在书中无法完全详尽列出,在此一并表示衷心的感谢。苏州大学实验室安全管理专家阚浩泉高工对全书进行了审阅并提出了很多宝贵意见,在此表示衷心的感谢。

由于编写的时间比较仓促,加之编者水平有限,书中定有不当之处,敬请各位读者批评指正,我们将根据广大读者的意见和建议对本书作进一步的完善。

编　者

2013 年 5 月于苏州大学独墅湖校区

目　录

第二部分　技术篇

第 4 章　实验室安全事故的类型与个体防护装备 ········· 41

第 1 章　高校安全文化建设与
EHS 管理体系构建

　　我国高等学校实验室的环境、健康和安全工作正处在一个由传统观念向高校安全文化提升的过程中。高校安全文化建设不仅要强调人的安全意识，更要强调在意识指引下"人"的行为。因此，高校安全文化建设的成果，必将使高校校园及实验室的环境、健康和安全工作更加深入地融入到日常的各项工作和生活中，融入到"人"的意识当中，成为师生员工的自觉行为。

　　环境（Environment）、健康（Health）、安全（Safety）简称 EHS。EHS 管理体系是环境管理体系（EMS）和职业健康安全管理体系（OHSMS）两体系的整合。环境、职业健康安全管理体系，简称 EHS 管理体系。建立推行 EHS 管理体系的目的就是保护环境，改进我们工作场所的健康性和安全性，改善工作条件，维护员工的合法利益。当今世界许多著名的高等学校，都在积极推行 EHS 管理体系。

1.1　高校安全文化建设

　　一位安全管理专家曾说过，短期安全靠运气，中期安全靠管理，长期安全靠文化。这深刻揭示了高校实验室的环境、健康和安全工作只有上升到文化层面，才能抓住根本、击中要害，才是最长久、最管用、最有效的真招实策。

　　文化是人类精神财富和物质财富的总称，安全文化和其他文化一样，是人类文明的产物。文化具有极强的渗透性、柔韧性和持久性，它像空气一样无时无处不在，能够以无形的观念深刻影响着有形的存在。高等学校的安全文化能为高校在人才培养、科学研究、社会服务和文化传承等活动的有序开展保驾护航。通过文化强校，可以助推中华民族复兴伟业。

安全是从人身心需要的角度提出的,是针对人以及与人的身心直接或间接相关的事物而言。"无危为安,无损为全","安全"意味着既没有危险又尽善尽美。安全文化是人类的共同财富。让工作、学习、生活和环境变得更安全、更环保、更健康、更愉快,这是人们共同追求的目标。

1.1.1 安全文化的概念

安全文化的概念由首创者国际核安全咨询组(INSAG)于 1986 年针对核电站的安全问题提出。1991 年出版的(INSAG - 4)报告即《安全文化》给出了安全文化相对狭义的定义:安全文化是存在于单位和个人中的种种素质和态度的总和。

北京市安全文化建设纲要对安全文化的定义为:安全文化是存在于组织和个人中的安全意识、安全态度、安全责任、安全知识、安全能力、安全行为方式等的总和。

从高等学校安全管理的角度,高校的安全文化是高等学校在组织和实施人才培养、科学研究、社会服务和文化传承过程中人的安全意识、安全态度、安全责任、安全知识、安全能力、安全行为方式等的总和。这里的"人"主要包括教师、职员、工人、所有研究生和本、专科学生。要说明这个问题,就要从分析安全文化的本质入手。

1.1.2 安全文化的本质

安全文化只有与人们的社会实践、生产生活中的每个环节紧密结合起来,通过安全文化的教育和熏陶,不断提高人们的安全素养,才能在预防事故发生、保障生活质量方面真正发挥作用。这就是安全文化的本质。高校安全文化的概念反映的就是这个本质。

安全文化是先进文化,是高校文化的核心部分。高校安全文化的实质是一种手段,它是要建立一整套科学而严谨的规章制度和组织体系,目的就是通过在高校内部创造一种良好的组织环境,通过各种专业或安全技能培训提高师生员工的安全意识、安全观念、安全知识、安全行为、安全技能以及有意识地培养师生员工良好的安全习惯和态度,改进高校整体安全环境,最终在大学校园内营造人人自觉关注实验室安全的文化氛围。

安全文化的核心是以人为本,这需要将高校实验室安全的责任落实到师生员工的具体工作中,通过培育师生员工共同认可的安全价值观和安全行为规范,最终实现持续改善安全状况、建立实验室安全长效管理机制的目标。真正落实"以人为本"的理念,提高全体师生员工的综合安全素质,是抓好高校实验室安全工作的重要保证。

任何人追求人生的价值和幸福生活,都必须以生命为载体,没有了健康,没有了生命,谈这些就没有意义。所以健康和安全是每个人最为基本的生存需求。安全是头等大事,是永恒的旋律。安全文化,就是保护人的健康、珍惜人的生命以及实现人的价值的文化。

1.1.3　安全文化的基本功能

安全文化具有规范和约束人们行为的作用,其基本功能有:

1. 导向功能

安全文化的导向功能是指对社会成员安全行为的导向作用。安全文化集中反映了社会成员共同的安全价值观念和安全理念。

安全文化的导向功能,首先体现在它的超前引导方面。通过安全教育培训和安全文化氛围的影响,使安全价值观念和安全目标在全体成员中形成共识,并以此引导师生的思想和行动。其次,安全文化导向功能还体现在它对全体成员安全行为的跟踪引导。安全文化的价值观念和目标将化解为具体的行动依据和行为准则,大家可以随时对照并进行自我约束和自我控制,从而达到安全的目的。

2. 凝聚功能

每一个群体组织和每个成员都有自己的价值评判标准和行为准则,都有自己对物质和精神方面的需求。当一个单位安全文化的价值观被该单位成员认同之后,它就会成为一种黏合剂,从各方面把大家凝聚起来,形成巨大的向心力和凝聚力,这就是凝聚功能。安全文化能使全体成员在安全方面的观念目标、行为准则保持一致,形成心理认同的整体力量,表现出强大的凝聚力和向心力。

3. 激励功能

安全文化的激励功能,是指文化力能使单位成员从内心产生一种奋发进取、积极向上的效应。通过发挥人的主动性、创造性、积极性,使人产生激励作用。积极向上的安全观念和行为准则,帮助大家形成强烈的使命感和持久的驱动力,从而使大家产生认同感和归宿感。安全文化把"以人为本"视为主要的价值观念,对激励机制极为重视,调动大家的积极性,预防不安全行为的发生。

4. 约束规范功能

指文化力对单位每个成员的思想和行为具有约束和规范作用。安全文化通过文化的微妙渗透与暗示,使社会成员形成安全价值共识和安全目标认同,并实现自我约束和控制的作用。

5. 传播功能

通过安全文化的教育功能,采用各种有效的安全文化教育方式,对师生员工进行安全理念、安全知识、安全技能、安全态度、安全意识、安全法规等的教育,从而广泛地宣传并传播安全文化知识和安全科学技术。

由于安全文化的特性和特殊作用,它同时还具有预防功能、惩戒功能、稳定功能等特殊作用。安全是人类得以延续、社会得以发展的基本条件。寻求安全是人的本能。我们有必要加强安全文化建设,确保教育事业在安全稳定的环境中持续地高速发展。

1.1.4 高校安全文化建设的意义

高校安全文化建设是高等学校安全管理工作水平的一个标志,高校安全文化建设的好坏从客观上能够反映高校安全管理水平的高低,也能反映出一所高校校园文化的氛围。因此,加强高校安全文化建设具有十分重要的意义,主要体现在以下几个方面:

(1) 高校安全文化建设体现了"以人为本"的先进理念,对于建设和谐社会和平安校园具有重要的意义。高校安全文化建设的重要内容是形成"以人为本"理念和自觉遵章守纪的价值观,形成安全和健康、保护环境、遵章守纪、尊师重教、为人师表、教书育人、传承文化的理念。这些都反映了尊重生命价值,保护师生身心健康、实现师生人生价值的文化。

(2) 加强高校安全文化建设是校园安全管理向深层次发展的需要。高校安全文化是实现高校安全管理的灵魂。有些高校一方面有严格的安全管理制度,另一方面师生员工对制度却熟视无睹,"重教学、重科研、轻管理"的现象比较严重,对安全的重要性认识不够,不按照操作规程操作,实验室安全事故频发。究其原因,高校安全文化建设基础不牢固是关键所在,实验室安全"说起来重要,做起来次要,忙起来不要,出了事故又喊重要"。不少高校对实验室安全管理存在制度不健全、管理薄弱、执行不力、缺乏监管等问题。《人民日报》2011 年 9 月 6 日发表文章,题为《东北农大多名学生感染传染病,高校实验室安全谁来监管》;《中国青年报》2012 年 2 月 24 日发表文章,题为《高校实验室事故频发折射管理漏洞》,都反映了上述问题,令人深思。2013 年 4 月发生在复旦大学的投毒事件更为高校加强安全文化建设敲响了警钟。

（3）加强高校安全文化建设有利于高校软实力的提高。加强高校安全文化建设不仅对于高校的整体文化建设是一个有益的补充和推动，而且可以提高高校整体管理的水平和层次，树立良好的对外形象，提升师资队伍的整体素质，进而有利于高校软实力的提高。高校安全文化是校园文化不可分割的重要组成部分，其建设是全方位的，并覆盖师生员工的全过程，必然涉及到高校人才培养、科学研究、社会服务、文化传承等方面。建设好高校安全文化，必然推动高校制度建设和校园文化的发展，进而提升高校的对外形象，提高知名度。通过安全文化建设提高师资队伍和学生队伍素质，树立高校的新形象，增强高校的核心竞争力。高校安全文化是一种强大的精神力量，它能使师生员工产生认同感、归属感、安全感，起到相互激励、共同提高的作用。

1.2　中外高校 EHS 管理体系比较

高等教育的根本目的就是让学生尽可能获得更多新知识，培养学生的综合能力，从而适应社会的需要。社会呼吁安全文化，高校需要强化环境保护、健康和安全、安全教育与培训的体系，还要培养具有安全文化的人才。

美国、新加坡和中国香港等国家和地区的高校十分重视 EHS 管理，安全理念已成为世界上很多大学核心价值观之一。高校的高层领导对 EHS 工作的高度重视并鼎力支持，使学校的 EHS 管理工作做到了规范化、制度化和程序化。境外的高校普遍具有很强的环境保护、健康和安全的意识，校园安全文化氛围浓厚，健康和安全意识很强，各方面的措施到位，管理规范，很多做法值得内地高校学习和借鉴。

1.2.1　部分境外高校的 EHS 实施情况

1. 中国香港高校的安全管理体系

中国香港高校普遍拥有很强的安全意识，为保障员工的健康，保护人员、财产的安全、建设优美环境开展了大量工作。香港高校普遍认为，安全工作不再是事后补救，更重要的是事前评估、技术手段与管理手段相结合，防患于未然。健康、安全及环境工作要全面结合、综合实施。

香港科技大学在 1991 年成立初期就把安全管理作为所有运作的重要元素，无论在教学、科研及校园设施操作上，均包括一些必须达标的安全管理要求。校长是安全管理的总负责人,而安全管理的实际工作是管理行政事务的副校长的职责。为协助大学制定校内的安全条例,校长委任不同部门的职员为安全委员会成员,行政副校长担任该委员会的主席。健康、安全及环境处处长为该委员会的当然委员并兼任书记,管理安全的责任很清楚地包含在每一位部门领导的职责内。而所有部门均要任命一位兼职的安全主任,协助统筹及推行部门内的有关安全管理事宜。遵守安全指引是所有教职员工及学生的工作要求之一。各部门、各级别的教职员工每年必须做绩效考评,而安全职责能否达标是考评的重要项目之一。健康、安全及环境处的专职专业同事负责编撰大学安全手册,提供安全指引、技术支持及各类与安全有关的服务,协助部门认真执行安全操作要求。香港科技大学在 EHS 管理方面高度重视并取得了明显成效,世界各地的高校纷纷前往学习取经。

2. 中国台湾高校实验室安全管理状况

中国台湾高校的实验室安全在 20 世纪 90 年代起受到政府和高校管理层的日益重视。为了确保学校实验室的安全卫生与环保,在高等学校内设置多个不同层次的实验室安全管理组织机构:第一层次是学校安全卫生与环保委员会。该委员会负责规划、研究、咨询、协调及建议学校安全卫生及环保有关业务,由校长任主任委员,并视学校规模,由理工农医等各科(系、所)的主管负责人、学校保健室医护人员、相关实验室负责教师及安全卫生技术人员、学生代表等组成。第二层次是学校安全卫生及环保中心。该中心作为学校一级安全卫生及环保管理单位,配备若干名安全卫生及环保业务管理人员,规划、督导及办理学校安全卫生及环保业务。第三层次是科、系、所安全卫生及环保小组。具体执行及办理理工农医等各科、系、所安全卫生及环保业务,完成校安全卫生及环保中心交办的业务。第四层次是各实验室安全卫生及环保责任人,负责实验室教师、助教及技术员执行实验室安全卫生及环保业务。

中国台湾高校通过开展多种形式的校园及实验室安全教育培训,全方位支持实验室安全管理项目建设,层层管理、层层落实。校际之间经常就实验室安全管理方面的做法和经验进行交流,使台湾高校的实验室安全和环保状况得到了极大的提高。

3. 新加坡大学实验室安全管理模式

新加坡国立大学(NUS)是亚太地区著名大学。NUS 在校园安全文化建设、实验室安全和管理以及实验队伍建设方面的做法对我们具有重要借鉴作用。"安全文化"是 NUS 非常重视的理念,采取了许多加强 NUS 安全文化建设的措施。NUS 的安全文化是以"人的安全、健康和各项工作的顺利开展"为目标,借助于制度体系的支撑和行为规范的保障所形成的意识、能力和行为方式。NUS 校园安全文化的氛围非常浓郁,注重以人为本的理念随处可见,保障师生员工健康和安全的细节遍布校园,安全工作已融入到 NUS 校园文化的核心区域,并为创建良好的育人环境服务,成为一种核心价值。在该理念指导下,NUS 专门设立了安全、健康与环境办公室(OSHE)。

NUS 将校园安全和师生员工的健康放在首位,OSHE 由校长担任总指挥,下设职业安全与健康(OSH)部门、突发事件处理(EM)部门和校园可持续发展委员会,由校园可持续发展委员会秘书负责协调。NUS 每个学院都设有学院安全健康委员会,院长为安全健康委员会主席,并专门设有一名安全秘书,负责文书记载。专门设有两个安全助手,两个助手经常性地实施检查并向上报告。安全委员会秘书的地位很高,能直接报告到学校最高层(主管副校长),以缩短中间环节。安全健康委员会定期召开例会。

OSHE 的任务就是通过检查和监督,让 NUS 的师生员工采用安全、健康和环境(SHE)最好的实践和系统学习。进入实验室的所有人员都需要经过安全培训,OSHE 帮助师生培训,培训包括安全常识、化学安全、生物安全及辐射安全等。每个进实验室的学生都需要经过该培训环节,并通过相应的安全考试,以达到规定的基本要求,确保 NUS 师生及来访客人的安全。

4. 日本高校实验室安全与环保管理

日本高校普遍具有先进的安全理念和环境保护意识,投入大量资金进行环保安全硬件与软件建设,每所大学均设有环保安全教育必修课程。日本高校严格依法治校,形成了一套科学化、规范化的实验室安全和环保的管理体系。日本高校师生的安全与环保意识普遍较高,具有浓厚的安全、环保的校园文化氛围,真正做到了安全与环保事务人人有责。日本高校根据各自学校的具体情况,设有适合各自特点的安全环保管理机构,例如:东京大学设有环境安全本部、保健健康推进本部和实验委员会。日本高校的这些机构一般都是由该校副校长负责,同时成立校级委员会来指导这些机构开展日常工作。每个高校对校园的环保、安全非常重视,形成了一套严格的实验室安全管理体系。很多日本高校拥有完整的实验室安全教育体系,实验室安全教育培训课程不仅是学生必修的课程,而且对于新到实验室的教师、科研人员也同样要求必须经过严格的安全教育、培训后方可上岗。

5. 美国高校实验室安全管理体系

美国高校没有单独的实验室安全管理这样的说法,而是统一对于带有技术性的安全问题进行管理。美国高校非常重视对实验室安全的管理,通常设有专门的机构和工作人员负责这项工作。这种模式的不足是直接成本高,对人力资源和设施条件投入大,但其优点是行动能力强、响应快、严密到位、效果明显。如麻省理工大学(Massachusetts Institute of Technology,简称 MIT)在全世界有非常重要的影响力,培养了众多对世界产生重大影响的人士。MIT 的安全管理体系的名称叫"环境、健康和安全(Environment,Health,and Safety)"管理体系,简称 EHS,主要由 EHS 总部、EHS 办公室和 EHS 委员会这几个部分组成。其中,EHS 总部(包含 5 个不同内容的项目组)负责 EHS 领导层架构、出台可持续性方案、参与环保政策制定、协调 EHS 管理、监管 EHS 办公室的工作;EHS 办公室负责 EHS 的管理实施和操作层面的工作,定期向 EHS 总部报告;EHS 委员会负责监督 MIT 的 EHS 管理系统的实施,致力于环境保护和公共福利提升。EHS 体系中还有专门的环境委员会从事环保方面的创新性与学术性研究。

EHS 总部作为 MIT 安全管理的实施机构,为各实验室(部门、中心)提供专业的技术支持和指导,引导各实验室(部门、中心)执行 EHS 的整套政策。EHS 办公室从 5 个安全项目组挑选专门人员组成 8 个工作组,包括培训服务、实验室及设备布局服务、废弃物管理服务等,向各实验室(部门、中心)提供 EHS 服务。EHS 办公室还为各实验室(部门、中心)指定联络人。在 MIT 的安全管理体系中,除了校方安全管理组织机构中的人员外,还有一些重要的角色,作为整个 MIT 管理系统中的一部分,对实验室安全管理和保障起到了关键作用,如首席研究员(PI)、导师、实验室安全负责人等。PI 和导师应对自己工作职责范围或者所从事研究项目的各种潜在危险有深刻的认识,学生若遇到安全问题可随时向自己的 PI 和导师汇报,可就 EHS 防护方面的问题向他们进行咨询。PI 和导师对自己的学生的安全负有直接责任,如有学生受伤,PI 和导师必须在 24 小时内向人力资源中心和学校 EHS 管理机构汇报。贯彻实验室安全措施、督促使用者完成训练等也是 PI 和导师的责任。实验室(部门、中心)EHS 代理人(或称 EHS 代表)是实验室(部门、中心)负责日常环境、健康和安全管理的人,经 PI(导师)指定,可由其博士后、研究生甚至本科生担任,其职责是时刻关注实验室安全、发现问题及时向上级主管部门汇报。

美国高校的实验室的安全管理体系纵横交错,非常完善,并且角色众多,各司其职,为师生的健康和安全提供了强有力的保障。实验室安全培训制度非常严格,安全培训的内容非常全面,安全教育的形式非常多样,为实验室的安全运行提供了强有力的保障。美国模式的特点是业务工作集中于学校的安全管理部门。优点是顶层厚实,管理很落实,行动能力强、响应快,管理介入的结果很快就能见到;缺点是学校的直接成本高,需要向管理部门投入较多的人力资源和设施条件,管理部门承担的责任也大。

6. 加拿大高校实验室安全管理体系

加拿大高校拥有先进的管理理念,与美国、香港等发达国家或地区大学管理理念基本一致。这些先进理念体现在三个方面:真正"以人为本"、高度重视实验室安全与环保文化建设、相关职能管理部门的高度重视。加拿大的安全理念是防患于未然,所有学生和老师必须经过安全培训,这种培训是周期性进行的,没赶上这一期的培训可以参加下一期,参加完培训后需要参加考试,获得考试合格证书后方可进入实验室工作。培训的内容包括实验室安全、生物安全、环境安全、辐射安全、第一时间援助、设备安全、废弃物处理规程、危险物品的运输和转移等工作。任何人进入实验室工作都需要写安全报告,这个安全报告经导师审查签字、安全管理员签字、本人签字,一式三份,交给系里的安全管理员一份、导师一份、本人一份;如果实验内容需要调整,那么安全报告要重新进行补充。每个进入实验室工作的人一定要买安全保险,包括来做义工的。他们的应急预案和应急演练已经形成常态化。

加拿大滑铁卢大学(The University of Waterloo)安全办公室肩负全校健康、安全和环境资源工作的重任,帮助大学所有师生员工共同享有他们的安全、健康和教育工作的环境和权利。安全办公室检查和改进滑铁卢大学的健康、安全和环境程序,提醒和帮助全体教职员工和部门的健康与安全。安全办公室的各类文件和程序齐全,如紧急事情的申报和处理程序、各种有害健康的种类的处置程序、新来教师和学生的安全培训、火警的处理、受雇人员的安全保障、志愿工作者的安全保障等,对保证校园内师生员工的安全与健康起到了重要作用。

1.2.2　内地高校实验室安全管理体系组织架构和职能

根据国家现行的安全管理体制,高校校长是学校安全的第一责任人,全面负责学校的安全管理,分管副校长是学校安全工作管理人;高校各院(系)院长(主任)是本院(系)安全第一责任人,负责本院(系)的安全管理,分管副院长(系副主任)是院(系)安全管理人;各院系可设主管安全管理岗位,协助院长(系主任)做好各项安全工作;各实验室主任和科研实验室负责人是本实验室安全第一责任人,负责本实验室的安全管理工作。

从内地高校现行的实验室管理体系组织架构上看,高校实验室的管理架构往往分为三级架构或者四级架构。三级架构由"学校领导层—学院层—责任教师层"组成,四级架构由"学校领导层—职能部(处)层—学院层—责任教师层"组成。在三级架构管理体系中,缺少职能部(处)层,也就缺乏了院系层与主管校领导的沟通渠道,使校领导直接面对院系,大量琐碎的具体问题容易使校领导难于应对,从而大大降低了决策效率。在四级架构管理体系中考虑到了职能部(处)的作用,但是在院系一级还须有专职安全管理岗位,才能保证整个管理链条上的连贯性。而实际情况是目前很多高校在院级都没有设置专职安全管理员岗位,而职能部(处)主抓安全工作的科室又不能直接领导学院层的主管领导,这样会导致工作中执行不力的情况出现。如果在学院层设置了安全管理岗位,并给予这个岗位相应的权限和待遇,就会将实验室安全管理工作的各项措施落到实处,取得实效。

现有高校实验室安全管理职能有其内在的复杂性。当管理职责从学校领导分到职能部(处)时,由于不同的高校管理机构的管理职能划分不同,容易出现部分管理职能重复的现象,或由于部(处)之间的协调或沟通不充分,不仅会在管理机构之间产生不必要摩擦,降低了管理的效率,而且容易出现互相推诿,导致"三不管"的现象出现,使得高校实验室的安全管理往往成了校园安全管理的薄弱环节。

内地现有2 500多所高校,他们大多拥有种类繁多的实验室。实验室环境、健康和安全工作涉及的面很广,不同实验室的职业健康、安全和环保要求与技术安全的要求侧重都各有不同。内地高校目前尚没有关于实验室环境、健康和安全管理的专门管理机构,而现有的管理机构中,有的仅是涉及到了实验室安全管理的内容,对环境保护和职业健康很少提到。

随着我国高等教育的快速发展,内地高校在实验室硬件设施上与国(境)外高校之间的差距并不明显,而在软件上如安全文化、管理体制、安全理念、规范化管理等方面尚存在着较大差距,这就需要我们以积极的态度,通过加强高校安全文化建设,不断提高广大师生的安全理念和安全素养,以逐步缩小这种差距,拉近与世界高水平大学在管理上的差距。

1.3　国内高校 EHS 管理体系的建立和推行

EHS 是 20 世纪 90 年代发展起来的关于环境(Environment)、健康(Health)和安全(Safety)的管理体系。EHS 管理体系建立起一种通过系统化的预防管理机制,减少各种事故、环境和职业病隐患,从而最大限度地降低事故、环境污染和职业病的发生率,最终达到改善单位的环境、健康与安全状况的管理体系。EHS 管理体系是环境管理体系和职业健康安全管理体系的整合,目前已涉及纺织、化工、食品、电子仪器等行业。

高校实验室建设与管理水平能够反映大学的办学水平,是高校软实力的象征。建设高水平的实验室是当今高校建设与发展的目标之一。在国内高校建立和推行 EHS 管理体系,对促进建设世界一流大学和国内高水平大学,进而建设创新型国家具有重大的战略意义,也完全符合合理利用资源、预防环境污染、保护健康和生命的价值理念要求。因此在高校推行 EHS 管理体系是高校管理和发展的必然趋势,是顺应高等教育国际化潮流的具体表现。

提升高校实验室管理水平,既是高校自身建设的客观需要,也是现代社会对高校管理工作提出的客观要求。在高校建立和推行 EHS 管理体系,可以改进高校实验场所的健康和安全状况,改善实验条件,提高广大师生员工的安全素养和健康理念,维护师生员工的职业健康和生命安全等方面的合法权益。可以提高高校实验室科学化管理水平,提升实验室形象,创造更好的实验环境及效益。

EHS 管理体系是建立环境、健康、安全的组织机构及其职责、程序、过程和资源等构成的整体,是三位一体的管理体系。它是一种先进的文化体系,由许多要素构成,这些要素通过先进的、科学的运行模式有机地融合在一起,通过相互关联和作用,形成一套结构化动态管理系统。EHS 强调的是人员的健康、安全以及对周围环境的保护,从其功能看,它是一种事前进行风险分析的管理体系。EHS 管理体系通过确定危害及其影响,形成判断危害和影响的基本标准,对危害和影响进行评估,通过建立风险和隐患的控制机制,采取改善管理和减小风险等措施较好地实现事前预防。它突出强调了事前预防和持续改进,具有高度自我约束、自我完善和自我激励机制,因此是一种符合时代发展的、与时俱进的管理模式。在高校推行 EHS 管理体系,有利于建立实验室管理的长效机制。

近年来,我国高等教育在承受扩大招生规模和追求科研成果等多重压力下,很多高校将教学科研列为学校发展的头等大事,而对实验室的环境、健康和安全方面的关注度被相对弱化,还没有意识到 EHS 文化的建设才是高校可持续发展的根本。随着社会经济的快速发展、社会文明的不断进步和科学技术的突飞猛进,人们对幸福生活的向往和追求不再仅仅停留在解决温饱问题的初级阶段,而是对生活质量提出了更高的要求,对环境保护、生态文明、职业健康、生命安全等的关注度日益提高。

高校作为整个社会先进文化的倡导者、引领者和建设者,应该在加强高校安全文化建设,提升包括加强实验室的环境、健康和安全理念在内的安全文化方面起到积极的引领作用。高校在 EHS 管理体系的构建、应用和推广方面应该积极顺应时代的要求,牢固树立"以人为本"的管理理念,将 EHS 作为实验室管理体系的重大方向积极推进,提高实验室管理人员和实验室工作人员的 EHS 意识,在举手投足之间达到有效保障实验室的环境、实验室工作人员安全与健康的目的。

高校在开展科学研究时因探索的需要有其特殊性,随着科学研究内容的日新月异,高校实验室中存在的危险性远高于一般企业。高校实验室的环境、健康与安全的内容不仅包括实验仪器设备防火防盗安全,同时也涉及到实验室的水、电、气等实验基础设施的安全和环境安全,更涉及到在实验室工作学习的师生员工的职业健康和人身安全。不同的实验室涉及到不同的安全、职业健康和环境保护内容,有的实验室需要使用种类繁多的化学药品、易燃易爆物品、剧毒物品、放射性物品和生物实验物品等,有的实验室需要用到高温、高压、超低温、强磁、真空、微波辐射、高电压和高转速等特殊的实验环境和条件,在高校教学和科研活动过程中,危险化学品安全、实验室的安全使用、实验废弃物(废气、化学废液、有害生物废物、固废、噪声、放射性废物等)的安全处置以及突发事件的应急处理等环节都存在着一系列环境保护、职业健康和安全问题,实验室工作人员的安全和健康令人担忧,不少高校实验室的很多管理制度过分强调保护实验室硬件设备,却忽视了对人和环境起码的关注,只有人和环境才是社会乃至高校可持续发展、走向和谐的最重要的因素。让人类生存环境变得更安全、更健康、更舒适,才是我们的共同目标。

EHS 管理体系不是强制标准,作为一个体系,其具体实施必须做到全员参与,包括在实验室工作的每位老师、研究人员、工人、技术人员、研究生、本专科生等,需要每位实验室工作人员都认识到 EHS 的重要性和必要性,清楚各自的职责所在,知道在实际操作中如何贯彻并符合 EHS 管理体系的具体要求。加强对全体师生员工的安全培训非常重要,培训的对象包括实验教师、技术人员、学生等所有人员。培训的内容要有针对性和专业性,培训需要做到经常化和有侧重点,可以反复进行,要讲求实效。只有师生员工人人都认识到贯彻实施 EHS 的重要性和必要性,人人都了解和掌握具体的操作方法,才会发挥 EHS 管理体系的有效作用。

第 2 章 高校实验室建设与管理中的 EHS 理念

2.1 高校实验室规划中的 EHS 理念

高校实验室不是简单的大楼加仪器。一流大学的实验室不是简单地配备一流的设备就能够造就。实验室的建设是一个集成理念,它与人才培养的质量和科研成果的质量与水平密切相关。高校要成为时代潮流的引领者和科技发展的领军者,必须建设好高水平的现代化实验室。EHS 文化是先进文化,积极加强 EHS 文化建设是高校可持续发展的根本。

高校实验室 EHS 管理体系的建立和实施完全取决于高校管理层的认识水平。只有真正认识到实施 EHS 的必要性,才会积极地在实践中推行 EHS 管理体系。在政府积极倡导"以人为本"的人性关怀中,高校更需要提高认识、更新观念,树立环境、健康和安全的价值理念,积极加强 EHS 文化建设,在实验室建设规划时将 EHS 的理念和元素融合到实验室的规划、设计、建设和管理的全过程。

高校的实验室建设规划是实验室建设的纲领性文件,该建设规划应与高校的整体发展规划相一致。高校应根据自身的办学规模、发展方向、专业设置、学科门类、学科建设和科研方向,结合国内外同类学科和实验室的现状、水平来统筹考虑、准确定位,让有限的资源发挥最大的作用。

实验室的规划设计是实验室建设的重要支撑点,是实验室建设成功的前提。规划要反映教学科研的最新趋势,并有前瞻性;要有科学性、系统性、阶段性和可持续发展性。高校管理层必须以一种科学的态度把握实验室规划核心问题,全面分析高校自身现有实验室的状况、特色、水平、优势和不足之处,决定资源在实验室的配置及实验室的调整和整合。实验室建设规划在一定时期内应该相对稳定,一般规划期限为 5 年。要保证实验室建设与发展规划的连续性、稳定性和先进性。

　　实验室建设规划中很重要的环节是沟通与集思广益,要让教师们了解并得到他们的理解和支持,这样的规划才能更加贴合实际并被接受。在实验室建设规划决策前期,管理层首先要深入调查研究,充分了解实验室现状,与不同的学科带头人及各个层面教师广泛接触和交流,积极采纳专家和实验室一线教师的意见,既要符合实际需要,又能提升规划的水平。充分了解国内外同类实验室的各种信息,广泛了解兄弟院校同行的建设经验,再根据自身的特色和经费情况,制定出切合高校自身的实验室建设发展规划。

　　实验室建设规划受到多种因素的制约,包括经费投入、仪器设备管理、体制管理、队伍建设以及环境保护、职业健康和安全管理等方面。实验室规划涉及到多个部门的配合,必须站在全方位的角度总体构思、详细部署。建设发展规划,无论是长远规划还是近期规划都不能以现有的实验建设经费作依据来制定,要用长远眼光来制定发展规划。将来一旦有了新的经费投入时,就可根据规划形成建设计划,有重点、有目的地逐步实施。如果仅以现有的建设经费制定规划很可能形成低水平、分散、重复的建设局面,造成资源浪费。

2.2　实验室建设和改造中的 EHS 理念

　　我国高等教育事业的迅速发展,让高校实验室的作用和地位愈加凸现,在实验室工作的师生员工对环境、健康和安全方面的意识和需求逐步加强,越来越渴望能够得到重视。随着留学归国人员的快速增多,很多国际先进理念被不断引入,人们对高校实验室的建设有了更新的认识,对实验室建设和管理提出了更高的要求,那就是如何让实验室功能更齐全、更先进,实验室环境更宜人,更加重视实验室的职业健康,师生员工对安全更加注重和实验室管理更高效。

　　高校实验室建设是复杂的系统工程。实验建筑不同于普通建筑,不论是新建、扩建或改建的实验室项目,应综合考虑实验室建设的总体规划、合理布局和平面设计,以及供电、供水、供气、通风、空气净化、职业健康、环境保护、安全措施等基础设施和基本条件。"环境、健康与安全"(EHS)已成为人们高度关注的重点,舒适、智能、高效、节能、环保、健康、安全是当今高校实验室建设的关键要素,也是高校实验室建设的宗旨。

　　高校实验室 EHS 的内容相对复杂。不同的实验室所涉及到的环境、职业健康和安全问题各有侧重。除了实验室的常规安全外,各实验室涉及到的

EHS 内容各不相同,有的实验室需要使用种类繁多的化学药品、危险物品、剧毒物品、放射性物品、生物样品和制剂、实验动物等,有的需要用到高温、高压、超低温、强磁、真空、微波辐射、高电压和高转速等特殊的实验环境和条件,在高校教学和科研活动过程中,危险化学品安全、实验室的安全使用、实验废弃物(废气、废液、固体废弃物、噪声、辐射等)的安全处置以及应急处理等环节都存在着一系列涉及环境保护、职业健康和安全方面的问题。

由于缺乏 EHS 理念,很多高校的 EHS 硬件设施在实验室的规划和建设时配备上存在严重缺陷和不足。具体表现在:① 实验室规划不合理,实验室空间不足。空间不足造成实验室内原本应该分开安排的办公室、学习室、仪器、药品、物品等混杂在一起。② 个体防护装备(Personal Protective Equipment,PPE)缺乏。很多实验室涉及到的化学药品、生物试剂等情况千差万别,由于 EHS 意识不强,很多实验室根本没有配备基本的个体防护装备,如实验服、防护眼镜、手套等基本防护装备。③ 消防设施配置不足。不少实验室缺乏消防报警系统,消防设施数量不足、功能不全,或者缺少定期维护。有的实验楼消防通道被堵死,存在极大的安全隐患。④ 缺乏环保及安全装备。甚至缺少实验废弃物的分类收集和处理设施,实验室通风系统数量不足或者效果不佳,紧急冲淋器、洗眼器和急救箱等安全装备严重缺乏。由于历史欠账太多,不少高校实验室要完全合乎 EHS 的要求需要一个渐进的过程。

2.2.1　新建实验室设计过程中的 EHS 理念

高校实验室建设本质上是高校管理模式的具体反映。一流的大学必须拥有一流的实验室,实验室的建设和管理需要高校领导的重视、全校上下共同努力和相互配合。实验室建设工程项目既有普通建筑工程的共性,又有它自身的特性。评价一个实验室建设的好坏一般可以通过以下几个方面进行衡量:

(1)效能指标。实验室的建设目的是为了能让科研出成果,培养创新人才。这个特性体现在相关实验室的合理搭配,实验场地的独到安排,室内空间的充分利用,研究团队的协调共享,仪器设备的使用效益,实验大楼的节能降耗,实验室工作人员的健康和安全等。既要按照专业建设要求满足人才培养的需要,又要有利于教师和学生教学和科研活动的顺利、高效开展,注重实验室效能的提高,将实验室的规模和功能有机结合起来。

(2)EHS 指标。实验室在设计时都要充分考虑 EHS 理念和元素,每个细节都要保证人员和设备的环保、健康和安全。由于现代实验的复杂性和高科技化,设备投资巨大,更不用说科研人才的价值。EHS 意识和设施要从设计源头上就纳入规划。不能把不符合 EHS 要求的实验室简单交到教师和学生手里，期望他们严格遵守安全规范来达到补救 EHS 的目的。应该在设计初期就根据实验室类别（如化学类实验室、生物类实验室），严格遵循设计规范，布局科学合理，选择正确的设备、材料，确保人员和设备的 EHS 管理规范。

（3）仪器设备指标。主要是对于实验仪器的使用和管理进行评估。通过共享平台进行仪器使用效率的评估，由此得出仪器的使用率和回报率。这既反映了实验室的使用效率，也为实验室的设计提供了很有价值的参考信息。

（4）影响力指标。好的实验室无疑会带来非凡的社会影响力，从而吸引众多科技精英和优秀学生纷至沓来。这既可大大提升大学知名度，又能带动整体相关学科科研的发展。优秀的实验室可以提供良好的工作环境，有利于激发实验人员的工作热情，提高工作效率，取得丰硕的成果。管理不好的实验室很难激发工作人员的工作热情和创新思维，这也会在很大程度上对科研成果的产出和科研项目的进展产生负面影响，从而造成人才的流失。

由于实验室建筑工程具有长期性和永久性，实验室的设计和建设要尽量体现时代性和科学性，吸纳国内外同种性质、同等规模实验室建设的经验，尽可能做到高水平、高起点。要周密考虑使用要求，特别对开间大小、环境条件、水电通风、网络通讯、楼面承载负荷、楼层净高等要认真设计。避免功能过高造成浪费，功能过低达不到使用要求，又要重新改造，形成新的浪费。

在开始进行实验室设计前，设计方应该充分了解实验室的学科和专业背景，分析相关学科的彼邻影响因素：哪些空间需要进行相互交流？独立研究团队如何协调工作？哪些空间可以开放使用，哪些独立使用？这些分析和研究有助于把握设计布局，加强整体实验室的工作效率。同时还要分析未来发展可能性的影响：哪些学科最有可能近期改变和成长？下一步对于空间和仪器设备的影响可能是什么？预留一个未来的计划，以解决未来的学者和研究人员需求的变化，从而实现可持续发展。

在进行新建实验室设计时，可借鉴国外一些著名大学的成功经验，将符合时代潮流、有助于提高利用率、有利于课题组之间交流与合作、激发创新思维等元素考虑进来，如：

（1）增加共享合作空间的面积。包括仪器设备区、场地、讨论和休息区。实践证明，越来越多的研究人员乐于使用开放合作的实验室，共享通用仪器，分享研究信息和合作交流。

（2）将办公室等非实验功能房间与实验室分开。实验楼中的办公室、休息室、控制室、会议室等具有民用建筑的特点，把这些房间移出到实验区外的其他区间，可大大降低实验室建设和使用成本，也可增加实验室工作人员的安全性。

（3）整合并加大储存空间的密度。建立并优化中央储存室的概念，让出更多宝贵的研究平台和空间留给亟需工作空间的工作人员。

（4）合理布局实验室区间。固定的仪器设备可以安排在室内中心部分，周围的工作区可以考虑采用可移动的家具和仪器组合。

实验室建筑设计人员是体现各方需求和想法的综合体，专业的实验室设计人员应该在实验室的成功设计和建设方面具有丰富的经验和阅历，这是成功设计的基础。如果只有普通办公建筑、民用建筑的设计经验，很少经历过科学实验室的设计，就很难单独胜任这项工作。具有专业知识的实验室一线教师和实验人员，他们缺乏建筑设计知识，所以应该成立实验室建设项目设计领导小组，把建筑设计人员、实验室使用者、实验室室内装修人员组织起来，充分协商和沟通，准确把握相互的要求、动机和意图，才能比较圆满地完成实验室的设计工作。领导小组成员应具有实验室建设相关的知识，工作过程中应保持领导小组人员的连续性和稳定性，以充分了解全套清晰、详细而周全的流程。

实验室的设计和建设过程中，须避免两种情况：一是后勤建设部门对实验室建设的特殊性认识不够，只把它按一般的建筑工程去做；二是使用方认为，实验室工程建设是后勤建设部门的事，建好后交给我们使用就是了。有些专业实验室建设需要在建设过程中解决许多专业和建筑安装方面的技术难题。还有很多交叉学科或边缘学科的实验室，更需要土建和工艺之间的密切协作。要建成符合专业需要的、先进的、现代化的、可持续发展的高校实验室，后勤建设部门和使用方必须要密切配合、深入沟通，关注到每个细节。

综合各方的经验，高校实验室的建筑设计和建设一般包括如下几个流程：

（1）前期论证和初步设计。每个实验室都有它不同于其他建筑物或其他实验室的特点。在规划和设计之前，必须进行充分的论证和调查研究，弄清楚拟建实验室有哪些特殊要求和技术指标，以便有针对性地确定设计和施工方案，制订可行性计划。在初步设计中明确树立学校战略意图的设计原则，如：建筑面积、共享学科、仪器设备、人员配置、环境保护、职业健康、人身安全、发展趋势以及可持续发展等。

实验室的初步设计在设计阶段是非常重要的，这个阶段是对设计方案及实验室整体结构确定的阶段。根据他人成功的经验，初步设计在整个设计过程中占了很大的比重,等到设计方案基本成熟之后,才进入施工设计阶段。而有些高校很多时候办事程序恰恰相反,所以在工作中容易反复,从而带来很多问题。

最好的设计应该能够促进实验室人员的交流互动,突出结构空间的灵活多变,提供资源的支持共享和成果交流,无论对于科学探索,还是培养跨学科的复合型人才都是相当重要的。设计方案要有前瞻性,应充分考虑实验室 EHS 文化和相关要素,要为后续的发展留有足够空间,如实验楼配电系统的电力预留容量、实验楼通风系统的管道通风容量等。

国外大学在评估实验室规划和设计方案时,大多采用 QBS(Quality Based Selection)质量采购评估标准,而不是以价格采购评估选择设计方案。理由是:① 实验室的建设成本不同于产品的统一成本核算,每个实验室都不尽相同,不能只考虑降低成本而忽略了具体项目整体系统的合理性和优化性;② 高质量优良的实验室建设从长远看应该能节省维护成本、运行成本和未来的升级成本,而不应只看重尽可能缩减眼前的经费投入;③ 防止一味追求低价而被居心不良的施工承包商将实验室建成"豆腐渣"工程。

(2)实验室布局规划。不同类型的实验室布局各不相同。实验室布局规划重点是安排具体使用时的内部结构,规划仪器设备实验工作区,实验家具的摆放,水电气排布,照明防火等,包括实验室空间设计、格局设计、功能设计、实验流程设计、实验室家具设计、给水排水设计、排风或送风设计、电路设计、各种实验气体管路布置等。合理安排人行通道与实验仪器设备的关系,提高工作效率,加强交流与注重安全。设计要为未来考虑,提高可变性和灵活性,在升级改造时减少改造成本。

(3)实验室内部细节的确定。着重对实验室内部细化局部要求的调整,这个阶段的平面和立体设计应该定型。

(4)施工工程设计。施工工程设计阶段主要是施工工程图纸的制作。完善而专业化的设计是施工得以顺利进行的基础,完美的施工才能把设计蓝图付诸实现。在做设计方案时要充分考虑施工上的可行性,具有可操作性。施工设计是对初步设计的细化,对基础数据完整的采集,如果中间环节出现任何问题,都会影响设计质量,最终影响到实验室的建设水平和质量。

从开展实验室建设项目的初步设计到后建设阶段,应该有一个阐述清晰的流程说明文件。流程说明文件应该由实验室使用方组织设计方、施工方、监理方等使用方认为合适的人选来认真讨论和编制,编制人必须能够自始至终参与整个项目,了解相关专业并对实验室的设计和建设具备相当的专业知识和经验。该流程说明文件应该涵盖整个建设过程中各个步骤,包括有关各方关注的重点、需要解决的问题、各方之间必须进行的沟通,应该是一份实验室使用方可以看懂的文件。这个文件非常重要,但经常容易被忽视。作为实验室的使用方,可以通过审阅这个流程说明了解一些关键控制点的实施过程,提前发现问题,避免出现疏漏,同时还可以作为施工过程中间控制的依据。做好流程说明文件,可以明确各个关键点不同工序合理进场时间以及相互配合,出现问题及时解决,从而提高工程效率和工程质量。

(5) 工程施工。建筑施工方按照图纸进行施工,监理方负责现场监督,保证完全按照预定的设计进行施工,使用方应根据流程说明文件全程跟踪,并与各方协调解决施工中可能出现的一些设计矛盾,以保证交付使用的实验室能完全符合使用方的要求。百年大计,质量为本。应选择好施工和监理队伍,对工程质量长抓不懈。合理处理好工程建筑质量、工程进度和工程造价三者的关系,当三者发生冲突时,首先应确保工程质量。

(6) 竣工验收。实验室的竣工验收应按照不同的项目分别进行,如建筑施工质量、给水排水系统、电力系统、消防系统、通风系统、EHS 设施、空调系统、公用设施及管道、工程管网布置、实验气体管路的布置、实验室家具布局和质量等方面逐项进行。只有各项工程指标都符合标准,使用方方可接收使用。

2.2.2　老实验室改造过程中的 EHS 理念

随着我国高校办学规模不断扩大,在校师生人数急剧上升,实验室紧张甚至超负荷运转的情况非常突出。为应付这种状况,高校不断加强基础设施建设,但仍不能满足发展的需求,实验室紧缺的矛盾非常明显,很多高校的部分基础设施老化,存在诸多安全隐患。有学校因经费紧张无法新建实验室,原有的实验室建筑结构陈旧、实验室布局不合理、实验室使用的危险品种类和数量繁多但安全设施缺乏、很多仪器设备"老弱病残"。有的高校将一些普通用房改建成实验室,以缓解教学和科研的燃眉之急。有的高校将根本不适合做实验室的砖木结构的办公室改造成实验室,存在严重的安全隐患。这在一定程度上导致高校教育管理偏离以人为本的轨道,忽视了对人的健康、安全和环境的关注。更有部分高校在新建实验室时,因初期规划和设计不能符合使用方的相关要求而不得不在刚竣工就开始改造,造成了很大的浪费。

有些高校在实验室建设管理过程中,重视教学和科研活动而忽视了管理,重视实验室硬件建设,把实验室建设重点放在仪器设备的更新和实验室环境改善上,而健康和安全问题被相对弱化,缺少对实验室 EHS 设施的规范化建设,普遍存在一些由于实验室规划设计引发的职业健康和安全隐患,诸如实验室房屋、水、电、气等管线设施不规范,布局不合理;乱装防盗门窗、堵塞安全通道;EHS设施陈旧落后或者干脆没有;因实验室用房紧张,致使仪器设备的安全操作空间距离不足,需要分开存放的药品和物品不能做到完全分开存放;部分会产生有毒气体的实验室没有通风橱,实验室没有必要的排气和补风设施,实验产生的废弃物无法按照规范处理;缺乏必要的EHS防护装备和应急设施,带来诸多职业健康和安全隐患。

实验室EHS设施和条件是保障实验室工作人员职业健康和人身安全的首要条件。高校应把实验室EHS建设标准纳入到实验室基础设施规划与建设中,加大实验室EHS设施建设投入力度。在进行老实验室功能改建工程时,要优先考虑实验室的EHS元素,加强实验室的EHS设施建设,按专业实验室的特点,周密考虑改建实验室的设计、建设、仪器设备的购置等,在EHS设施上加大投入力度,配备必要的洗眼器、紧急喷淋装置、气体泄漏报警器等实验室安全装备,安装必要的烟雾报警装置和门禁探头等安全监控设施,以增强对事故的预防和处置能力,防患于未然,确保实验室人员的职业健康和人身安全。

2.3　实验室管理中的 EHS 理念

高校实验室实施EHS管理体系很有必要,这是高校管理和国家发展的必然趋势。EHS管理体系强调人与自然的和谐,其根本是保护人类的安全与健康,其目的是保护人类社会可持续发展。高校实验室管理需要从认识上提高、观念上更新、制度上健全、操作上规范,牢固树立环境、健康和安全的理念。推行EHS管理体系不仅是要求建立一个独立的职能部门、一个专职的团队,更是要求师生员工必须全员参与,需要大家都认识到EHS管理体系的重要性,知道每个人的职责所在,知道操作中如何贯彻实施EHS管理体系要求。强化认识,由他律转向自律。只有将自我负责、自我约束、自我管理的责任心落实到实际操作中去,才能化被动为主动,真正投入到EHS管理体系中去。

提高管理层及每个师生员工的EHS意识,是推行EHS体系首先要做的。通过宣传、讲座等方式加强实验室人员的深刻认识,在实验室营造EHS氛围,促进大家自觉参与到EHS管理体系中去。EHS管理体系强调严格按程序和规则办事,强调细致分工、各司其职,这样有利于建立实验室管理的长效机制。

　　实验室 EHS 管理不是采取一些简单的措施便可实现，EHS 管理体系需要制定一整套规范的程序和标准化文件。实验室安全装备的配备和维护，使用方法的培训；实验室环境的保护；实验室仪器设备的安全使用、管理制度、操作规程、标准化文件的实施等，这些不是简单的花架子，需要很高的技术含量。加强 EHS 培训工作是推行的关键，EHS 培训系统应包括 EHS 文化意识和 EHS 操作技能两个部分。进行全员培训，使体系知识深入到每个人的心中，让其了解建立 EHS 体系对群体和个人的益处，通过培训使每一岗位人员熟悉、掌握各自的职业安全健康职责、要求和做法，并积极地加入到体系建立和实施工作中。

　　通过实施 EHS 管理体系，会在高校内部形成一个系统化、结构化的健康、安全和环境自我管理机制，进而提高单位的健康安全和环境管理水平，真正做到安全环保，从而减少或避免发生伤亡事故，保证师生员工的健康。

　　EHS 操作技能根据不同的学科和专业特点而不尽相同，在后面的章节中有关于化学实验室、生物实验室、机械类实验室、放射性实验工作场所等方面的详细介绍，这里不再赘述。

第 3 章　实验室环境与职业健康

在过去数十年里形成的传统安全卫生管理,基本上以消除人的不安全行为和物的不安全状态为核心。20 世纪 60 年代以后逐渐发展起来的系统安全观更新了人们的安全观念。系统安全观念认为:系统中存在的危险源是事故发生的根本原因,系统中的危险源不可能被完全根除,因而总是有发生事故的危险性,绝对的安全并不存在。系统安全的基本内容就是辨识系统中的危险源,采取措施消除和控制系统中的危险源,使系统更安全。

3.1　实验室污染物的种类及对人体健康的危害

环境污染是影响人体健康的重要因素之一,其影响作用的特点是多因子、多介质、低剂量、长效应,带来慢性和远期健康危害。由环境污染引起的疾病,早期多无明显临床症状,毒素进入人体并蓄积到一定程度时,才最终导致身体生理功能性或器质性病变。

研究发现,实验室工作人员诉说的过敏、头疼、恶心、注意力不集中、疲乏等实验室综合征,与实验室内的污染水平密切相关。通常,实验室内的某些污染物的浓度远超过实验室外的水平。污染物对人体健康的危害程度取决于污染物的种类、性质、浓度和对人体的作用时间,以及个体的敏感性。当然,也不能忽视多种污染物的协同作用。实验室中比较有代表性的污染物及其对人体健康的危害大致如下:

3.1.1　空气中的颗粒物质

空气中的颗粒物质指悬浮于空气中的固体、液体或固体与液体结合的微粒。颗粒物按其自身重力作用沉降的特性可分为降尘和飘尘。粒径大于 10 μm 为降尘,小于 10 μm 者因能够长时间飘浮在空气中,称为飘尘。其中粒径等于或小于 100 μm 的称总悬浮颗粒物(PM100);粒径大于 2.5 μm,等于或小于 10 μm 的能够被吸入呼吸道的称可吸入颗粒物(PM10);PM2.5 是指直径小于或等于 2.5 μm 的颗粒物,也称为细颗粒物。虽然 PM2.5 只是地球大气成分中含量很少的组分,但它对空气质量和能见度等有重要的影响。PM2.5 粒径小,富含大量的有毒、有害物质且能在大气中长时间停留、远距离输送,因而对人体健康和大气环境质量的影响更大。2012 年 2 月,国务院同意发布新修订的《环境空气质量标准》增加了 PM2.5 监测指标。

空气中颗粒物成分非常复杂,其中一些颗粒物本身有毒性,如金属及其化合物尘埃、纤维状石棉、酸雾、碱雾和油雾等。此外,无论悬浮颗粒性质如何,他们都有着巨大的比表面积,容易成为有毒有害物质的吸附核心。带有毒物的小颗粒可以通过呼吸道吸入后滞留在鼻腔、咽喉和气管等部位。长期吸入会引起气管炎、肺气肿、鼻炎等慢性疾病,也可引起消化系统和血液系统等疾病,更严重者可导致死亡。

3.1.2　无机污染物

环境中的无机污染物主要有硫化物、一氧化碳、氮氧化物、氰化物、氟化物、硝酸盐和亚硝酸盐,长期接触对人体健康有严重危害。

3.1.3　重金属污染物

重金属一般指相对密度在 5 以上的金属,有时也指相对密度 4 以上的金属。在环境污染方面主要指汞、镉、铅、铬、锌、铜、镍等,准金属砷因其毒性及某些性质与金属类似,所以也将其列入重金属范围。

重金属的毒性以离子态形式最为严重,释放到环境中后,不仅不能被微生物所分解,反而转化为毒性更大的金属有机化合物,主要是甲基化合物,例如无机汞转化为毒性强的甲基汞。此外,释放到环境中的重金属还会通过食物链等进行富集产生放大效应,进而对身体健康造成危害。

3.1.4　有机污染物

有机污染物主要指碳氢化合物及其衍生物质,如烃、醇、酮、胺等对人体有害的化合物。这些都是脂溶性物质,可以通过皮肤吸收,溶解到脂肪中侵入人体,也能够通过呼吸道进入肌体组织中,并迅速扩散到全身。正常情况下,这些污染物会有一小部分以原形排出体外,其余能够通过新陈代谢被分解成简单的水溶性化合物而排出体外。但往往在代谢过程中会形成一些毒性更强、且更不容易排出的次生代谢产物,逐步在血液、脂肪内增加,并在肝、肾等器官中积累,最终引发包括细胞损伤、遗传变异、肿瘤和癌症等各种疾病。

3.1.5 电磁辐射与电离辐射

1. 电磁辐射

电磁辐射是一种复合性电磁波,以相互垂直的电场和磁场随时间的变化而传递能量。人体生命活动包含一系列的生物电活动,这些生物电对环境中的电磁波非常敏感,因此,电磁辐射可以对人体造成影响和损害。主要表现为热效应和非热效应:

(1) 热效应。人体 70% 以上是水,水分子受到电磁波辐射后相互摩擦,引起机体升温,从而影响到体内器官的正常工作。体温升高引发各种疾病症状,如心悸、头疼、失眠、心动过缓、白细胞减少,免疫功能下降、视力下降等。

(2) 非热效应。人体的器官和组织都存在微弱的电磁场,它们是稳定和有序的,一旦受到外界电磁场的干扰,处于平衡状态的微弱电磁场将遭到破坏,人体也会遭受伤害。这主要是低频电磁波产生的影响,即人体被电磁辐射照射后,体温并未明显升高,但已经干扰了人体的固有微弱电磁场,使血液、淋巴液和细胞原生质发生改变,影响神经系统、感觉系统、免疫系统和内分泌系统的正常功能。

2. 电离辐射

电离辐射是一切能引起物质电离的辐射总称,其种类很多,高速带电粒子有 α 粒子、β 粒子和质子,不带电粒子有中子以及 X 射线、γ 射线。电离辐射是指波长短、频率高、能量高的射线。电离辐射可以从原子或分子里电离出至少一个电子。

在接触电离辐射的工作中,如防护措施不当,或违反操作规程,人体受照射的剂量超过一定限度后,就会发生有害作用。机体对电离辐射的反应程度取决于电离辐射的种类、剂量、照射条件及机体的敏感性。电离辐射可引起放射病,它是机体的全身性反应,几乎所有器官、系统均发生病理性改变,但其中以神经系统、造血器官和消化系统的改变最为明显。短时间内接受一定剂量的照射,可引起机体的急性损伤,多发生于核事故和放射治疗病人;而较长时间内分散接受一定剂量的照射,可引起慢性放射性损伤,如皮肤损伤、造血障碍、白细胞减少、生育力受损等病症。此外,辐射还可以致癌和引起胎儿的死亡和畸形。

3.1.6 生物性污染

实验室的生物性污染主要指可能会导致健康工作者和动物致病的细菌、

真菌、病毒和寄生虫等生物因子,对实验动物和有潜在感染生物因子的人血液、体液和排泄物等物质的违规操作、被其感染或泄漏,有可能引发感染性疾病的发生或爆发,危害人体健康及公共安全。

3.2　实验室污染控制与防治

从 20 世纪 60 年代开始,许多国家相继制定了有关环境保护的法律和法规,我国也形成了以宪法为基础、以《中华人民共和国环境保护法》为主体的环境法律体系。2005 年 1 月 1 日起执行的国家环保总局《关于加强实验室类污染环境监管的通知》中明确规定,科研、监测(检测)、试验等单位实验室、化验室、试验场将按照污染源进行管理、并纳入监管范围;同时提出新建、改建和扩建或使用性质调整的实验室、化验室和试验场,必须严格执行建设项目环境保护审批制度。并建立污染事故预防和应急体系及上报制度。

实验室产生的废气、废水和固体废弃物进入环境将污染空气、水源和土壤,破坏生态,并通过食物链而危害人体自身健康。实验室污染的后果是严重的,实验室内的污染也给实验工作人员和开展实验工作的师生带来健康危害。因此,实验室污染控制刻不容缓,本节重点讲述实验室空气的净化技术,其他类型的污染处置方法将在后面章节中陆续介绍。

3.2.1　通风

通常实验室内的空气污染物浓度要比室外高许多,合理改善实验室内的通风设施,加强通风换气,能有效降低实验室内的空气污染物浓度,改善实验室内的空气质量。根据实验室内污染物的种类和量来决定通风量和通风方式。通风形式主要有渗漏、自然通风、强制或机械通风等几种形式。

1. 渗漏通风

所有建筑物结构都有通透性,即建筑物的壳体有许多空气进出的渠道,如门、窗、电线出入口和管道周围的缝隙等,也包括进出风口。室内外空气交换受建筑物的密封度及室外温差、风速等环境因素影响,通常在寒冷和刮风的情况下换气率高,而在温暖和温差较小的天气状况时换气率较低。

2. 自然通风

当建筑物门窗打开的时候,就处于自然通风状态。开窗通风可以始终保持实验室内具有良好的空气质量。

3. 机械通风

包括全面稀释通风和局部排气通风。全面通风一般采用通风空调系统，将室外新鲜空气均匀地送到室内，以达到降低污染的目的。对实验室而言，污染源确定，而且对污染源的瞬时挥发速率要求高，因此需要采用局部排风系统，如排风扇、通风柜等设备来解决污染物的排放问题。

3.2.2 吸附

吸附是一种常用的气态污染物净化方法，是将废气与大表面、多孔而粗糙的固体物质相接触，废气中的有害成分积聚或凝缩在固体表面，达到气体净化的方法。对于低浓度废气和高净化要求的场所，应用吸附技术是一种有效且简便易行的方法。常用的吸附剂种类如下：

1. 活性炭

活性炭是由含碳原料（果壳、木材、煤炭、木质素），经过加工、炭化、破碎和活化等几道工序制成，形状有颗粒状、纤维状和粉末状。活性炭的比表面积可达 $600 \sim 1\ 600\ cm^2/g$，具有优异的、广泛的吸附性能。活性炭主要用于吸附苯、甲苯、乙烷、庚烷、丙酮、四氯化碳、萘、醋酸乙酯等有机气体和蒸汽。由于纤维活性炭吸附法具有吸附和脱附效率高，残留少的特性，作为近几年发展起来的新技术，已经普遍用于回收苯乙烯、丙烯腈、二氯甲烷和三氯甲烷等有机化合物。

2. 活性氧化铝

活性氧化铝是一种极性吸附剂，有粒状、片状和粉状，其比表面积为 $210 \sim 360\ cm^2/g$。主要用于吸附二氧化硫、硫化氢、氮氧化物、气态碳氢化合物和含氟废气，也可用于溶剂的回收利用。

3. 硅胶

硅胶的比表面积为 $600\ cm^2/g$，通常用于气体干燥和废气中二氧化硫、氮氧化物和有机烃类的净化。硅胶具有很强的亲水性，吸水后其吸附性能下降。

4. 分子筛

分子筛是一种人工合成的泡沸石，是具有多孔骨架的硅铝酸盐结晶体。其微孔十分丰富，具有很大的内表面，吸附容量大，孔径分布单一均匀，有很强的吸附能力和选择吸附性。分子筛可以从废气中有选择地除去二氧化硫、硫化氢、氮氧化物、氨、二氧化碳和有机烃类等污染物。还可以作为载体，负载微量的贵金属催化剂和过渡金属氧化物，催化和净化废气中的气态污染物。

人类的文明和社会的进步离不开实验性研究，重视并加强实验室环境污染的控制和防治,重视实验室的科学管理,创造一个绿色、环保的实验室环境,既是对当代负责任,也符合可持续发展的基本要求。

3.3 职业健康安全管理体系(OHSMS)

职业健康安全管理体系(Occupation Health Safety Management System,OHSMS)是 20 世纪 80 年代后期在国际上兴起的现代安全生产管理模式,它与 ISO 9000 和 ISO 14000 等标准体系一并被称为"后工业化时代的管理方法"。国外高校早已将职业健康安全管理体系融入到实验室污染防治和安全管理过程中,我国政府也十分重视此项工作,制定了《工作场所防止职业中毒卫生工程防护措施规范》(GBZ/T 194—2007)和《建设项目职业病危害控制效果评价技术导则》(GBZ/T 197—2007)等国家标准来规范管理,有效保证人员的职业健康与安全。很多高校也在积极推进安全管理工作,积极推进 OHSMS 在高校实验室管理中的应用,这既是社会发展的要求,也是高校自身科学发展、规范管理和法制化进程的需要。下面就职业健康安全管理体系的主要内容作简要介绍。

3.3.1 职业健康安全管理体系的运行模式

系统化的"戴明模型",或称为 PDCA 模型是职业健康安全管理体系的运行基础。按照戴明模型,一个组织的活动可分为"计划(PLAN)、行动(DO)、检查(CHECK)和改进(ACT)"四个相互联系的环节。

1. 计划环节

计划环节是对管理体系的总体规划,包括:① 确定组织的方针、目标;② 配备必要资源,包括人力、物力资源等;③ 建立组织机构,规定相应职责、权限及其相互关系;④ 识别管理体系运行的相关活动或过程,并规定活动或过程的实施程序和作业方法等。

2. 行动环节

行动环节是按照计划所规定的程序加以实施。

3. 检查环节

检查环节是为确保计划的有效实施,需要对计划实施效果进行检查衡量,并采取措施修正消除可能产生的行为偏差。

4. 改进环节

因为管理过程不是一个封闭系统,因而需要随着管理活动的深入,针对实践中所发现的缺陷、不足和变化的内外部条件,不断对管理活动进行调整、完善。

3.3.2 OHSMS 术语和定义

1. 可接受的风险(acceptable risk)

根据组织法律义务和职业健康安全方针已被组织降至可容许程度的风险。

2. 审核(audit)

为获得"审核证据"并对其进行客观的评价,以确定满足"审核准则"的程度所进行的系统的、独立的并形成文件的过程。

3. 持续改进(continual improvement)

为了实现对整体职业健康安全绩效的改进,根据组织的职业健康安全方针,不断对职业健康安全管理体系进行强化的过程。

4. 纠正措施(corrective action)

为消除已发现的不符合或其他不期望情况的原因所采取的措施。

5. 文件(document)

信息及其承载媒体。

6. 危险源(hazard)

可能导致人身伤害和(或)健康损害的根源、状态或行为,或其组合。

7. 危险源辨识(hazard identification)

识别危险源的存在并确定其特性的过程。

8. 健康损害(ill health)

可确认的、由工作活动和(或)工作相关状况引起或加重的身体或精神的不良状态。

9. 事件(incident)

发生或可能发生与工作相关的健康损害或人身伤害(无论严重程度),或者死亡的情况。

10. 相关方(interested party)

工作场所内外与组织职业健康安全绩效有关或受其影响的个人或团体。

11. 不符合(nonconformity)

未满足要求。

12. 职业健康安全(occupational health and safety,OH&S)

影响或可能影响工作场所内的员工或其他工作人员(包括临时工和承包方员工)、访问者或其他人员的健康安全的条件和因素。

13. 职业健康安全管理体系(OH&S management system)

组织管理体系的一部分,用于指定和实施组织的职业健康安全方针并管理其职业健康安全风险。

14. 职业健康安全目标(OH&S objective)

组织自我设定的职业健康安全绩效方面要达到的职业健康安全目的。

15. 职业健康安全绩效(OH&S performance)

组织对其职业健康安全风险进行管理所取得的可测量的结果。

16. 职业健康安全方针(OH&S policy)

最高管理者就组织的职业健康安全绩效正式表述的总体意图和方向。

17. 组织(organization)

具有自身职能和行政管理的公司、集团公司、商行、企事业单位、政府机构、社团或其结合体,或上述单位中具有自身职能和行政管理的一部分,无论其是否具有法人资格,公营或私营。

18. 预防措施(preventive action)

为消除潜在不符合或其他潜在不期望情况的原因所采取的措施。

19. 程序(procedure)

为进行某项活动或过程所规定的途径。

20. 记录(record)

阐明所取得的结果或提供所出示活动的证据的文件。

21. 风险(risk)

发生危险事件或有害暴露的可能性,与随之引发的人身伤害或健康损害的严重性的组合。

22. 风险评价(risk assessment)

对危险源导致的风险进行评估、对现有控制措施的充分性加以考虑以及对风险是否可接受予以确定的过程。

23. 工作场所(Workplace)

在组织控制下实施工作相关活动的任何物理区域。

3.3.3 职业健康安全管理体系要求

1. 总要求

组织应根据本标准的要求建立、实施、保持和持续改进职业健康安全管理体系,确定如何满足这些要求,并形成文件。组织应界定其职业健康安全管理体系的范围,并形成文件。

2. 职业健康安全方针

最高管理者应确定和批准本组织的专业健康安全方针,并确保职业健康安全方针在界定的职业健康安全管理体系范围内:① 适合于组织职业健康安全风险的性质和规模;② 包括防止人身伤害与健康损害和持续改进职业健康安全管理与职业健康安全绩效的承诺;③ 包括至少遵守与其职业健康安全危险源有关的适用法律法规要求及组织应遵守的其他要求的承诺;④ 为制定和评审职业健康安全目标提供框架;⑤ 形成文件,付诸实施,并予以保持;⑥ 传达到所有在组织控制下工作的人员,旨在使其认识到各自的职业健康安全义务;⑦ 可为相关方所获取;⑧ 定期评审,以确保其与组织保持相关和适宜。

3. 策划

策划阶段包括:① 对危险源辨识、风险评价和控制措施的确定;② 法律法规和其他要求;③ 目标和方案。

4. 实施与运行

实施与运行阶段包括:① 资源、作用、职责、责任和权限;② 能力、培训和意识;③ 沟通、参与和协商;④ 文件;⑤ 文件控制;⑥ 运行控制;⑦ 应急准备和响应。

5. 检查

检查包括:① 绩效测量与监视;② 合规性评价;③ 事故调查、不符合、纠正措施和预防措施;④ 记录控制;⑤ 内部审核。

6. 管理评审

最高管理者应按计划的事件间隔,对组织的职业健康安全管理体系进行评审,以确保其持续适宜性、充分性和有效性。评审应包括评价改进的可能性和对职业健康安全管理体系进行修改的需求,包括对职业健康安全方针和职业健康安全目标的修改需求。应保存管理评审记录。

3.3.4 OHSMS 标准要素之间的关系

对 OHSMS 体系,不仅要掌握体系要素各自的功能,更要了解它们之间的关系,将其变成一个整体。

第一,危险源辨识、风险评价和控制是职业健康安全管理体系的管理核心。其目的在于控制危险有害因素,改善组织的职业健康安全绩效,因而全面识别危险有害因素、准确评价重要危险有害因素,成为职业健康安全管理体系建立并保持的基础。

第二,职业健康安全管理体系具有实现遵守法律法规要求的承诺功能。该体系与质量体系不同,应服务于众多的相关方和社会对人权、环境保护不断发展的需要,这种需要不是通过一种简单的合同、投诉形式向组织传达,而是以政府法规要求、社会意愿等隐含形式表达出来。

第三,职业健康安全管理体系的监控系统是体系运行的保障。职业健康安全管理是一门管理科学,职业健康安全管理体系是理论严谨、系统性强的管理体系,它具有自我调节、自我完善的功能。其监控机构具有实施、检查、纠错、验证、评审和提高的能力。

第四,明确组织机构与职责是实施职业健康安全管理体系的必要前提。体系的建立、实施和维护均是以组织为单位,按职能与层次展开,因此,在体系运行过程中明确各职能与层次间的相互关系,规定其作用、职责与权限是体系建立的必要前提。

3.3.5　建立职业健康安全管理体系的步骤

建立职业健康安全管理体系一般要经过下列四个步骤。

1. 职业健康安全管理体系的策划和准备

这一步主要是做好建立职业健康安全管理体系的各种前期工作。包括下列内容:① 教育培训。在单位建立和实施职业安全管理体系,需要单位所有人员的参与和支持。培训对象主要分三个层次:管理层培训、内审员培训和全体员工培训。内审员培训是体系建立的关键,应根据职业需要,通过培训确保他们具备开展评审、编写体系文件和进行审核工作的能力。② 拟定计划。③ 职业健康安全管理现状评估(初始评审)。比如对现有计划的作业活动进行危害辨识和风险评价,分析以往单位安全事故情况以及员工健康监护数据等相关资料,包括人员伤亡、职业病等。④ 职业健康安全管理体系设计(或策划)。

确定职业健康安全管理方针、制定体系目标及管理方案、进行职能分配和机构职责分工,确定体系的文件结构和各层次文件清单,准备必要的资源。

2. 职业健康安全管理体系文件的编制

按照《职业健康安全管理体系要求》(GB/T 28001—2011),对职业健康安全管理的方针、目标、关键岗位与职责、主要风险及其预防和控制措施,体系框架内的管理方案、程序、作业指导书和其他内部文件等以文件的形式加以规定。多数情况下职业安全健康管理体系文件的编写结构采用手册、程序文件和作业指导书的方式。

3. 职业健康安全管理体系试运行

为了体验体系策划与文件化规定的充分性、有效性和适宜性,组织应加强运作力度,并努力发挥体系本身具有的各项功能,及时发现问题,找出问题的根源,纠正不符合体系并给予修订,以尽快度过磨合期。

4. 职业健康安全管理体系的内部审核与管理评审

内部审核时组织对其自身的职业健康安全管理体系所进行的审核,是对体系是否正常运行以及是否达到了规定的目标等所作的系统的、独立的检查和评价,是职业健康安全管理体系的一种自我保证手段。内部审核一般对体系的全部要素进行全面的审核,应由与被审核对象无直接责任的人员来实施,对不符合项的纠正措施必须跟踪审查,并确定其有效性。

3.3.6　职业健康安全管理体系的特征

职业健康安全管理体系是系统化、结构化、程序化的管理体系,是遵循PDCA 管理模式并以文件支持的管理制度和管理方法。

1. 单位高层领导人必须承诺不断加强和改善职业安全卫生管理工作

单位高层领导人在事故预防中起着关键性的作用,现代职业安全卫生管理体系强调单位高层领导人在职业安全卫生管理方面的责任;要求单位的最高领导人制定职业安全卫生方针,对建立和完善职业健康安全管理体系、不断加强和改善职业安全卫生管理做出承诺。

2. 危险源控制是职业健康安全管理体系的管理核心

以危险源识别、风险控制和评价为核心,是现代职业健康安全管理体系与传统职业健康安全管理最本质的区别。

系统安全的观点认为:系统中存在的危险源是事故发生的根本原因;系统中的危险源不可能被完全根除,因而总是有发生事故的危险性,绝对的安全是不存在的。系统安全的基本内容就是辨识系统中的危险源,采取措施消除和控制系统中的危险源,使系统更安全。系统安全工程是实现系统安全的手段,危险源辨识、控制和评价构成了系统安全工程的基本内容。

3. 职业健康安全管理体系的监控作用

职业健康安全管理体系具有比较严密的三级监控机制,充分发挥自我调节、自我完善的功能,为体系的运行提供了有力的保障。

(1) 绩效测量。包括对单位的职业安全卫生的日常检查和职业安全卫生目标、法规遵循情况的监控,以及事故、事件、不符合的监控和调查处理。

(2) 审核。职业健康安全管理体系审核是集中发现问题,并集中解决问题的一种有效手段。对职业健康安全管理体系的运行情况作出评价,并判定单位的职业健康安全管理体系是否符合标准要求。审核中发现的问题,有些可立即解决,有些需汇报给最高管理者,由其决策者来解决。

(3) 管理评审。它由最高管理者组织进行,将一些管理层解决不了的问题,涉及单位大政方针的问题,集中在一起由决策层加以解决。管理评审对企业内外的变化,对体系的适用性、有效性和充分性做出判断,作出相应的调整。

4. 职业健康安全管理体系"以人为本"

职业健康安全管理体系注重以人为本,充分利用管理手段调动和发挥人员的安全工作积极性。

(1) 机构和职责是职业健康安全管理体系的组织保证。要建立和健全职业健康安全管理机构,明确单位内部全体人员的职业安全卫生职责。

(2) 职业安全卫生工作需要全体人员的参与,这就需要对人员进行教育和培训,以使他们具备较高的安全意识和相应的能力。

(3) 协商与交流是职业健康安全管理体系的重要因素。只有在顺畅的职业安全健康信息交流的基础上才能保证职业安全健康管理体系的成功运行。协商与交流包括内部的协商与交流和外部信息交流两个方面。内部的协商与交流主要是指员工的参与和协商,以及组织内部各部门、各层次之间的交流。外部信息交流主要是指外部相关方信息的接收、成文和答复。

5. 文件化

职业健康安全管理体系注重管理的文件化。文件是针对本单位的特点、规模、人员素质等情况编写的管理制度和管理办法文本,是开展职业健康安全管理工作的依据。

3.3.7　高校职业健康与安全所包含的权利与责任

高校的每个师生员工必须把具有良好的职业健康与安全工作习惯作为自己的责任。建立良好的职业健康与安全习惯,来自于主管部门对工作场所、实验室(或教室)和操作过程的不同层次与水平的监管。

1. 管理层的职责

高校实行党委领导下的校长负责制,所以职业健康安全管理政策和项目的最终责任由高校校长承担,校长授权给各学院(系、部)、研究所和职能部门领导,并承担相应的权利和责任,从而有效监督和管理全校所有师生员工的职业健康与安全。他们需要做到:

（1）其管理下的所有人员都有明确的职业健康与安全的权利和责任;

（2）所有人员都有权补充合适的职业健康安全管理政策、操作规范和项目程序;

（3）需要有足够的资源和资金,来保障其管理范围内的职业健康与安全项目能够正常运行,以及个体防护装备与设施的适量配备;

（4）必须遵守学校的职业健康与安全管理政策、操作程序和项目程序。

2. 单位主管的职责

对各学院(系、研究所)而言,主管包括 PI、班主任、实验室主任、或其他有直接监管权的人。主管有责任保护其所监管范围内师生员工的职业健康与安全,有如下管理责任:

（1）对学校的职业健康与安全管理政策、操作规范和项目程序进行补充;

（2）保证工作场所和设备、设施安全并处于良好工作状态;

（3）保证工作场所遵守学校的职业健康与安全管理政策、操作程序和项目程序,符合相关职业健康安全管理法规要求;

（4）保证师生员工能够根据工作需要来选择穿戴合适的个体防护装备,师生员工必须参加学校举办的实验室安全培训课程,以及针对特殊工作而安排的安全培训和演练。

3. 院(部)和部门安全管理人员职责

根据师生员工在特殊工作场所安全行为和附加管理规定,代表师生职业健康与安全利益,在各自工作的学院、系、部门和其他独立研究机构中为主管提供建议和安全技术支持。包括如下内容:

（1）积极准确地评估和纠正存在的职业健康安全危害,并对相关安全管理系统进行补充和完善;

（2）参与全校范围的职业健康安全管理项目的补充和完善;

（3）对各部门分别提供安全培训;

（4）提高各部门的职业健康和安全意识;

（5）做好事故应急预案和演练;

（6）在师生发生职业健康与安全问题时,在第一时间到达现场开展救援工作。

4．教师、员工和学生的职责

（1）每位师生员工应了解什么情况会损害本人的健康与安全；

（2）积极参加由主管或学校组织的安全演练项目；

（3）无论在工作场所、教室、实验室或住地，始终采用和贯彻职业健康与安全的习惯，遵守学校的职业健康安全管理政策；

（4）在工作场所、教室、实验室遇到严重的危险时一定要及时报告主管或安全管理人。

3.3.8　高校职业健康与安全管理政策

高校制定职业健康与安全管理政策的目的是为了保护广大师生员工的安全与健康。制定职业健康与安全管理政策应做到如下几方面：

（1）遵守法律：高校应按照国家所有可适用的职业健康与安全管理方面的法律、法规或国家标准的相关要求来制定本校的职业健康与安全管理政策。

（2）职业健康与安全管理系统和程序：要保障学校全体师生员工的健康与安全，需要通过在校级、院（系、部）和部门层面执行已经明确颁布的各种职业健康与安全管理程序和安全管理系统。

（3）事前评估和控制：学校必须采取各种合理的措施为所有师生员工提供安全与健康的工作环境，学院（部）、研究机构和行政管理机构，通过事前评估和告知职业健康与安全危害。鼓励师生员工积极地发现隐患并及时报告，达到减少危害的目的。所有师生员工应养成一种良好的习惯，要保护自己不冒职业健康与安全的风险。

（4）全员安全培训：师生员工要保证有足够的安全培训来保证他们的职业健康和安全工作的能力。在实验室工作的所有人员都要求参加实验室安全课程的培训，以及其他根据风险评估确定的相关培训内容。

（5）事件和事故调查：需要对所有发生的事件和事故进行调查，找出根源，避免类似事故的再次发生。因此，学校所有科研和教学实验室发生的事件和事故都必须向上报告。

（6）实验室的设计标准：建筑设计必须符合实验室设计标准和地方标准。

（7）定期检查：大学的职业健康与安全政策、特殊项目的职业健康与安全政策以及安全管理系统都需要进行年度检查，以保证其能够切实有效地发挥作用。

3.4 高校绿色实验室的建立

3.4.1 绿色化学的概念

绿色化学（Green Chemistry）又称环境无公害化学（Environmentally Benign Chemistry）、环境友好化学（Environmentally Friendly Chemistry）、清洁化学（Clean Chemistry），是 20 世纪 90 年代出现的具有明确的社会需求和科学目标的新兴交叉学科，已成为当今国际化学科学研究的前沿，是 21 世纪化学化工行业发展的重要方向。绿色化学旨在从源头上消除污染，最大限度地从合理利用资源、生态平衡、环境保护等方面满足人类可持续发展的需求，实现人和自然的协调与和谐。绿色化学包括所有可以降低对人类健康与环境产生负面影响的化学方法、技术和过程，符合科学发展观的理念。在绿色化学基础上发展起来的技术称为绿色技术（Green Technology）或清洁技术（Clean Technology）或环境友好技术（Environmentally Friendly Technology）。各国对绿色化学的提法不太相同，我国称为"清洁生产工艺"。

《中华人民共和国清洁生产促进法》（2012 年修订）对"清洁生产"定义为：清洁生产是指不断改进设计、使用清洁的能源和原料、采用先进的工艺技术与设备、改善管理、综合利用等措施，从源头削减污染，提高资源利用效率，减少或者避免生产、服务和产品使用过程中污染物的产生和排放，以减轻或者消除对人类健康和环境的危害。

3.4.2 绿色化学的意义

世界环境与发展委员会（WECD）1987 年提出的《我们共同的未来》的研究报告中对可持续发展的定义为："既满足当代人的需求，又不对后代满足其自身需求的能力构成危害的发展"。绿色化学就是从可持续发展理念为出发点，以生态大系统的整体优化为目标，对物质转化的全过程不断采取战略性、综合性和预防性的措施，提高能源的利用率，减少及消除废料的生成和排放，降低生产活动对资源的过度使用以及对人类和环境造成的风险，实现社会的可持续发展。从科学的角度看，绿色化学是对传统化学思维的创新和发展，是更高层次的化学科学；从环境的角度看，绿色化学是从源头上消除污染，保护生态环境的新科学和新技术；从经济的角度看，绿色化学是合理利用资源和能源,实现可持续发展的核心战略之一。因此绿色化学是一项指导化学化工行业革命的科学,也为其他学科和科学技术领域的"绿色革命"提供了宝贵的理念、技术、经验和强有力的支撑。

3.4.3 绿色化学的核心

绿色化学主要从原料的安全性、工艺过程节能性、反应原子的经济性和产物环境友好性等方面进行评价。原子经济性和"5R"原则是绿色化学的核心内容。原子经济性是指充分利用反应物中的各个原子,从而既能充分利用资源又能防止污染。原子利用率越高,可以最大限度地利用原料中的每个原子,使之结合到目标产物中,反应产生的废弃物就越少,对环境造成的污染就越小。实验过程中应遵循绿色化实验的 5 个"R"原则,即 Reduction,减量使用原料,减少实验废弃物的产生和排放;Reuse,循环使用、重复使用;Recycling,回收,实现资源的回收利用,从而实现"省资源、少污染、减成本";Regeneration,再生,变废为宝,资源和能源再利用,是减少污染的有效途径;Rejection,拒用有毒有害品,对一些无法替代又无法回收、再生和重复使用的,有毒副作用及会造成污染的原料,拒绝使用,这是杜绝污染的最根本的办法。

3.4.4 绿色化学的基本原则

绿色化学是用化学的原理、技术和方法,从源头上消除对人类健康、社区安全、生态环境有害的原料、催化剂、溶剂、反应产物和副产物等的使用和产生。它的基本指导思想在于不使用有毒有害物质,不产生废物,是一门从源头上阻止污染的绿色与可持续发展的化学。根据绿色化学遵循的不断完善的基本原则,以保护人类环境和健康,实现环境、经济和社会的和谐发展。为了评价一个化工产品、一个单元操作或一个化工过程是否符合绿色化学目标,Anastas P T 和 Warner J C 首先于 1988 年提出了著名的绿色化学 12 条原则。

(1) 防止污染优于污染治理:防止废物的产生优于在其生成后再进行处理。

(2) 原子经济性:合成方法应具有"原子经济性",即尽量使参加反应的原子都进入最终产物。

(3) 绿色化学合成:在合成中尽量不使用和不产生对人类健康和环境有毒、有害物质。

(4) 设计安全化学品:设计具有高使用功效和低环境毒性的化学品。

（5）采用安全溶剂和助剂：尽量不使用溶剂等辅助物质，必须使用时应选用无毒、无害的。

（6）合理使用和节省能源：生产过程应该在温和的温度和压力下进行，而且能耗最低。

（7）利用可再生资源合成化学品：尽量采用可再生的原料，特别是用生物质代替矿物燃料。

（8）减少不必要的衍生化步骤：尽量减少副产品。

（9）采用高选择性的催化剂。

（10）设计可降解的化学品：化学品在使用完后应能够降解成无毒、无害的物质，并且能进入自然生态循环。

（11）进行预防污染的现场实时分析：开发实时分析技术，以便监控有毒、有害物质的生成。

（12）使用安全工艺：选择合适的参加化学过程的物质及生产工艺，尽量减少发生意外事故的风险。

绿色化学 12 条原则目前已被国际化学界公认，它不仅是近年来绿色化学领域中所开展的多方面的研究工作的基础，也指明了未来发展绿色化学的方向。

3.4.5　绿色实验室的建立与推行

高校生物科学实验室、化学（化工）实验室、材料学实验室、医学实验室等是高校实验室污染物产生的主要源头。开展生物科学实验和医学实验的实验室会产生大量高浓度含有害微生物的培养液、培养基，这些废弃物未经规范处理而直接外排，会造成生物污染和生物毒素污染，甚至带来严重后果。生物实验室、化学（化工）实验室、材料学实验室所产生的化学类废弃物如果不加规范处置直接排放会对环境带来严重破坏。而随着科学技术的快速发展，很多交叉学科应运而生，很多高校实验室里所涉及的研究内容不再是传统的单一学科的内容，而是涉及到多个学科的交叉融合。其中生物化学涉及到蛋白质、酶、核酸（DNA、RNA）、激素、膜的生命功能等；医学实验室涉及到制药、药理、生物相容性等方面的研究；电子学中有液晶、发光二极管等；纺织行业涉及到染料、染整、纤维等；材料学包含了纳米材料、高分子材料、高能材料（如炸药、锂电池、推进剂）等；食品类、IT 类、环保类实验室所涉及的内容很多都与化学科学密切相关，更需要推行绿色实验室的理念。

树立绿色化学的思维方式，创造清洁美好的生活环境是人类共同的愿望，给子孙后代留下美好的环境也是我们每个人应该履行的社会责任。绿色化学和绿色技术的发展为人类可持续发展、构建和谐社会和节约型社会指明了方向,也是发展的必然趋势。在高校师生中开展环境保护、健康和安全教育,树立绿色化学理念,应成为师生的自觉行动。高校教师应不断发展和创新绿色技术,将绿色理念、绿色技术传授给学生,加强和提高学生的创新能力和绿色意识。学生应该自觉培养自身的绿色意识和习惯,将绿色理念贯穿在学习、生活和工作的每个环节中。

绿色实验室应在各高校中得到实现并大力推行。绿色化学的理念和绿色化学技术不应该仅仅停留在化学实验室,而是应该推广到高校其他学科的实验室,乃至全社会所有的不同学科、不同类别的实验室和生产单位,大力发展和充分利用绿色的新技术和新方法,保护人类健康,保护生态环境,促进可持续发展。

3.4.6 纳米材料的安全性

随着科学研究的快速发展和不断深入,高校实验室所用实验材料的数量和种类都有较大幅度的增加,实验材料组成结构更趋复杂,一些新型的污染和伤害不断呈现,应引起高校管理层和实验室工作人员的高度重视。

纳米科技是近年来发展起来的一门新兴学科,纳米材料是纳米科技中最具活力、最基础的研究领域,是原子团簇、纳米薄膜、纳米碳管和纳米固体材料的总称,其粒径分布在 $1 \sim 100$ nm。纳米颗粒材料由于小尺寸效应和大表面积具有较高的表面活性,所以和微米级颗粒材料相比,纳米颗粒材料与人体作用的机制有所不同,在微米级材料不引起毒性的物质,当以纳米尺寸存在时,在足够的剂量下,能对细胞或者脏器产生不良反应。纳米粒子的超微性使得纳米材料更易于被人体吸收,进入人体细胞和人体血液循环系统,并和生物大分子发生结合或催化化学反应,使生物大分子和生物膜的正常立体结构发生改变,其结果将导致体内一些激素和重要酶系的活性丧失,或使遗传物质产生突变,导致肿瘤发病率升高或促进老化过程。

纳米科学的快速发展至今只有十几年的历史,人们对它的认识还不完全,以往宏观物质的安全性评价结果对于纳米材料有可能不适用,关于纳米材料安全性的研究严重缺乏,对于纳米颗粒危险度的评价信息严重不全。目前,国内还没有纳米材料生产的许可证制度和纳米实验室安全方面的规章制度,而国外在这方面的研究也刚刚起步,缺乏必要的系统性、理论性和定量化的评价标准。目前对纳米级废料没有比较好的销纳方法,如果采用随意排放的方式处理纳米级废料,这些排放出来的污染物积少成多,经过一定时间的积累后会对周边的水体环境、大气环境、土壤环境和生态环境构成威胁,对人类生存环境造成严重影响。因此在实验中遇到纳米颗粒材料或者纳米级废弃物,如果不加注意,这些貌似无害材料的飞散和随意抛弃很可能会带来对环境和人体的侵害。实验室工作人员应该针对面临的实际情况在实验室层面上加强防范,在未能确定纳米材料毒性的情况下,纳米级颗粒材料的前处理,按照有毒材料的规范进行,应佩戴手套和口罩等个体防护装备;纳米颗粒材料的操作应该在通风橱内进行;纳米颗粒材料样品和实验废弃物不能随意丢弃,以免造成不必要的污染和伤害。

第 4 章 实验室安全事故的
类型与个体防护装备

4.1 实验室常见安全事故的类型

实验室安全事故是指因种种不安定因素在实验室引发的,与人们的愿望相违背,使实验操作发生阻碍、失控、暂时或永久停止,并造成人员伤害或财产损失的意外事故。

实验室安全事故的分类主要有:根据实验室类别分类的方法和根据具体的事故原因进行分类的方法。根据实验室的类别进行分类,可将高校的实验室按功能划分为生物类、化学类和机械电子类实验室三大类,相应地提出高校实验室中的安全事故有细菌(病原微生物)感染和污染事故,放射性同位素和危险化学药品事故,机械伤人和电气火灾事故三大类,这种分法相对较粗。按照事故的原因,以及人身伤害优先考虑的原则,对实验室事故进行分类可分为火灾事故、爆炸事故、辐射事故、生物安全事故、化学品毒害事故、机电伤人事故、环境污染事故、设备损坏事故、设备或技术被盗事故、漏水事故等十类。

4.1.1 火灾事故

火灾事故的发生具有普遍性,任何实验室都可能发生。高校实验室火灾事故发生率仅次于学生宿舍火灾,居第二位。实验室火灾事故的类型主要有:

1. 电气火灾

即由于电气设备使用不当引起的火灾。造成这类事故的主要原因是操作人员用电不慎或操作不当,致使电气设备引发火灾事故;供电线路老化,超负荷运行,导致线路发热,引发火灾;接头接触不良、保险丝选用不当、发热用电器使用时被可燃物覆盖或可燃物靠近发热体所引发的火灾;忘记关电源,或在实验过程中,人离开实验室的时间较长,致使设备或电器通电时间过长,温度升高引发火灾;高电压实验室电器设备发生火花或电弧、静电放电产生火花等引发火灾。电气类火灾,如烘箱温度控制器失灵导致烘箱内被烘物品起火引发火灾。

2. 化学药品引发的火灾

即由于化学药品的使用或者保存不当引起的火灾。如危险化学品中的自燃品、遇水燃烧品、遇空气燃烧品、易燃气体、易燃液体、易燃固体、强氧化剂等保存或操作不当均可能引发火灾。

3. 其他火灾

对火源管理不善、违章用火、乱扔烟头、接触易燃物质等引起火灾。

4.1.2 爆炸事故

爆炸是指某物质从一种状态转化为另一种状态,并在瞬间以机械功的形式放出大量能量的过程。爆炸现象一般具有以下特征:① 爆炸过程进行得很快;② 爆炸点附近的瞬间压力急剧升高;③ 发出响声;④ 周围介质发生震动或物质遭到破坏。

按照物质发生爆炸的原因和性质不同,可将爆炸分为化学爆炸、物理爆炸、核爆炸三类。实验室常见的爆炸事故主要为前两类。

1. 化学爆炸

化学爆炸是由于物质发生高速放热的化学反应,产生大量气体并急剧膨胀做功而形成的爆炸现象。化学爆炸前后,物质的性质和成分均发生根本的变化。化学爆炸必须同时具备以下三种条件:① 存在易燃、易爆气体或蒸气,且达到爆炸极限;② 存在助燃物;③ 存在点火源。

2. 物理爆炸

由于物质的物理变化(如温度、压力、体积等变化)引起的爆炸称为物理爆炸。这种爆炸是物质因状态或压力发生突变等物理变化而形成的。例如:容器内液体过热、气化而引起的爆炸,锅炉爆炸、压缩气体、液化气体超压引起的爆炸等都属于物理爆炸。物理爆炸前后,物质的化学成分及性质均无变化。

爆炸事故多发生在具有易燃、易爆物品和压力容器的实验室。酿成事故的主要原因有:① 违反操作规程,引燃易燃物品,进而导致爆炸;② 易燃气体在空气中泄漏到一定浓度时遇明火发生爆炸;③ 回火现象引发的燃气管道爆炸。实验室使用中的管道燃气突然中断供气,导致燃气管道内形成负压,喷嘴的火焰跟随进入管道产生回火,造成管道内部着火,炸毁管道,引起建筑物及设施损毁事故和火灾事故(如图 4.1);④ 压力气瓶遇高温或强烈碰撞引起爆炸,高压反应锅等压力容器操作不当引发爆炸等;⑤ 粉尘爆炸。

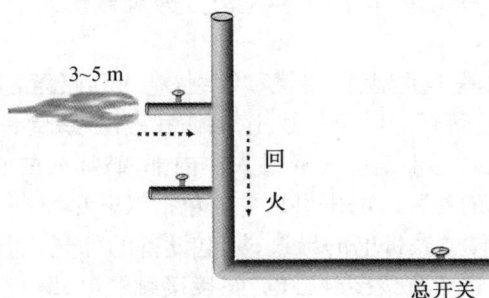

图 4.1　管道燃气回火示意图

4.1.3　辐射事故

辐射是指以电磁波和粒子向外传递的能量。看不见,摸不着。辐射包括电离辐射和非电离辐射。对于电离辐射来讲,辐射事故是指放射源丢失、被盗、失控,或者放射性同位素和射线装置失控导致人员受到意外的异常照射。对于非电离辐射来讲,危害人体机理主要是热效应、非热效应和累积效应;损伤程度与电磁波的波长和功率有关。辐射造成人体的伤害主要有:① 短时间大剂量的照射会导致人体组织、器官的损伤或病变;② 长时间低剂量的照射有可能产生遗传效应。

4.1.4　生物安全事故

生物安全是国家安全的组成部分,它是指与生物有关的各种因素对国家、社会、经济、人民健康及生态环境所产生的危害或潜在风险。随着现代生物技术的迅速发展,生物安全的问题日益凸显。在微生物实验室,由于管理上的疏漏或技术上的缺陷造成的意外事故不仅可能导致实验室工作人员的感染,还可能造成大面积的人群感染或者环境的污染。各类转基因生物体向环境释放后,对生物多样性、生态环境和人体健康可能产生的潜在危害;生物实验室的废弃物甚至比化学实验室的更加危险。生物实验室的废弃物中可能含有传染性的病菌、病毒以及放射性物质等,对人类的健康和环境都可能造成极大的危害。

4.1.5　机电伤人和烫（冻）伤事故

这类事故多发生在高速旋转或冲击运动的机械实验室,或者是带电作业的电气实验室和一些高温、低温实验室。分为机械伤人事故、电击事故和烫（冻）伤事故。

机械伤人事故基本类型有:卷绕和绞缠,卷入和碾压,挤压、剪切和冲撞,飞出物打击,物体坠落打击,切割、戳扎、擦伤和碰撞,跌倒、坠落和磕底等。

电击伤人事故。电击是电流通过人体内部,破坏人的心脏、神经系统、肺部的正常工作造成的伤害。电击事故主要包括以下几种:

（1）触电。人体触及带电的导线、漏电设备的外壳或其他带电体所导致的电击,称为触电,包括直接接触触电、间接接触触电、跨步电压触电、剩余电荷触电、感应电压触电、静电触电等。

（2）雷电触电。雷电放电具有电流大、电压高、陡度高、放电时间短、温度高的特点,释放的能量可形成极大的破坏力。

（3）电气线路或设备事故。电气线路或设备的故障可能发展成为事故,并可能危及人身安全。

烫（冻）伤事故。实验室高温部件、高温气体、高温液体使用不慎造成的烫伤事故或者液氮等超低温液体和干冰等造成的冻伤事故。

造成机电伤人事故的主要原因是:① 操作不当或缺少防护,造成挤压、甩脱和碰撞伤人;② 违反操作规程或因设备设施老化而存在故障和缺陷,造成漏电触电和电弧火花伤人;③ 使用不当造成高温气体、液体或者超低温液体、固体对人的伤害。

4.1.6　危险化学品人身毒害事故

很多实验室往往需要使用各种各样的化学试剂,有些化学试剂是有毒有害的,有些甚至是剧毒的。实验人员在使用化学试剂时如不了解化学试剂的性质,错误操作导致事故发生;化学药品配置、使用不当引起爆炸或者液体飞溅而伤害人体。有些化学药品易燃、易爆,或具有腐蚀性,或有毒害性,或者是致癌物质,事故轻者损伤皮肤,重者烧毁皮肤,损伤眼睛和呼吸道,甚至损伤人的内脏和神经等。

某些实验室需要经常使用和接触一些剧毒药品,如果摄入微量剧毒品,将引起人的机体功能发生障碍,可致残甚至危及生命。腐蚀品灼伤事故,如实验室常使用的酸、碱类试剂,对人体有腐蚀作用,使人体细胞受到破坏造成化学灼伤。眼睛灼伤很常见,大多数有毒有害化学物品接触眼睛,一般都会对眼睛造成伤害,引起眼睛发痒、流泪、发炎疼痛,有灼伤感,甚至引起视力模糊或失明。

纳米材料目前在很多实验室广泛使用,纳米材料的毒性和安全性各国正在研究和评估中,它可能会对环境和人体健康带来不利影响,在实验操作中应该加强防范,在不清楚其毒性前按照有毒物质对待处理。

酿成这类事故的主要原因是:违反操作规程,将食物带进有毒物的实验室,造成误食中毒;设备设施老化,存在故障或缺陷,造成有毒物质泄漏或有毒气体排放不出,酿成中毒;管理不善,造成有毒物质散落流失。这类事故多发生在具有化学试剂和剧毒物质的实验室和具有毒气排放的实验室。

4.1.7　环境污染事故

有毒有害的化学、生物废液、实验废弃物如果不能有效回收和恰当处置则可能会污染环境。这类事故的主要表现是:① 实验产生的废液、废弃物不能有效回收和恰当处置则可能污染大气、土壤、地下水等;② 随意倾倒废液或乱扔废弃物不仅会污染环境,而且会伤及无辜。

4.1.8　设备损坏事故

此类事故是指在实验室内发生了仪器设备的损坏。仪器设备损坏主要有客观原因和人为原因两大类。客观原因主要是突然停电(线路故障、雷击等)、自然灾害等造成设备损坏;人为原因主要是由于实验人员操作不当,违反操作规程,缺少防护措施或者保护装置,造成设备的损坏。有时还伴有人员伤害。

4.1.9　设备或技术被盗事故

此类事故是由于实验室管理不到位,实验室人员安全意识淡薄,让犯罪分子有机可乘。特别是像计算机等体积小又有广泛使用功能的设备被盗情况,在高校时有发生,事故不仅造成实验室的财产损失,影响实验室的正常工作,甚至可能造成核心技术和资料的外泄。

4.1.10　漏(跑)水事故

漏水事故大多数是因为水龙头年久失修、水管老化爆裂、实验结束后忘记关闭冷凝水、冷凝水软管固定不牢中途脱落、下水道被杂物堵死等,造成实验室地面积水,严重的可能会造成同层楼面多个房间受淹,或者从楼上漏到楼下甚至影响几层楼面。地面积水有可能会损坏电器设备,会引发漏电、触电事故;遇到遇水燃烧品会引发火灾;漏到楼下的计算机、大型精密仪器上会使这些仪器设备受到损坏。

4.2 个体防护装备

个体防护装备(Personal Protective Equipment,PPE)是在工作中从业人员为防御物理、化学、生物等外界因素伤害所穿戴、配备和使用的各种防护用品的总称,也称为个人防护用品、劳动防护用品、劳动保护用品等。个体防护装备在实验室安全管理中具有举足轻重的地位和作用。需要为参加实验活动的所有人员配备个体防护装备,以达到保护实验人员人身安全的目的。

4.2.1 个体防护装备的种类

个体防护装备种类很多。按照适用的职业分类,可以分为:军人防护装备、警员防护装备、劳动防护装备、卫生防护装备、科考探险装备、抢险救援救助装备、日常工作生活防护装备等。实验室个体防护装备主要涉及劳动防护装备和卫生防护装备。按照所涉及的防护部位分类,实验室个体防护装备又可分为头部防护装备、呼吸防护装备、眼面部防护装备、听力防护装备、手部防护装备、足部防护装备、躯体防护装备等七大类,每一大类内又可以分成若干种类,分别具有不同的防护性能。在高校实验室中配备个体防护装备,主要是保护实验人员免受伤害,避免实验室相关的伤害或感染。实验室所用的任何个体防护装备应符合国家有关技术标准的要求;个体防护装备的选择、使用、维护应有明确的书面规定、程序和使用指导;使用前应仔细检查,不使用标志不清、破损或泄漏的个体防护装备;在危害评估的基础上,按不同级别防护要求选择合适的个体防护装备。

1. 头部防护装备

头部防护装备是用来保护人体头部,使其免受冲击、刺穿、挤压、绞碾、擦伤和脏污等伤害的各种防护装备,包括工作帽、安全帽、安全头盔等。

2. 呼吸防护装备

呼吸防护装备是防御空气缺氧和空气污染物进入人体呼吸道,从而保护呼吸系统免受伤害的防护装备。正确选择和使用呼吸防护装备是防止实验室恶性事故的重要保障。

根据其工作原理可分为过滤式和隔离式两大类。过滤式呼吸防护装备是根据过滤吸收的原理,利用过滤材料滤除空气中的有毒、有害物质,将受污染的空气转变成清洁空气供人员呼吸的防护装备。如防尘口罩、防毒口罩、过滤式防毒面具等。隔离式呼吸防护装备是根据隔绝的原理,使人员呼吸器官、眼睛和面部与外界受污染空气隔绝,依靠自身携带的气源或靠导气管引入受污染环境以外的洁净空气为气源供气,保障人员的正常呼吸的呼吸防护装备,也称为隔绝式防毒面具、生氧式防毒面具等。

根据供气原理和供气方式,可将呼吸防护装备主要分为自吸式、自给式和动力送风式三种。自吸式呼吸防护装备是指依靠佩戴者自主呼吸克服部件阻力的呼吸防护装备,如普通的防尘口罩、防毒口罩和过滤式防毒面具。自给式呼吸防护装备是指依靠压缩气体钢瓶为气源动力,保障人员正常呼吸的防护装备,如贮气式防毒面具、贮氧式防毒面具。

按照防护部位及气源与呼吸器官连接的方式主要分为口罩式、口具式、面具式三类。口罩式呼吸防护装备主要指通过保护呼吸器官口、鼻来避免有毒、有害物质吸入对人体造成伤害的呼吸防护装备,包括平面式、半立体式和立体式等多种,如普通医用口罩、防尘口罩、防毒口罩等。面具式呼吸防护装备在保护呼吸器官的同时也保护眼睛和面部,如各种过滤式和隔绝式防毒面具。口具式呼吸防护装备通常也称口部呼吸器,与前两者不同之处在于佩戴这类呼吸防护装备时,鼻子要用鼻夹夹住,必须用口呼吸,外界受污染空气经过滤后直接进入口部。

3. 眼面部防护装备

眼面部防护装备是防御电磁辐射、紫外线及有害光线、烟雾、化学物质、金属火花和飞屑、尘粒,抗机械和运动冲击等伤害眼睛、面部和颈部的防护装备,包括太阳镜、安全眼镜、护目镜和面罩等。在所有易发生潜在眼睛损伤(如紫外线、激光、化学溶液或生物污染物溅射等)和面部损伤的实验室工作时,必须佩戴眼面部防护装备。

在化学类、生物类实验室工作时,不得佩戴隐形眼镜,以防止角膜烧伤等事故的发生。实验室里不能以隐形眼镜、普通眼镜来代替护目镜或安全眼镜。

4. 听力防护装备

听力防护装备是保护听觉、使人耳免受噪声过度刺激的防护装备,包括耳塞、耳罩等护耳器。暴露于高强度的噪音可导致听力下降甚至丧失。当在实验室中的噪音达到 75 dB(A)或在 8 小时内噪音大于平均水平时,实验人员应该佩戴听力防护装备用来保护人的听觉,减免或免除噪声的危害。

在实验室里，禁止戴着耳机听音乐或外语，以防止实验室发生意外时无法听到。

5. 手部防护装备

实验室工作人员在工作时可能受到各种有害因素的影响，如实验操作过程中可能接触有毒有害物质、各种化学试剂、传染源、被上述物质污染的实验物品或仪器设备、高温或超低温物品、带电设备。手部成为造成大部分实验暴露危险的重要部位，手部防护装备可以在实验人员和危险物之间形成初级保护屏障，是保护手部位和前臂免受伤害的防护装备，主要是各种防护手套和袖套等。在实验室工作时应戴好手部防护装备以防止化学品、微生物、放射性物质的伤害和烧伤、冻伤、烫伤、擦伤、电击和实验动物抓伤、咬伤等伤害的发生。在实验室工作中，必须根据实际情况选择和使用合适的手套保护工作人员免受伤害。如果手套被污染，应尽早脱下，妥善处理后丢弃。手套应按照所从事操作的性质，并符合舒适、灵活、握牢、耐磨、耐扎和耐撕的要求，能对所涉及的危险提供足够的防护。实验室工作人员需要接受手套选择、使用前和使用后的佩戴及摘除等方面的培训。手套的规范使用应注意以下几个要点：

（1）手套的选择：实验室一般使用乳胶、橡胶、聚氯乙烯、聚腈类手套，可以用来防护强酸、强碱、有机溶剂和生物危害物质的伤害。手套的尺寸要适中。对于接触强酸、强碱、高温物体、超低温物体、人体组织、尸体解剖等特殊实验材料时，必须选用合适材质的手套。

（2）手套的检查：在使用手套前应仔细检查手套是否褪色、破损（穿孔）或有裂缝。

（3）手套的使用：在不同实验室佩戴的手套种类和厚度都不一样。生物实验室根据实验室生物安全不同的级别需佩戴一副或者两副手套，如果外层手套被污染，应立即将外层手套脱下丢弃并按照规范处理，换戴上新手套继续实验。其他实验室在使用中如果手套被撕破、损坏或被污染应立即更换并按规范处置。一次性手套不得重复使用。不得戴着手套离开实验室。

（4）避免手套"交叉污染"：戴着手套的手避免触摸鼻子、面部、门把手、橱门、开关、电话、键盘、鼠标、仪器和眼镜等个体防护装备。避免触摸不必要的物体表面。手套破损更换新手套时应先对手部进行清洗，去污染后再戴上新的手套。

（5）戴和脱手套注意要点：在戴手套前，应选择合适的类型和尺寸的手套；在实验室工作中要根据实验室工作内容，尽可能保持戴手套状态。戴手套的手要远离面部。脱手套过程中，用一只手捏起另一近手腕部的手套外缘，将手套从手上脱下并将手套外表面翻转入内；用戴着手套的手拿住该手套；用脱去手套的手指插入另一手套腕部处内面；脱下该手套使其内面向外并形成一个由两个手套组成的袋状；丢弃的手套根据实验内容采取合适的方式规范处置。

6. 足部防护装备

足部防护装备是保护穿用者的小腿及脚部免受物理、化学和生物等外界因素伤害的防护装备，主要是各种防护鞋、靴。当实验室中存在物理、化学和生物试剂等危险因素的情况下，穿合适的鞋、鞋套或靴套，以保护实验室工作人员的足部免受伤害。禁止在实验室（尤其是化学、生物和机电类实验室）穿凉鞋、拖鞋、高跟鞋、露趾鞋和机织物鞋面的鞋。鞋应该舒适、防滑，推荐使用皮制或合成材料的不渗液体的鞋类。鞋套和靴套使用后不得到处走动带来交叉污染，应及时脱掉并规范处置。

7. 躯体防护装备

躯体防护装备是保护穿用者躯干部位免受物理、化学和生物等有害因素伤害的防护装备，主要有工作服和各种功能的防护服等。防护服包括实验服、隔离衣、连体衣、围裙以及正压防护服。在实验室中的工作人员应该一直或者持续穿着防护服，清洁的防护服应该放置在专用存放处，污染的实验服应该放置在有标志的防泄漏的容器中，每隔一定的时间应更换防护服以确保清洁，当知道防护服已被危险物质污染后应立即更换，离开实验室区域之前应该脱去防护服。防护服最好能完全扣住。防护服的清洗和消毒必须与其他衣物完全分开，避免其他衣物受到污染。禁止在实验室中穿短袖衬衫、短裤或者裙装。

4.2.2　个体防护装备的配备原则

个体防护装备的配备应遵循以下三个原则：

1. 针对性

根据不同的工作环境、不同的职业危害因素以及有害物质及拟防护的具体部位配备适用的个体防护装备。

2. 适用性

个体防护装备具有很强的个体适用性，要根据个体的体型差异、对危害因素的敏感度、工作现场危害因素等配备适合的个体防护装备。

3. 高标准

在配备、使用和管理个体防护装备时，必须执行高标准，以最大限度地保护实验室人员的安全与健康。

4.2.3 个体防护装备的配备步骤

个体防护装备的配备应遵循以下四个步骤：

1. 识别危险因素

确认实验室内以及某项实验活动中所存在危险因素的种类，认真、仔细加以分析和识别。

2. 评估危害程度

对实验室现场的危害信息进行分析评估，有针对性地选择适合的个体防护装备。

3. 选择适用的个体防护装备

根据危险因素识别和危害程度评估结果，为每个参与实验室活动的人员（包括外来的访客）选择配备具有相应功能的、适用的个体防护装备。

4. 使用方法的培训

使用个体防护装备的所有人员必须经过使用方法的培训和定期的再培训。培训内容包括个体防护装备的选择、如何正确穿戴、使用、保养、保存以及个体防护装备的优缺点等。

个体防护装备在高校实验室 EHS 管理中具有十分重要的地位和作用，它是保障实验室师生员工生命安全和健康的重要装备，为使个体防护装备发挥其应有的效用，在采购、验收、保管、发放、使用、保养、更新和报废等环节要加强管理，确保其能发挥最大的功效。

4.3　实验室安全标志

根据《安全标志及其适用导则》(GB 2894—2008)，安全标志(safety sign)是用以表达特定安全信息的标志，由图形符号、安全色、几何形状（边框）或文字构成。安全标志分禁止标志、警告标志、指令标志、提示标志四大类型。

安全色(safety color)是传递安全信息含义的颜色，包括红、蓝、黄、绿四种颜色。根据《安全色》(GB 2893—2008)，红色：传递禁止、停止、危险或提示消防防备、设施的信息；蓝色：传递必须遵守规定的指令性信息；黄色：传递注意、警告的信息；绿色：传递安全的提示性信息。

禁止标志(prohibition sign)是禁止人们不安全行为的图形标志。禁止标志的基本形式是带斜杠的圆边框。

　　警告标志（warning sign）是提醒人们对周围环境引起注意，以避免可能发生危险的图形标志。警告标志的基本形式是正三角形边框。

　　指令标志（direction sign）强制人们必须做出某种动作或采用防范措施的图形标志。指令性标志的基本形式是圆形边框。

　　提示标志（information sign）向人们提供某种信息（如标明安全设施或场所等）的图形标志。提示标志的基本形式是正方形边框。

　　提示标志的方向辅助标志：提示标志提示目标的位置时要加方向辅助标志。按实际需要指示左向时，辅助标志应放在图形标志左方；如指示右向时，则应放在图形标志的右方。

　　文字辅助标志：文字辅助标志的基本形式是矩形边框。文字辅助标志有横写和竖写两种形式。横写时，文字辅助标志写在标志的下方，可以和标志连在一起，也可以分开。

　　禁止标志、指令标志为白色字；警告标志为黑色字。禁止标志、指令标志衬底色为标志的颜色，警告标志衬底色为白色。

　　文字字体均为黑体字。

禁止标志图例

警告标志图例

指令标志图例

提示标志图例

4.4 实验室健康与安全的四不伤害原则

为保证人身安全,在实验室工作时请大家切实遵守"不伤害自己、不伤害他人、不被他人伤害、保护他人不受伤害"的四不伤害原则。

4.4.1 不伤害自己

你的安全是实验室正常运行的基础,也是家庭幸福的源泉,有安全,美好生活才有可能! 我不伤害自己,就是要提高自我保护意识,不能由于自己的疏忽、失误而使自己受到伤害。它取决于自己的安全意识、安全知识、对实验室工作和教学科研任务的熟悉程度、操作技能、学习工作态度、科研工作方法、精神状态、安全行为等多方面因素。

想做到"我不伤害自己",应做到以下方面:在实验工作前应思考下列问题:我是否了解这项实验任务,我的责任是什么? 我具备完成这项实验的技能吗? 这项实验工作有什么不安全因素,有可能出现什么差错? 万一出现意外我该怎么办? 我该如何防止失误?

(1) 保持正确的学习工作态度及良好的身体心理状态,保护自己的责任主要靠自己。

(2) 掌握所操作的设备或实验活动中的危险因素及控制方法,遵守安全规则,使用必要的个体防护装备,不违章操作。

(3) 任何实验操作或设备都可能是危险的,确认无伤害威胁后再开始,三思而后行。

(4) 杜绝侥幸、自大、省事、想当然心理,莫以患小而为之。

(5) 积极参加安全教育培训,提高识别和处理危险的能力。

(6) 虚心接受他人对自己不安全行为的纠正。

4.4.2 不伤害他人

他人生命与你的一样宝贵,不应该被忽视,保护同学、同事是你应尽的义务。我不伤害他人,就是我的行为或后果不能给他人造成伤害。在多人实验的同时,由于自己不遵守操作规程,对实验现场周围观察不够以及自己操作失误等原因,自己的行为可能对实验现场周围的人员造成伤害。

要想做到"我不伤害他人",应做到以下几方面:

（1）你的实验操作随时会影响他人安全，尊重他人生命，不制造安全隐患。

（2）对不熟悉的实验、实验设备、环境要多听、多看、多问，进行必要的沟通协商后再做。

（3）操作仪器设备尤其是启动、维修、清洁、保养时，要确保他人在免受影响的区域。

（4）将你所知、所造成的危险及时告知受影响人员，加以消除或予以标识。

（5）对所接受到的安全规定、标识、指令，认真理解后执行。

（6）管理者对危害行为的默许纵容是对他人最严重的威胁，安全表率是其职责。

4.4.3　不被他人伤害

人的生命是脆弱的，变化的环境隐藏多种可能失控的风险，你的生命安全不应该由他人来随意伤害。我不被他人伤害，即每个人都要加强自我防范意识，实验、工作或学习中要避免他人的错误操作或其他隐患对自己造成伤害。

要想做到"我不被他人伤害"，应做到以下方面：

（1）提高自我防护意识，保持警惕，及时发现并报告危险。

（2）你的安全知识及经验与同事（学）共享，帮助他人提高事故预防技能。

（3）不忽视已标识的、潜在危险并远离之，除非得到充足防护及安全许可。

（4）纠正他人可能危害自己的不安全行为，不伤害生命比不伤害情面更重要。

（5）冷静处理所遭遇的突发事件，正确应用所学的安全技能。

（6）拒绝他人的违章指挥，即使是你的主管所发出的，不被伤害是你的权利。

4.4.4　保护他人不受伤害

任何组织中的每个成员都是团队中的一分子，要担负起关心爱护他人的责任和义务，不仅自己要注意安全，还应要保护团队的其他人员不受伤害，这是每个成员对集体中其他成员的承诺。

要想做到"我保护他人不受伤害"，应做到以下方面：

（1）任何人在任何地方发现任何事故隐患都要主动告知或提示他人。

（2）提示他人遵守各项规章制度和安全操作规范。

（3）提出安全建议，互相交流，向他人传递有用的信息。

（4）视安全为集体的荣誉，为团队贡献安全知识，与他人分享经验。

（5）关注他人身体、精神状况等异常变化。

（6）一旦发生事故，在保护自己的同时，要主动帮助身边的人摆脱困境。

4.5 实验室安全必备的素养和能力

所有师生员工在实验室安全方面应该具备下列素养和能力。首先要具备消防安全知识的"四懂"、"四会"、"四个能力"和"五个第一"。

1. 四懂

（1）懂得岗位火灾的危险性；

（2）懂得预防火灾的措施；

（3）懂得扑救火灾的方法；

（4）懂得逃生疏散的方法。

2. 四会

（1）会使用消防器材；

（2）会报警（110、119、120）；

（3）会扑救初起火灾；

（4）会组织疏散逃生。

3. 四个能力

（1）提高检查消除火灾隐患的能力；

（2）提高组织扑救初起火灾的能力；

（3）提高组织人员疏散逃生的能力；

（4）提高消防宣传教育培训能力。

4. 五个第一

（1）第一时间发现火情；

（2）第一时间报警；

（3）第一时间扑救初期火灾；

（4）第一时间启动消防设备；

（5）第一时间组织人员疏散。

师生员工在消防安全方面具备上述素养和能力的基础上，还应具备实验室安全的"四个能力"，即

(1) 提高检查实验室安全隐患的能力；

(2) 提高控制事故扩大的能力；

(3) 提高组织人员疏散逃生的能力；

(4) 提高安全教育培训能力。

4.6　事故案例

(1) 2011 年 10 月 10 日，湖南某高校化工学院的一栋老式砖木结构实验楼发生火灾，顶层 790 多平方米实验室连同大楼屋顶全部被烧毁，所有仪器设备和数据资料付之一炬，损失惨重，幸无人员伤亡。经查明，事故是由于实验室实验台上水龙头漏水，导致实验台下存放的金属钠、三氯氧磷等危险化学品遇水自燃而引发的。

(2) 2008 年 12 月 29 日美国加州大学洛杉矶分校(UCLA)23 岁的女研究助理 Sangji 在实验时全身遭到大面积烧伤，虽经医院全力抢救仍不治身亡。原因是 Sangji 在把一个瓶子里叔丁基锂抽入注射器时，活塞滑出了针筒。叔丁基锂遇空气立即着火，而 Sangji 当时并没有穿防护衣。

(3) 居里夫人(Madame Curie，1867—1934)是电离辐射研究的先驱，她获得了 1903 年的诺贝尔物理奖和 1911 年的诺贝尔化学奖。但是因她当时不知道电离辐射对健康的危害，长年过量暴露在射线中，最终罹患再生障碍性贫血而抱憾离世。她遗留下来的科研文件仍带过量电离辐射，必需存放铅盒内，后人查阅时需戴好防护装备。

(4) 2003 年春季的非典疫情曾让很多人心中充满了恐惧，可是时隔一年，2004 年在北京、安徽又发现了非典疫情，究其原因，是病毒"跑"出了实验室，属于重大责任事故。

(5)《人民日报》2011 年 9 月 6 日披露了黑龙江省东北某大学 27 名学生和 1 名教师相继确诊感染了布鲁氏菌病。原因是因为此前这些师生在实验中使用了 4 只未经检疫的山羊进行实验而感染。

(6) 美国耶鲁女学生实验时头发被绞入车床死亡：中国日报网(北京)2011 - 04 - 15 据美国媒体 4 月 14 日报道，耶鲁大学天文物理学专业大四女生米歇尔 13 日凌晨死于化学实验室事故。耶鲁大学校长理查德莱文在致全校公开信中说，米歇尔在位于实验楼地下室的机械间操作车床时，头发被车床绞缠，最终导致"颈部受压迫窒息身亡"。

第5章 化学实验室的环境、健康与安全

5.1 危险化学品分类与危险

5.1.1 危险货物的分类

关于化学品的分类，国际上普遍采用联合国危险货物运输专家委员会编定的《关于危险货物运输的建议书》中的分类方法。中华人民共和国国家标准《危险货物分类和品名编号》(GB 6944—2012)根据该建议书的范本，将危险货物分成9大类，与《国际海运危险货物规则》(简称国际危规)相同。分别为：第1类爆炸品，第2类气体，第3类易燃液体，第4类易燃固体、易于自燃的物质、遇水放出易燃气体的物质，第5类氧化性物质和有机过氧化物，第6类毒性物质和感染性物质，第7类放射性物质，第8类腐蚀性物质，第9类杂项危险物质和物品(包括危害环境物质)。

5.1.2 危险化学品的定义

2011年12月1日起我国施行《危险化学品安全管理条例》，该条例第三条将危险化学品定义为：具有毒害、腐蚀、爆炸、燃烧、助燃等性质，对人体、设施、环境具有危害的剧毒化学品和其他化学品。

5.1.3 化学品的分类与危险

按照2010年5月1日起实施的《化学品分类和危险性公示通则》(GB 13690—2009)分类标准，化学品按理化危险、健康危险和环境危险分为三类。

1. 按理化危险分类

化学品按理化危险分为16类，分别为：

(1) 爆炸物质(或混合物)：是一种固态或液态物质(或物质混合物)，其本

身能够通过化学反应而产生气体,而产生气体的温度、压力和速度能对周围环境造成破坏。其中包括发火物质,即使它们不放出气体。

发火物质(或发火混合物)是一种物质或物质的混合物,它旨在通过非爆炸自持放热化学反应产生的热、光、声、气体、烟或所有这些组合来产生效应。爆炸性物品是含有一种或多种爆炸性物质或混合物的物品。焰火物品是包含一种或多种发火物质或混合物的物品。

(2) 易燃气体:是在 20℃和 101.3 kPa 标准压力下,与空气有易燃范围的气体。

(3) 易燃气溶胶:气溶胶是指气溶胶喷雾罐,系任何不可重新灌装的容器,该容器由金属、玻璃或塑料制成,内装强制压缩、液化或溶解的气体,包含或不包含液体、膏剂或粉末,配有释放装置,可使所装物质喷射出来,形成在气体中悬浮的固态或液态微粒或形成泡沫、膏剂或粉末或处于液态或气态。

(4) 氧化性气体:一般通过提供氧,可引起或比空气更能促进其他物质燃烧的任何气体。

(5) 压力下气体:是指高压气体在压力等于或大于 200 kPa(表压)下装入贮器的气体,或是液化气体或冷冻液化气体。压力下气体包括压缩气体、液化气体、溶解气体、冷冻液化气体。

(6) 易燃液体:指闪点不高于 93℃的液体。

(7) 易燃固体:是容易燃烧或通过摩擦可能引燃或助燃的固体。易于燃烧的固体为粉末、颗粒状或糊状物质,它们与燃烧着的火柴等火源短暂接触即可点燃和火焰迅速蔓延的情况下,都非常危险。

(8) 自反应物质或混合物:是即使没有氧气(空气)也容易发生激烈放热分解的热不稳定液态或固态物质或者混合物。不包括根据统一分类制度分类为爆炸物、有机过氧化物或氧化物的物质和混合物。自反应物质或混合物如果在实验室试验中其组分容易起爆、迅速爆燃或在封闭条件下加热时显示剧烈效应,应视为具有爆炸性质。

(9) 自燃液体:是即使数量小也能与空气接触后 5 min 之内引燃的液体。

(10) 自燃固体:是即使数量小也能与空气接触后 5 min 之内引燃的固体。

(11) 自热物质和混合物:是发火液体或固体以外,与空气反应不需要能源供应就能够自己发热的固体或液体物质或混合物;这类物质或混合物与发火液体或固体不同,因为这类物质只有数量很大(公斤级)并经过长时间(几小时或几天)才会燃烧。

（12）遇水放出易燃气体的物质和混合物：是指通过与水作用，容易具有自燃性或放出危险数量的易燃气体的固态或液态物质或混合物。

（13）氧化性液体：是本身未必燃烧，但通常因放出氧气可能引起或促使其他物质燃烧的液体。

（14）氧化性固体：是本身未必燃烧，但通常因放出氧气可能引起或促使其他物质燃烧的固体。

（15）有机过氧化物：是含有二价过氧基（—O—O—）结构的液态或固态有机物质，可以看作是一个或两个氢原子被有机基替代的过氧化氢衍生物。也包括有机过氧化物配方（混合物）。有机过氧化物是热不稳定物质或混合物，容易放热自加速分解。另外，它们可能具有下列一种或几种性质：① 易于爆炸分解；② 迅速燃烧；③ 对撞击或摩擦敏感；④ 与其他物质发生危险反应。如果有机过氧化物在实验室试验中，在封闭条件下加热时组分容易爆炸、迅速爆燃或表现出剧烈效应，则可认为它具有爆炸性质。

（16）金属腐蚀剂：腐蚀金属的物质或混合物是通过化学作用显著损坏或毁坏金属的物质或混合物。

2. 按健康危险分类

化学品按健康危险分类，分为以下 10 种：

（1）急性毒性：是指在单剂量或在 24 h 内多剂量口服或皮肤接触一种物质，或吸入接触 4 h 之后出现的有害效应。

（2）皮肤腐蚀/刺激：皮肤腐蚀时对皮肤造成不可逆损伤；即施用试验物质达到 4 h 后，可观察到表皮和真皮坏死。腐蚀反应的特征是溃疡、出血、有血的结痂，而且在观察期 14 d 结束时，皮肤、完全脱发区域和结痂处由于漂白而褪色。皮肤刺激是施用试验物质达到 4 h 后对皮肤造成可逆损伤。

（3）严重眼损伤/眼刺激：严重眼损伤是在眼前部表面施加试验物质之后，对眼部造成在施用 21 d 内并不完全可逆的组织损伤，或严重的视觉物理衰退。眼刺激是在眼前部表面施加试验物质之后，在眼部产生在施用 21 d 内完全可逆的变化。

（4）呼吸或皮肤过敏：呼吸过敏物是吸入后会导致气管过敏反应的物质。皮肤过敏物是皮肤接触后会导致过敏反应的物质。

（5）生殖细胞致突变性：主要是可能导致人类生殖细胞发生可传播给后代的突变的化学品。

（6）致癌性：致癌物是指可导致癌症或增加癌症发生率的化学物质或化学物质混合物。

（7）生殖毒性：生殖毒性包括对成年雄性和雌性性功能和生育能力的有害影响，以及在后代中的发育毒性。

（8）特异性靶器官系统毒性——一次接触：由一次接触产生特异性的、非致死性靶器官系统毒性的物质。包括产生即时的和/或迟发的、可逆性和不可逆性功能损害的各种明显的健康效应。

（9）特异性靶器官系统毒性——反复接触：由反复接触而引起特异性的非致死性靶器官系统毒性的物质。包括能够引起即时的和/或迟发的、可逆性和不可逆性，功能损害的各种明显的健康效应。

（10）吸入危险："吸入"指液态或固态化学品通过口腔或鼻腔直接进入或者因呕吐间接进入器官和下呼吸系统。吸入毒性包括化学性肺炎、不同程度的肺损伤或吸入后死亡等严重急性效应。

3. 按环境危险分类

危害水生环境，包括急性水生毒性、潜在或实际的生物积累、有机化学品的降解（生物或非生物）和慢性水生毒性。急性水生生物毒性是指物质对短期接触它的生物体造成伤害的固有性质。慢性水生生物毒性是指物质在与生命周期相关的接触期间对水生生物产生有害影响的或潜在或实际的性质。生物积累是物质以所有的接触方式（即空气、水、沉降物/土壤和食品）在有机体内吸收、转换和排除的最后结果。

5.1.4　危险货物的标签

根据中华人民共和国国家标准《危险货物包装标志》（GB 190—2009），对危险货物的标签简要介绍如下：

表 5.1　危险货物包装图示标签

标签名称	爆炸性物质或物品	爆炸性物质或物品	爆炸性物质或物品	爆炸性物质或物品
符号	黑色	黑色	黑色	黑色
底色	橙红色	橙红色	橙红色	橙红色
标签图形				

标签名称	爆炸性物质或物品	爆炸性物质或物品	爆炸性物质或物品	爆炸性物质或物品
对应的危险货物类项号	1.1、1.2、1.3	1.4	1.5	1.6
标签名称	易燃气体	易燃气体	非易燃无毒气体	非易燃无毒气体
符号	黑色	白色	黑色	白色
底色	正红色	正红色	绿色	绿色
标签图形				
对应的危险货物类项号	2.1	2.1	2.2	2.2
标签名称	毒性气体	易燃液体	易燃液体	易燃固体
符号	黑色	黑色	白色	黑色
底色	白色	正红色	正红色	白色红条
标签图形				
对应的危险货物类项号	2.3	3	3	4.1
标签名称	易于自燃物质	遇水放出易燃气体的物质	遇水放出易燃气体的物质	氧化性物质
符号	黑色	黑色	白色	黑色
底色	上白下红	蓝色	蓝色	柠檬黄色
标签图形				

续表

标签名称	易于自燃物质	遇水放出易燃气体的物质	遇水放出易燃气体的物质	氧化性物质
对应的危险货物类项号	4.2	4.3	4.3	5.1
标签名称	有机过氧化物	有机过氧化物	毒性物质	感染性物质
符号	黑色	白色	黑色	黑色
底色	红色和柠檬黄色	红色和柠檬黄色	白色	白色
标签图形				
对应的危险货物类项号	5.2	5.2	6.1	6.2
标签名称	一级放射性物质	二级放射性物质	三级放射性物质	裂变性物质
符号	黑色	黑色	黑色	黑色
底色	白色,附一条红竖条,黑色文字,在标签下半部分写上"放射性"、"内装物____"、"放射性强度____",在"放射性"字样之后应有一条红竖条	上黄下白,附两条红竖条,黑色文字,在标签下半部分写上"放射性"、"内装物____"、"放射性强度____",在一个黑边框内写上:"运输指数",在"放射性"字样之后应有两条红竖条	上黄下白,附三条红竖条,黑色文字,在标签下半部分写上"放射性"、"内装物____"、"放射性强度____",在一个黑边框内写上:"运输指数",在"放射性"字样之后应有三条红竖条	白色,黑色文字,在标签上半部分写上:"易裂变",在标签下半部分的一个黑边框内写上:"临界安全指数"
标签图形				

标签名称	一级放射性物质	二级放射性物质	三级放射性物质	裂变性物质
对应的危险货物类项号	7A	7B	7C	7E

标签名称	腐蚀性物质	杂项危险物质和物品
符号	黑色	黑色
底色	上白下黑	白色
标签图形		
对应的危险货物类项号	8	9

5.1.5 化学品安全技术说明书(SDS)

化学品安全技术说明书(Safety data sheet for chemical products，SDS)，提供化学品(物质及混合物)在安全、健康和环境保护等方面的信息。在一些国家，化学品安全技术说明书又被称为物质安全技术说明书(material safety data sheet，MSDS)。根据物质或混合物的物理、健康、环境危害特性，按《全球化学品统一分类标签制度》(GHS)的分类标准，对物质的危险性进行的分类称为 GHS 分类(GHS classification)。

SDS 是化学品的供应商对下游用户传递化学品基本危害信息(包括运输、操作处置、储存和应急行动信息)的一种载体。同时化学品安全技术说明书还可以向公共机构、服务机构和其他涉及到该化学品的相关方传递这些信息。

总体上一种化学品应该编制一份 SDS。供应商应向下游用户提供完整的 SDS，以提供与安全、健康和环境有关的信息。供应商有责任对 SDS 进行更新，并向下游用户提供最新版本的 SDS。SDS 的下游用户在使用 SDS 时，还应充分考虑化学品在具体使用条件下的风险评估结果，采取必要的预防措施。SDS 下游用户应通过合适的途径将危险信息传递给不同作业场所的使用者，当工作场所提出具体要求时，下游用户应考虑有关的 SDS 的综合性建议。由于 SDS 仅和某种化学品有关，它不可能考虑所有工作场所可能发生的情况，所以 SDS 仅包含了保证操作安全所必备的一部分信息。SDS 应按照使用化学品工作场所控制法规总体要求,提供某一种物质或混合物有关的综合性信息。(当化学品是一种混合物时,没有必要编制每个相关组分的单独的 SDS,编制和提供混合物的 SDS 即可,当某种成分的信息不可缺少时,应该提供该成分的 SDS)。

　　SDS 应该提供化学品 16 个方面的信息,每部分的标题、编号和前后顺序不应随便变更。16 个方面的内容和顺序如下:① 化学品及企业标识;② 危险性概述;③ 成分/组成信息;④ 急救措施;⑤ 消防措施;⑥ 泄漏应急处理;⑦ 操作处置与储存;⑧ 接触控制与个体防护;⑨ 理化特性;⑩ 稳定性和反应性;⑪ 毒理学信息;⑫ 生态学信息;⑬ 废弃处置;⑭ 运输信息;⑮ 法规信息;⑯ 其他信息。(注:为方便 SDS 编制者识别不同化学品的 SDS,SDS 应该设定编号。)16 部分中,除第 16 部分"其他信息"外,其余部分不能留下空项。对 16 部分可以根据内容细分出小项。16 部分要清楚地分开,大项标题和小项标题的排版要醒目。具体的以永华化学科技(江苏)有限公司编制的甲醇的 SDS 为例加以说明:

永华化学科技(江苏)有限公司	SDS
甲醇	编制日期:2013 - 01 - 12

1. 产品标识

商品名:甲醇　　别名:木醇、木精　　英文名:Methyl alcohol; Methanol; Carbinol; Wood alcohol;Wood spirit

分子式:CH_4O　　　　　　　　　　分子量:32.04

生产商:永华化学科技(江苏有限公司)　地址:江苏省常熟市支塘镇何市何项路

邮编:215538　　　　　　　　　　电话:0512 - 52549999,52546988

2. 危险性概述

2.1　物质或混合物的分类

危险性类别:第 3.2 类　中闪点一级易燃液体,有毒品

GHS 分类:

可燃液体,类别 2,H225

急性毒性,类别 3,吸入,H331

急性毒性,类别 3,经皮,H311

急性毒性,类别 3,经口,H301

特异性靶器官系统毒性(一次接触),类别 1,H370

2.2 标记要素

警示词:危险

2.3 危险性说明

H225 高度易燃液体和蒸气

H301 ＋ H311 ＋ H331 如果咽下或与皮肤接触或吸入有毒

H370 对器官造成损害

侵入途径:吸入、食入、经皮吸收。

健康危害:对中枢神经系统有麻醉作用;对视神经和视网膜有特殊选择作用,引起病变;可致代谢性酸中毒。

急性中毒:短时大量吸入出现轻度眼及上呼吸道刺激症状(口服有胃肠道刺激症状);经一段时间潜伏期后出现头痛、头晕、乏力、晕眩、酒醉感、意识朦胧、谵妄,甚至昏迷。视神经及视网膜病变,可有视物模糊、复视等,重者失明。代谢性酸中毒时出现二氧化碳结合力下降、呼吸加速等。

慢性影响:神经衰弱综合征,植物神经功能失调,粘膜刺激,视力减退等。皮肤出现脱脂、皮炎等。

燃爆危险:本品易燃,具刺激性。

3. 组分信息

主要有害成分	CAS RN	含量(%)
甲醇	67 - 56 - 1	≥99.5

4. 急救措施

皮肤接触:脱去被污染衣着,用肥皂水和清水彻底冲洗。 **眼睛接触**:提起眼睑,用流动清水或生理盐水冲洗。就医。

吸入:迅速脱离现场至新鲜空气处。保持呼吸道通畅。如呼吸困难,给输氧。如呼吸停止,立即进行人工呼吸。就医。

误食:饮足量温水,催吐,用清水或1%硫代硫酸钠溶液洗胃。就医。

5. 消防措施

危险特性:易燃,其蒸气与空气可形成爆炸性混合物,遇明火、高热能引起燃烧爆炸。与氧化剂接触发生化学反应或引起燃烧。在火场中,受热的容器有爆炸危险。其蒸气比空气重,能在较低处扩散到相当远的地方,遇火源会着火回燃。

有害燃烧产物:一氧化碳、二氧化碳。灭火剂:抗溶性泡沫、干粉、二氧化碳、砂土。

灭火注意事项：尽可能将容器从火场移至空旷处。喷水保持火场容器冷却，直至灭火结束。处在火场中的容器若已变色或从安全泄压装置中产生声音，须马上撤离。

6. **泄漏应急措施**

应急处理：迅速撤离泄漏污染区人员至安全区，并进行隔离，严格限制出入。切断火源。建议应急处理人员戴自给正压式呼吸器，穿防毒服。不要直接接触泄漏物，尽可能切断泄漏源，防止进入下水道、排洪沟等限制性空间。**小量泄漏**：用砂土或其他不燃材料吸附或吸收。也可以用大量水冲洗，洗水稀释后放入废水系统。**大量泄漏**：构筑围堤或挖坑收容；用泡沫覆盖，降低蒸气灾害。用防爆泵转移至槽车或专用收集器内，回收或运至废物处理场所处置。

7. **操作处置与储存**

操作注意事项：密闭操作，加强通风。操作人员必须经过专门培训，严格遵守操作规程。建议操作人员佩戴过滤式防毒面具（半面罩），戴化学安全防护眼镜，穿防静电工作服，戴橡胶手套。远离火种、热源，工作场所严禁吸烟。使用防爆型的通风系统和设备。防止蒸气泄漏到工作场所空气中。避免与氧化剂、酸类、碱金属接触。灌装时应控制流速，且有接地装置，防止静电积聚。配备相应品种和数量的消防器材及泄漏应急处理设备。倒空的容器可能残留有害物。

储存注意事项：储存于阴凉、通风的库房。远离火种、热源。库温不宜超过30℃。保持容器密封。应与氧化剂、酸类、碱金属等分开存放，切忌混储。采用防爆型照明、通风设施。禁止使用易产生火花的机械设备和工具。储区应备有泄漏应急处理设备和合适的收容材料。

8. **接触控制/个体防护**

作业场所职业接触限值：中国 MAC(mg/m³)：50　前苏联 MAC(mg/m³)：5

美国 TVL-TWA：OSHA 200ppm，262mg/m³；ACGIH 200ppm，262mg/m³［皮］　美国 TVL-STEL：ACGIH 250ppm，328mg/m³［皮］

工程控制：生产过程密闭，全面通风。提供安全淋浴和洗眼设备。

呼吸系统防护：可能接触其蒸气时，应该佩戴过滤式防毒面具（半面罩）。紧急事态抢救或撤离时，建议佩戴空气呼吸器。

眼睛防护：戴化学安全防护眼镜。身体防护：穿防静电工作服。手防护：戴乳胶手套。

其他防护：工作现场禁止吸烟、进食和饮水。工作毕，淋浴更衣。实行就业前和定期的体检。

9. **理化特性**

外观与性状：无色澄清液体，有刺激性气味。

熔点($^{\circ}C$)：−97.8　沸点($^{\circ}C$)：64.8　相对密度(水=1)：0.79　相对密度(空气=1)：1.11

饱和蒸气压(kPa)：13.33(21.2$^{\circ}C$)　辛醇/水分配系数的对数值：−0.82(−0.66)

燃烧热(kJ/mol)：727.0

燃烧性：易燃　闪点($^{\circ}C$)：11　临界温度($^{\circ}C$)：240　临界压力(MPa)：7.95　引燃温

度(℃):385

最小点火能(mJ):0.215　爆炸上限(%):44.0　爆炸下限(%):5.5

溶解性:溶于水、醇、醚等多数有机溶剂。

主要用途:主要用于制甲醛、香精、染料、医药、火药、防冻剂等。

10. 稳定性和反应性

稳定性:稳定　聚合危害:不聚合　禁忌物:强氧化剂、酸类、酸酐、碱金属。

11. 毒理学信息

急性毒性:LD_{50} 5 628 mg/kg(大鼠经口);15 800 mg/kg(兔经皮)

亚急性和慢性毒性:大鼠吸入 50 mg/m³,12 小时/天,3 个月,在 8～10 周内可见到气管、支气管粘膜损害,大脑皮质细胞营养障碍等。

生殖毒性:大鼠经口最低中毒剂量(TD_{L0}):7 500 mg/kg(孕 7～19 天),对新生鼠行为有影响。大鼠吸入最低中毒浓度(TC_{L0}):2 000 ppm(7 小时),(孕 1～22 天),引起肌肉骨骼、心血管系统和泌尿系统发育不正常。

12. 生态学信息

该物质对环境可能有危害,对水体应给予特别注意。

13. 废弃处置

废弃方法:处置前应参阅国家和地方有关法规。废物贮存参见"作业与储存"。用控制焚烧法处置。

剩余化学品应留在原装容器中,不得与其他废弃物混合。处理未清洁容器的方法和产品本身相同。

14. 运输信息

危规号:32058　UN 编号:1230　包装类别:052　包装标志:易燃液体,有毒品

包装方法:小开口钢桶;螺纹口玻璃瓶、铁盖压口玻璃瓶、塑料瓶或金属桶(罐)外木板箱。

运输注意事项:本品铁路运输时限使用钢制企业自备罐车装运,装运前需报有关部门批准。运输时运输车辆应配备相应品种和数量的消防器材及泄漏应急处理设备。夏季最好早晚运输。运输时所用的槽(罐)车应有接地链,槽内可设孔隔板以减少震荡产生静电。严禁与氧化剂、酸类、碱金属、食用化学品等混装混运。运输途中应防曝晒、雨淋,防高温。中途停留时应远离火种、热源、高温区。装运该物品的车辆排气管必须配备阻火装置,禁止使用易产生火花的机械设备和工具装卸。公路运输时要按规定路线行驶,勿在居民区和人口稠密区停留。铁路运输时要禁止溜放。严禁用木船、水泥船散装运输。

15. 法规资料

《危险化学品安全管理条例》(国务院令第 591 号)

《危险货物品名表》(GB 12268—2005/XG 1—2007)

《危险货物分类和品名编号》(GB 6944—2012)

《化学品安全技术说明书内容和项目顺序》(GB/T 16483—2008)

《化学品分类和危险性公示 通则》(GB 13690—2009)

16. 其他信息

编制单位:永华化学科技(江苏)有限公司

电话:0512 - 52549999,52546988

传真:0512 - 52546337

应急电话:0512 - 52549680

危险化学品信息查询网址:http://www.chemaid.com

本公司网址:http://www.jsyonghua.com

5.1.6　国家重点监管的危险化学品

国家 2013 年公布的重点监管的危险化学品名录完整版中包含的化学品共 74 种,具体见下表 5.2。

表 5.2　重点监管的危险化学品名录(2013 完整版)

序号	化学品名称	别名	CAS 号
1	氯	液氯、氯气	7782 - 50 - 5
2	氨	液氨、氨气	7664 - 41 - 7
3	液化石油气		68476 - 85 - 7
4	硫化氢		7783 - 06 - 4
5	甲烷、天然气		74 - 82 - 8 (甲烷)
6	原油		
7	汽油(含甲醇汽油、乙醇汽油)、石脑油		8006 - 61 - 9 (汽油)
8	氢	氢气	1333 - 74 - 0
9	苯(含粗苯)		71 - 43 - 2
10	碳酰氯	光气	75 - 44 - 5
11	二氧化硫		7446 - 09 - 5
12	一氧化碳		630 - 08 - 0
13	甲醇	木醇、木精	67 - 56 - 1
14	丙烯腈	氰基乙烯、乙烯基氰	107 - 13 - 1

序号	化学品名称	别名	CAS 号
15	环氧乙烷	氧化乙烯	75 - 21 - 8
16	乙炔	电石气	74 - 86 - 2
17	氟化氢、氢氟酸		7664 - 39 - 3
18	氯乙烯		75 - 01 - 4
19	甲苯	甲基苯、苯基甲烷	108 - 88 - 3
20	氰化氢、氢氰酸		74 - 90 - 8
21	乙烯		74 - 85 - 1
22	三氯化磷		7719 - 12 - 2
23	硝基苯		98 - 95 - 3
24	苯乙烯		100 - 42 - 5
25	环氧丙烷		75 - 56 - 9
26	一氯甲烷		74 - 87 - 3
27	1,3 - 丁二烯		106 - 99 - 0
28	硫酸二甲酯		77 - 78 - 1
29	氰化钠		143 - 33 - 9
30	1-丙烯、丙烯		115 - 07 - 1
31	苯胺		62 - 53 - 3
32	甲醚		115 - 10 - 6
33	丙烯醛、2-丙烯醛		107 - 02 - 8
34	氯苯		108 - 90 - 7
35	乙酸乙烯酯		108 - 05 - 4
36	二甲胺		124 - 40 - 3
37	苯酚	石炭酸	108 - 95 - 2
38	四氯化钛		7550 - 45 - 0
39	甲苯二异氰酸酯	TDI	584 - 84 - 9
40	过氧乙酸	过乙酸、过醋酸	79 - 21 - 0

续表

序号	化学品名称	别名	CAS 号
41	六氯环戊二烯		77 - 47 - 4
42	二硫化碳		75 - 15 - 0
43	乙烷		74 - 84 - 0
44	环氧氯丙烷	3 - 氯 - 1,2 - 环氧丙烷	106 - 89 - 8
45	丙酮氰醇	2 - 甲基 - 2 - 羟基丙腈	75 - 86 - 5
46	磷化氢	膦	7803 - 51 - 2
47	氯甲基甲醚		107 - 30 - 2
48	三氟化硼		7637 - 07 - 2
49	烯丙胺	3 - 氨基丙烯	107 - 11 - 9
50	异氰酸甲酯	甲基异氰酸酯	624 - 83 - 9
51	甲基叔丁基醚		1634 - 04 - 4
52	乙酸乙酯		141 - 78 - 6
53	丙烯酸		79 - 10 - 7
54	硝酸铵		6484 - 52 - 2
55	三氧化硫	硫酸酐	7446 - 11 - 9
56	三氯甲烷	氯仿	67 - 66 - 3
57	甲基肼		60 - 34 - 4
58	一甲胺		74 - 89 - 5
59	乙醛		75 - 07 - 0
60	氯甲酸三氯甲酯	双光气	503 - 38 - 8
61	氯酸钠		7775 - 09 - 9
62	氯酸钾		3811 - 04 - 9
63	过氧化甲乙酮		1338 - 23 - 4
64	过氧化(二)苯甲酰		94 - 36 - 0
65	硝化纤维素		9004 - 70 - 0
66	硝酸胍		506 - 93 - 4

序号	化学品名称	别名	CAS 号
67	高氯酸铵		7790 - 98 - 9
68	过氧化苯甲酸叔丁酯		614 - 45 - 9
69	N,N-二亚硝基五亚甲基四胺		101 - 25 - 7
70	硝基胍		556 - 88 - 7
71	2,2-偶氮二异丁腈		78 - 67 - 1
72	2,2-偶氮-二-(2,4-二甲基戊腈)	偶氮二异庚腈	4419 - 11 - 8
73	硝化甘油		55 - 63 - 0
74	乙醚		60 - 29 - 7

5.1.7 常见危险气体的爆炸极限

可燃气体、蒸气与空气混合时的爆炸极限(可燃性极限,体积分数,%)见表 5.3。

表 5.3 常见危险气体爆炸极限

气体名称		上限	下限	气体名称		上限	下限
氢气	H_2	4.1	75	甲苯	C_7H_8	1.3	6.8
一氧化碳	CO	12.5	75	环己烷	C_6H_{12}	1.3	7.8
硫化氢	H_2S	4.3	45.4	丙酮	C_3H_6O	2.6	12.8
甲烷	CH_4	5.0	15.0	丁酮	C_4H_8O	1.8	9.5
乙烷	C_2H_6	3.2	12.5	氯甲烷	CH_3Cl	8.3	18.7
庚烷	C_7H_{16}	1.1	6.7	氯丁烷	C_4H_9Cl	1.9	10.1
乙烯	C_2H_4	2.8	28.6	乙酸	$C_2H_4O_2$	5.4	—
丙烯	C_3H_6	2.0	11.1	甲酸甲酯	$C_2H_4O_2$	5.1	22.7
乙炔	C_2H_4	2.5	80.0	乙酸乙酯	$C_4H_8O_2$	2.2	11.4
苯	C_6H_6	1.4	7.6	乙酸丁酯	$C_6H_{12}O_2$	1.4	7.6

气体名称		上限	下限	气体名称		上限	下限
吡啶	C_5H_5N	1.8	12.4	溴乙烷	C_2H_5Br	6.8	11.3
氨	NH_3	15.5	27.0	乙胺	C_2H_7N	3.6	13.2
松节油	$C_{10}H_{16}$	0.80	—	二甲胺	C_2H_7N	2.8	14.4
甲醇	CH_4O	6.7	36.5	水煤气		6.7	69.5
乙醇	C_2H_6O	3.3	19.0	高炉煤气		40-50	60-70
糠醛	$C_5H_4O_2$	2.1	—	半水煤气		8.1	70.5
甲基乙基醚	C_3H_8O	2.0	10.0	焦炉煤气		6.0	30.0
二乙醚	$C_4H_{10}O$	1.9	36.5	发生炉煤气		73.7	20.3
溴甲烷	CH_3Br	13.5	14.5				

5.1.8　常见的易爆混合物

常见的易爆混合物如表 5.4。

表 5.4　常见易爆混合物

主要物质	相互作用的物质	产生结果
浓硝酸、硫酸	松节油、乙醇	燃烧
过氧化氢	乙酸、甲醇、丙酮	燃烧
溴	磷、锌粉、镁粉	燃烧
高氯酸钾	乙醇、有机物	爆炸
氯酸盐	硫、磷、铝、镁	爆炸
高锰酸钾	硫磺、甘油、有机物	爆炸
硝酸铵	锌粉和少量水	爆炸
硝酸盐	酯类、乙酸钠、氯化亚铁	爆炸
过氧化物	镁、铝、锌	爆炸
钾、钠	水	燃烧、爆炸
红磷	氯酸盐、二氧化铅	爆炸
黄磷	空气、氧化剂、强酸	爆炸
乙炔	铜、银、汞(Ⅱ)化合物	爆炸

5.2 剧毒化学品的管理

5.2.1 剧毒化学品的定义

剧毒化学品是指具有非常剧烈毒性危害的化学品,包括人工合成的化学品及其混合物(含农药)和天然毒素。

5.2.2 化学品毒性分级

LC_{50} 为动物试验半数致死浓度。LD_{50} 为动物试验半数致死剂量。某些侵入人体的少量物质引起局部刺激或整个机体功能障碍的任何疾病称为中毒。根据《职业性接触毒物危害程度分级》(GBZ 230—2010),毒物的半致死剂量(或半致死浓度)、急性与慢性中毒的状况与后果、致癌性、工作场所最高允许浓度等指标全面权衡,将我国常见的 56 种毒物的危害程度分为四级即轻度危害(Ⅳ级)、中度危害(Ⅲ级)、高度危害(Ⅱ级)、极度危害(Ⅰ级)。毒物危害程度分级依据见表 5.5。

表 5.5 毒物危害程度分级

项 目		分 级			
		Ⅰ(极度危害)	Ⅱ(高度危害)	Ⅲ(中度危害)	Ⅳ(轻度危害)
急性毒性	吸入 LC_{50}(mg/m³)	＜200	200～	2 000～	≥20 000
	经皮 LD_{50}(mg/kg)	＜100	100～	500～	＞2 500
	经口 LD_{50}(mg/kg)	＜25	25～	500～	＞5 000
急性中毒发布情况		生产中易发生中毒,后果严重	生产中可发生中毒,预后良好	偶可发生中毒	迄今未见急性中毒,但有急性影响
慢性中毒患病情况		患病率高(≥20%)	患病率较高(＜5%)或症状发生率高(≥20%)	偶有中毒病例发生或症状发生率较高(≥10%)	无慢性中毒而有慢性影响
慢性中毒后果		脱离接触后继续进展或不能治愈	脱离接触后可基本治愈	脱离接触后可恢复,不致严重后果	脱离接触后自行恢复,无不良后果

项　目	分　级			
	Ⅰ（极度危害）	Ⅱ（高度危害）	Ⅲ（中度危害）	Ⅳ（轻度危害）
致癌性	人体致癌物	可疑人体致癌物	实验动物致癌物	无致癌性
最高容许浓度（mg/m³）	<0.1	0.1～	1.0～	>10

5.2.3　常见毒物的危害程度级别

常见毒物的危害程度级别见表 5.6。

表 5.6　毒物危害程度级别

级　别	毒　物　名　称
Ⅰ（极度危害）	汞及其化合物、苯、砷及其无机化合物（非致癌的除外）、氯乙烯、铬酸盐与重铬酸盐、黄磷、铍及其化合物、对硫磷、羟基镍、八氟异丁烯、氯甲醚、锰及其无机化合物、氰化物
Ⅱ（高度危害）	三硝基甲苯、铅及其化合物、二硫化碳、氯、丙烯腈、四氯化碳、硫化氢、甲醛、苯胺、氟化氢、五氯酚及其钠盐、铬及其化合物、敌百虫、钒及其化合物、溴甲烷、硫酸二甲酯、金属镍、甲苯二异氰酸酯、环氧氯丙烷、砷化氢、敌敌畏、光气、氯丁二烯、一氧化碳、硝基苯
Ⅲ（中度危害）	苯乙烯、甲醇、硝酸、硫酸、盐酸甲苯、三甲苯、三氯乙烯、二甲基甲酰胺、六氟丙烯、苯酚、氮氧化物
Ⅳ（轻度危害）	溶剂汽油、丙酮、氢氧化钠、四氟乙烯、氨

5.2.4　化学品造成人体中毒的途径

化学品侵入人体的途径有四种：① 经呼吸道、肺吸入中毒。呼吸道、肺吸入是化学品泄漏事故引起中毒最危险、最常见、最主要的途径。② 通过皮肤渗透、吸收中毒。化学毒物可通过表皮、毛孔、汗腺等管道渗透进入人体，这类事故比较常见。③ 经消化道中毒。有毒物质直接污染水源或食物，经过消化道进入人体后引起中毒。④ 锐器意外刺破皮肤造成毒性物质进入体内。

有毒化学品引起人体中毒跟剂量有关，剂量与相对毒性、浓度和接触时间三个因素有关。

2012 年版的剧毒化学品名录共收录了 335 种剧毒化学品。

5.2.5 加强剧毒品管理的重要意义

加强对剧毒化学品的安全管理对于整个高校和社会的稳定至关重要。高校使用剧毒化学品的实验室众多,涉及到的剧毒化学品种类也广,但又各不相同。高校具有实验室使用某种剧毒化学品的用量可能不大,但使用剧毒化学品的品种多;实验室人员密集且流动性大等特点。这些充分表明高校实验室剧毒化学品使用和安全情况的复杂性,加强高校剧毒化学品管理的重要性和必要性。剧毒化学品在管理、购置、储存、领用、使用等环节稍有不慎,极易发生安全事故,给高校、社会、师生员工及其家庭带来不可估量的损失。因此加强对剧毒化学品的管理,必须引起高校所有部门和师生员工的高度重视,制定严格的规章制度,采取强有力的管理措施,确保剧毒化学品的安全。

5.2.6 剧毒化学品的安全管理

高校应设立专门的机构并安排专人(必须是在职人员)负责剧毒化学品的管理工作,包括剧毒品的购买、储存、使用和监督等。在专门的地点设立剧毒化学品仓库,集中存放剧毒化学品。

1. 剧毒化学品的购买

剧毒化学品应严格实行统一购买制度。由专人负责购买,任何单位和个人不得私自购买、出借、转让和接受剧毒化学品。应严格控制剧毒化学品的品种和数量,严禁计划外超量储备。必须从具有剧毒品经营许可证的单位购买剧毒化学品,并委托依法取得运输资质的单位承运剧毒化学品。剧毒化学品的申购和领用必须经过严格的审批手续,凭条和批件应该妥善保存,不得涂改或销毁。

2. 剧毒化学品的储存

剧毒化学品应单独存放在专用仓库、专用场地或者专用储存室,并由专人负责管理,严格按照"五双"(双门、双锁、双账、双人保管、双人领用)要求进行管理。储存的剧毒化学品必须保证账、物相符(包括品种、规格和数量)。剧毒化学品专用仓库应当符合国家标准、行业标准的要求,应当按照国家有关规定设置相应的技术防范设施,并经常性维护、保养,保证安全设施、设备的正常使用。剧毒化学品仓库应该配备 24 小时专职治安保卫人员。剧毒化学品的储存场所必须设置明显的安全警示标识,应当设置通信、报警装置,并保证处于适用状态。剧毒化学品的储存单位应当建立剧毒化学品出入库核查、登记制度,如实记录储存剧毒化学品的数量、流向。

3．剧毒化学品的领用

剧毒化学品须由两名在职人员凭《剧毒品申领审批单》同时领取，严禁在校学生领取剧毒化学品。剧毒化学品的领用量为一次实验使用量，且在当日进行实验前领取、记录；领取后的剧毒化学品应放入具有明显标志的专用容器内；领取后须尽快返回实验室，严禁随身携带、夹带剧毒化学品出入其他单位和部门；实验室使用剧毒品时，必须一次全部消耗或反应完毕，做实验记录并备案。剧毒化学品严禁存放在实验室。万一实验结束后有剩余，剩余部分要立即退回剧毒化学品仓库进行存储。

4．剧毒化学品的使用

剧毒化学品的使用场所安全设施必须符合安全规范并设置明显的安全警示标识。使用剧毒化学品的人员必须参加过专业的学习与培训，掌握相关法律法规和剧毒化学品安全防护知识，具备使用剧毒化学品的相应知识和应急技能，取得岗位培训合格证。使用剧毒化学品的实验室应根据所使用的剧毒化学品的种类、危险特性以及使用量和使用方式，建立、健全使用剧毒化学品的安全管理规章制度和安全操作规程，保证剧毒化学品的安全使用。实验室必须把所使用剧毒化学品的安全技术说明书（SDS）放置在明显的位置，供实验室人员随时查阅和应急之用，SDS 内容必须齐全。涉及使用剧毒化学品的实验必须做好专门的实验记录，该实验记录在本实验室最多保存 1 年，1 年后上交存档；各剧毒品使用单位或个人须定期向主管部门提交剧毒品使用台账。在剧毒化学品的领用、使用和进行实验过程中，必须有两人（或以上，其中至少一名为教师）在场，相关人员必须佩戴合适的个体防护装备，采取有效的防护措施。严格按照剧毒化学品的特性和仪器设备的操作规程进行实验。实验完毕后应搞好个人消毒工作方可离开实验室。

5．剧毒化学品废弃物处置

剧毒化学品的原包装容器不得任意毁弃，或出售给他人，必须退回剧毒化学品仓库，并按照环保有关规定统一交有资质的危险品处理单位进行处置，严禁随意丢弃和擅自处理。剧毒化学品使用后所产生的废液、废渣，提倡先进行无害化处理，降解后作为普通废液进行回收；如确实无法自行处理，应严格进行分类回收，贴好标识后统一送交有资质的危险品处理单位进行处置。严禁随意倾倒和处置。

6．剧毒化学品事故应急救援

剧毒化学品储存、使用单位应当制定本单位事故应急救援预案，配备必要的应急救援器材、设备，并定期组织应急救援演练。如发现剧毒化学品丢失、被盗(抢)、误用、流散等突发情况,应立即启动应急预案,保护好现场,并立即逐级上报。

7. 其他管制材料的管理与使用

通常情况下,精神类药物、麻醉品、易制毒、易制爆等其他管制材料的管理和使用参照剧毒化学品管理办法进行管理。

5.3 化学实验室的基本安全装备

国内高校化学实验室基本安全装备相对落后,一直没有引起足够的重视。国家至今没有关于化学实验室建设和装备规范方面的国家标准。化学实验室的整体工作环境不同于普通的实验室和办公环境,它有着更高技术层面的要求,不同研究领域实验室的需求差别也较大。借鉴境外高校实验室建设和管理的成功经验,结合国内高校化学实验室建设和管理的实际,化学实验室在规划、新建、改建和扩建时,一般应重点考虑以下几个方面:

5.3.1 实验室建筑结构及内部设计

1. 结构与设计

化学实验室应为一、二级耐火建筑,切不可将木质结构或砖木结构的建筑作为化学实验室。化学(生物、物理等类似)实验室的开间模数一般在 3.2~3.6 m,进深尺寸在 8 m 左右。从事爆炸危险性操作的实验室,应选用钢筋混凝土框架结构,并应按照防爆设计要求。实验室建设设计前要充分了解实验室的功能、规模,考虑实验用房的平面尺寸、所处的楼层、楼层净空高度、房间横梁与地板的高度、天花板与地板的高度、通风产品及通风管道在房间的布局位置尺寸、墙体窗户位置等因素,综合考虑排风管道、给排水管道、电线管路、燃气管路、空调管路、弱电管线等的走向和尺寸等,做到美观、安全、环保。实验室楼面荷载符合要求和规范。放置大型仪器的实验室的净层高在 3.9~4.2 m(一般设在底层),普通实验室的净层高在 3.8 m 左右。大实验室的门应采用双开门,门宽度大于 1.2 m,门最好向外开,以应对突发事件时人员的逃生。门上应有玻璃观察窗,便于进行安全观察。实验室的窗户窗台以不低于 1 m 为宜,窗户应大开窗,以便于通风、采光和观察。

化学实验室、药品室、仪器室、办公室、实验辅房(药品储藏室、气瓶室)等必须分开,教师办公室、实验员办公室、学生学习室和休息室不得设在化学实验室内。

2. 通风与采光

化学实验室在实验过程中,经常会产生各种有毒有害的气体,这些有害气体如不及时排出实验室,会造成室内空气的污染,影响实验室工作人员的健康和安全,影响仪器设备的精度和使用寿命,因此良好的通风系统是实验室不可或缺的重要组成部分。按其动力,通风分为自然通风和机械排风两类;按其范围,通风又分为全面排风和局部排风。化学实验室除采用良好的自然通风和采光外,常采用机械排风。

全面通风:为了使实验室内产生的有害气体尽可能不扩散到相邻房间或其他区域,可以在有毒气体集中产生的区域或实验室全面排风,进行全面的空气交换。当有毒有害气体排出整个实验室或区域时,同时有一定量的新鲜空气补充进来,将有害气体的浓度控制在最低范围,直至为零。常用的全面排风设施有顶排风、排风扇等。通常情况下,实验室通风换气的次数每小时不少于6 次,发生事故后通风换气的次数每小时不少于 12 次,洁净实验室的新鲜空气量每人每小时不少于 30 m^3。

局部通风:有害气体产生后立即就近排出,这种方式能以较小的风量排走大量的有害气体,效果好,速度快,耗能低,是目前实验室普遍采用的排风方式。实验室常用的局部排风设施有各种排风罩、通风橱、药品柜、气瓶柜、手套箱等,目前用得最多的是各式通风柜和手套箱。

对于具有洁净度、温湿度、压力梯度要求的不同功能的实验室,应采用独立的新风、回风、排风系统。通风柜的排风系统应独立设置,不宜共用风道,更不能借用消防风道。通风柜的安装位置应便于通风管道的连接。为了防止污染环境或损害风机,无论是局部排风还是全面排风,有害物质都应经过净化、除尘或回收处理后方能向大气排放。

通风柜是实验室中最常用的局部排风设备,是实验室内环境的主要安全设施。其功能强、种类多,使用范围广,排风效果好。目前常用的通风柜有台式和落地式等款型,实验室根据需要配备。通风橱只有在正确使用的前提下才能提供有效保护,因此正确操作很重要。

通风橱具有较强的可变性通风量,它设有轻气、中气、重气通风口及导流板。轻气通风口设在通风橱的顶部,中气通风口设在导流板的中部,重气通风口设在导流板的下部与工作台面之间,利用移动玻璃门的进气气流的推动作用,将有害气体强行排入导流板内,在导流板内进行提速排放。通风橱的补气进气口设在前挡板上,当移动门处于完全封闭时,做补气之用。导流槽设置在背板和导流板的夹层之间,将通风橱内的有毒气体排入导流槽后,进行风速提速作用。

通风橱顶部、底部和导流板后方的狭缝用于排出污染气体,这些位置的狭缝通道需要一直保持无障碍,便于污染气体的排放。工作时尽量关上通风橱移动玻璃视窗,防止橱内受污染的空气流出通风橱而污染实验室空气。通风橱的面风速一般在 0.5~1 m/s,风速太低不起效果,风速太高会造成气流紊乱,影响正常通风效果。不要让通风橱内的化学反应处于长时间无人照看的状态,所有危害材料必须用标签清楚、精确地标识。不要在通风橱内同时放置能产生电火花的仪器和可燃化学品,永久性的电器如插座等必需安装在玻璃移门外侧。

通风橱不是储藏柜,有物品堆放会减少空气流通和降低通风橱的抽气效率。应保持通风橱内工作区域清洁,不能将危险化学品长时间存放在通风橱内,危险化学品只能储存在批准的安全柜内。工作过程中切不可将头伸进通风橱内。如果有爆炸或爆炸可能性的实验需要在橱门内设置适当的遮挡物。实验过程中,实验人员必须始终穿戴合适的个体防护装备。

目前考虑到实验室安全和节能效应,实验室大量采用变风量通风系统(Variable Air Volume System,VAV),通风柜在有人操作的情况下,玻璃移门在任何开度,平均面风速能维持在 0.5 m/s。在无人情况下,面风速能维持在 0.3 m/s。使得经济性和安全性并行。与之配套变风量补风系统的补风量足以保证实验室的压力梯度,通风橱内部压力<实验室房间压力<实验楼公共走廊压力<室外压力。实验室环境可根据实验室条件进行相应的压力及温湿度控制,以满足实验人员所需最低温湿度和压力的要求,提高工作效率。

3. **安全通道和安全出口**

实验室的建筑面积在 30 m² 以上的应有两个安全出口,实验室通往出口通道的门应朝外开。实验室家具之间的通道安全距离应达到 1.5~1.8 m。

4. **配电和电气设备**

配电容量留有足够的余地。电器设备应选择防爆型。每个实验室应配备总电源控制箱,控制各种电源插座和电源控制开关,并安装触电保护器。实验台及墙壁上的 220 V 和 380 V 的电源插座根据需求数量安装在适当的位置。照明电和设备用电应分开,烘箱、高温炉、冰箱等设备应有专用插座、开关和熔断器。室内和实验室过道上应安装应急灯,以备夜间或突发事件停电时使用。具有易燃易爆性质的实验室的用电设备应选择防爆型,如防爆型冰箱等。

5. 监控和报警系统

实验室必须配备完善的火灾监控和防爆、应急报警系统并保证能正常运行。消防设施的设置应符合《建筑设计防火规范》(GB 50016—2006)的规定。实验室走道和楼梯,不得堆放易燃易爆物品和杂物,更不准堵塞逃生通道。使用危险气体的实验室应安装气体泄漏报警仪,确保安全。多功能的气体泄漏报警仪根据不同的气体采用不同的探头,可以检测如氢气、氧气、一氧化碳、硫化氢、氨气、氯气、氯化氢、二氧化硫、磷化氢、卤素气体、氰化氢、可燃气等的浓度并具报警功能。气体检测报警器的安装位置应靠近释放源并符合相关规范要求。

6. 实验家具及给排水

实验室的各种实验台、实验柜等实验家具的材质应符合国家标准与环保的要求,面材应具备理化性能好、耐腐蚀、易清洗等要求,家具结构应符合人体功效学以及操作安全。实验室的墙体一般应采用表面吸附性小、清洗方便、分隔灵活的建筑材料;实验室地面应采用防滑、耐腐蚀、耐磨损、易冲洗等建筑材料,实验室的水槽、下水管道等应耐酸碱及有机溶剂、并采取防堵塞、防渗漏措施。实验室给水系统应满足实验室的过程用水、日常用水和消防用水。实验室的给排水管道应符合化学实验室的特殊要求,排水管应通入废水收集池。废水收集池中的水经处理达到排放标准后方可排入城市排水管网。

5.3.2　实验室主要安全装备的配备

实验室安全的首要任务是预防发生事故。但实验室的安全事故仍时有发生,因此安全第一,预防为主,综合管理,是我们安全工作一贯的指导方针。实验室安全装备是防患于未然的重要保障,安全装备的正确和熟练使用对挽救生命、保护人员健康和财产安全至关重要。对师生员工进行定期、有效的培训可以保证他们能够正确、有效使用实验室安全装备。

实验室应该配备的实验室安全装备有灭火装备、紧急喷淋装置、洗眼器、急救箱等。在开始实验室工作之前,要熟悉实验室配备的主要安全装备以及安放的位置,了解使用安全装备的正确时机、正确使用方法和保养注意事项。

1. 灭火装备

灭火装备是实验室必备的,有多种原因可能导致实验室火灾的发生,如化学品引发的火灾、电气设备过热、违章用火、违章用电等都可能引起火灾。根据《火灾分类》(GB/T 4968—2008),将火灾分为 6 类:A 类为固体物质火灾,这种物质通常具有有机物质性质,一般在燃烧时能产生灼热的余烬;B 类为液体或可熔化的固体物质火灾;C 类为气体火灾;D 类为金属火灾;E 类为带电火灾,物体带电燃烧的火灾;F 类为烹饪器具内的烹饪物(如动植物油脂)火灾。实验室可能发生的火灾类型为前五种。

常用的灭火剂有水、二氧化碳、化学干粉、金属灭火剂、水系灭火剂,此外还有沙土、灭火毯等。

水作为灭火剂方便易得,成本低廉。但水不能用于液体有机物火灾、遇水易放出可燃或助燃气体物发生的火灾以及电气火灾。

二氧化碳在适用于液体或可熔化固体燃烧、可燃气体燃烧、电器引起的火灾等。但它的射程短,灭火距离小于 2 m,有风时效果不佳。切不可用于钠、钾、镁等金属及其过氧化物引发的火灾。

化学干粉适用于扑救固体有机物质燃烧、液体或可熔化固体燃烧、可燃气体燃烧等。因为灭火剂是碳酸氢钠等盐类,残余物有适度的腐蚀性,需要立即清理。

泡沫灭火器适用于固体物质、油类制品等引起的火灾等,一般不适用于电器和遇水燃烧或产生可燃气体等物质引起的火灾。

水系灭火剂是新发展起来的一种有增稠剂、稳定剂、阻燃剂、发泡剂等多种成分组成的灭火剂,与传统灭火剂相比,具有环保、高效、多功能、抗复燃能力强、不造成次生污染,不含消耗臭氧层物质,对人体无毒、无害。水系灭火剂既能灭 A 类火(可燃性固体火灾)、B 类火(可燃性油类火灾)、C 类火(可燃气体火灾),又能灭 E 类火(带电火灾)灭火剂,但不能用来灭 D 类火(金属火灾)。

沙土可以用来扑灭一切不能用水扑救的火灾,沙土必须保持干燥,沙土不可用来扑灭爆炸或易爆物发生的火灾,以防止沙子因爆炸迸射出来而造成人员伤害。

实验室应在适当的位置配备合适的灭火装备,每个人必须让自己熟悉这个位置,学会使用灭火装备,不得随意移动实验室内灭火装备的位置。实验室的灭火装备通常是在房间进出口边、有特别易燃的装备或操作的区域。当火势很小且没有蔓延,可以在 30 秒钟或更少的时间内扑灭时,可以选择合适的灭火装备扑灭。如果 3 分钟还没有将火扑灭,应尽快撤离现场逃生。每年至少安排一次关于灭火装备正确使用的培训,让大家熟悉掌握并了解如何扑灭初起之火,如何在保证扑火人员生命安全的前提下控制灾害的发展。

2. 洗眼器

眼睛对有毒有害的液体化学品的伤害特别敏感。眼球表面很湿润,化学品能在眼睛内溶解和流动。眼球表面布有丰富的血管和神经,酸溶液、碱溶液、液态化学品一旦接触到眼球,会对眼部组织造成损伤,必须立即冲洗干净,否则可能会导致眼部无法挽回的伤害。因此在有可能会发生眼部伤害的实验场所提前做好预防工作,配备能迅速冲洗眼部的洗眼器。

洗眼器的类型有铅锤式样、自备型等。铅锤式洗眼器能够提供足够的用水量,是所有实验室都优先选择的类型。在没有饮用水源的旧实验室使用便携式自备洗眼装置,可以满足紧急情况时的需求。

洗眼器安装的位置应该显眼,标识张贴在较高的醒目位置,将地面、墙或设施用醒目、对比度大的颜色进行标记,或用灯光照亮该区域。洗眼器应安装在急需人员 10 秒钟内可以到达的地方。通往洗眼器的通道必须没有障碍,无绊倒危害、与电器设施保持安全距离。洗眼器的供水量需要为两只眼睛同时提供轻柔的、可控制的饮用水至少 15 分钟。自备型洗眼器需要定期检查水位、更换新鲜水以防止蒸发或微生物生长。洗眼器用水的温度有一定的要求,冷水洗眼可使受伤的眼睛停止分泌泪水,温度高于 23℃会加剧化学反应,事实证明水温超过 28℃对眼睛有害。所以推荐使用 5～19℃水温比较合适。

在洗眼器上安装警报系统是一大进步,当一个人在单独工作时尤其重要。由于使用简单,洗眼器的使用培训通常被忽视,培训应该包括如何使用(重点强调冲洗 15 分钟)、什么时候清洗(任何化学品或特定溅出物进入眼睛都得清洗)、洗眼器的位置、怎样获取医疗帮助。清洗时需要有人帮助把眼睛张开来彻底冲洗等。

3. 紧急喷淋装备

人体皮肤对腐蚀类化学品等很敏感,许多有毒化学品可以通过皮肤吸收造成人体伤害。无论何时,只要化学品与皮肤接触,就该立刻用大量的水清洗。如果是浓硫酸碰到皮肤,应立即用干布擦去后用水冲洗。有时不需要对全身冲洗,直接用手持式软水管就可以解决问题,这种软水管在受害人失去意识或衣服没有脱去前对皮肤进行冲洗非常有效。紧急喷淋可以提供大量的水冲洗全身,适合于身体较大面积被化学品侵害。在下列情况下应该配备:使用或储存有大量潜在危害物质的场所、高压材料使用和储存处以及实验室等场所。

选择安装地点的最低限度是 10 秒钟内受伤人员能够到达紧急喷淋装置。紧急喷淋水流覆盖直径为 60 cm 的范围,水流速度应适当,水温在合适的范围内,以免伤害使用人。紧急喷淋必须安装在远离确定有危害的区域,避免使用人被危险化学品溅到身上。通往紧急喷淋的通道上不能有障碍、绊倒危害或被锁在某房间内,电器设施和电路必须与紧急喷淋保持安全距离。紧急喷淋每年至少需要开启运行一次,对管线进行清理、检修和维护。

紧急喷淋装置使用培训内容包括:使用人应该知道喷淋装置的位置,怎样激活使用,冲洗时间(15 分钟),冲洗后如何寻求医疗帮助等。

紧急喷淋产生的污水应排入废水收集池。

4. 急救箱

急救箱是实验室一旦发生事故后第一时间能够给受害人提供有效帮助的安全装备。急救箱具有轻便、易携带、配置全等优点,在发生紧急情况时发挥重要的作用。

急救箱的配置一般包括下列物品:酒精棉、手套、口罩、消毒纱布、绷带、三角巾、安全扣针、胶布、创可贴、保鲜纸、医用剪刀、钳子、手电筒、棉花棒、冰袋、碘酒、碘酊、3% 双氧水、饱和硼酸溶液、1% 醋酸溶液、5%碳酸氢钠溶液、70%酒精、玉树油、烫伤油膏、万花油、药用蓖麻油、硼酸膏、凡士林等。急救箱中的物品应经常更新,保证其有效。

5.4　化学实验室安全规范

由于化学实验室存在很多安全风险,稍有不慎,很容易发生事故。培养良好的实验方法和习惯,能有效保障实验室工作人员的健康和安全。

(1) 进入实验室时应熟悉实验室、灭火装备(灭火器、沙桶)、急救药箱、紧急喷淋、洗眼器等安全装备放置的地点和使用方法,安全装备不得挪作他用。严格遵守实验室安全守则和安全注意事项,熟悉安全通道、安全出口位置及紧急情况时的逃生路线。

(2) 实验室内严禁饮食、吸烟、住宿或娱乐活动。严禁将食物、饮料带进实验室食用。不得让无关人员进入实验室。实验室内不要戴耳机听音乐等。晚上、节假日等时间严禁一个人单独在实验室做实验。

(3) 实验前应认真预习或做好充分的实验准备工作并进行风险评估。开始实验时应先仔细检查实验仪器、设备、化学试剂等是否安全可靠,根据对实验风险评估的结果选择穿戴合适的个体防护装备。实验服要长袖和过膝,严禁穿短裤、裙子、拖鞋、凉鞋等露出身体的衣物。留长头发的要将长发挽起扎好,以免受到伤害。实验室内不得佩戴隐形眼镜。

(4) 使用化学药品前应先认真阅读《化学品安全使用说明书》(SDS),了解所用化学品的详细信息和防护知识。应严格按照安全操作规程使用各种化学品。对于初次使用不太了解的化学品或纳米级试剂,应严格按照有毒物质来对待。

(5) 使用易燃、易爆试剂时应远离火源,不能用明火直接加热。实验室内易燃溶剂存量不宜过多,以 1～2 次使用量为限,尽量减少实验室有机溶剂的存放量,防止发生事故。剧毒化学品严格按照"五双"管理的要求管理和使用。

(6) 领到实验室的化学品应按化学品仓库管理规定的要求按性质分类保管。实验室的化学品应存放在专用药品橱内,药品橱和气瓶柜上应连接排风装置。化学药品不能直接放在通风橱内,不能放在窗口,避免光直射引起物品变质、受热后发生反应或阳光聚焦引燃等。存放化学试剂的冰箱应是防爆型的。化学试剂和食品不得混放在冰箱内。

(7) 做好实验室有害气体的妥善处理。有挥发性或有毒气体产生的实验必须在通风橱内进行。实验产生的废液、固体废弃物严格按照安全规范分类收集和处置,不同类别的废弃物不能混放,以免发生意外事故。废酸、废碱等无机废液中和处理后排入废水池或倒入指定容器;废有机溶剂和有机废液应分别倒入指定容器。废液收集容器上必须清楚地贴上标签,标签上至少要标明废物名称、倒入的时间、数量、倾倒人的姓名和联系方式。废液和不可回收固体废弃物应集中由具有资质的相关部门处置。

(8) 保持实验室的整洁。污水、污物、残渣、火柴梗、废纸、塞芯、玻璃碎片、针头等分别投放在指定的地点和容器内。不得乱丢,更不得丢入水槽。

(9) 实验结束后应及时脱去个体防护装备,做好洗手等去污染工作。离开实验室时应检查水龙头、燃气、压缩气瓶、仪器、电闸、门窗等是否关好,以确保安全。

5.5　化学实验室废弃物的安全处置

5.5.1　化学实验室废弃物的无害化处理

实验室经常产生一些有毒的气体、液体和固体废弃物,需要及时排弃,尤其是一些剧毒物质,如果直接排出就可能污染周围的环境,损害人体健康,还可能会造成严重的安全事故。因此实验室的废弃物要先经过无害化处理,达到排放标准后方可排弃。对于废弃物中有用的成分,应加以回收,变废为宝。

1. 废气处理

会产生少量有毒气体的实验必须在通风橱内操作,通过排风系统排到室外,避免室内空气污染。产生毒气量大的实验必须安装吸收处理装置,如 NO_2、SO_2、Cl_2、H_2S、HF 等,可先将其通过碱液吸收装置后排放;一氧化碳可通过燃烧转化为二氧化碳后排放。另外,可以用活性炭、活性氧化铝、硅胶、分子筛等固体吸附剂来吸附废气中的污染物。

2. 废液处理

废液不得随意倒入下水道,应按照不同类别、不同成分处理后分类收集,交有资质的单位统一进行无害化处理。

(1) 将废酸(碱)液与废碱(酸)液中和至 pH = 6~8 后排入废水池,如有沉淀物则要过滤,滤渣按照固体废物处理。

(2) 含氰废液。氰化物是剧毒物质,含氰废液必须认真处理。少量的含氰废液可加入硫酸亚铁使之转化为毒性较小的亚铁氰化钾。具体方法:在每 200 mL 的废液中加入 25 mL 20% 碳酸钠及 25 mL 5% 的硫酸亚铁溶液,搅匀,然后再转移入废水收集容器。

此外,含氰废液也可采用碱性氧化法或碱性氯化法处理。含氰量低时采用氧化法,即在废液中加入氢氧化钠调节 pH 至 10 以上,再加入高锰酸钾(以 0.3% 计)使氰根氧化分解。含氰量高时,则采用氯化法,以次氯酸钠为氧化剂使氰根离子氧化为氰酸盐,为一级氧化;然后调节 pH 为 6.5~7.1,继续加次氯酸钠,使氰酸盐氧化为无毒的二氧化碳和氮气直接排放,为二级反应。因为废水中往往存在其他还原性物质 H_2S、Fe^{2+}、有机物类等物质,因此次氯酸钠的实际用量应高于理论值 5%~10%。

(3) 含汞盐废液:① 含汞盐废液应先调节至微碱性(pH = 8~10)后,加适当过量的硫化钠生成硫化汞沉淀,并加硫酸亚铁生成硫化亚铁沉淀,从而吸附硫化汞共沉淀下来。静置后分离,再离心,过滤。清液含汞量可降到 0.02 mg/L 以下。残渣集中分类存放,统一处理。② 金属汞易挥发,并通过呼吸道进入人体,逐渐积累会引起慢性中毒。所以做金属汞实验应特别小心,不得将汞洒落在桌上或地上。一旦洒落,必须尽可能收集起来,并用硫磺粉(升华硫)覆盖在洒落的汞上,用鞋底研磨使汞与硫粉充分接触转化为不挥发的硫化汞。

(4) 含铬废液:废的铬酸洗液可用高锰酸钾氧化法使其再生,重复使用。稀的含铬废液则可用铁屑还原残留的六价铬,再用废碱液或石灰中和使其生成低毒的氢氧化铬沉淀而集中分类处理。

(5) 含砷废液:含砷废液中可加入氧化钙,调节 pH 为 8,则生成砷酸钙和亚砷酸钙沉淀,而若有铁离子存在则可起共沉淀作用。

(6) 含重金属离子的废液:含重金属(如 Ca、Zn、Fe、Mn、Ni、Sb、Al、Co、

Sn、Bi 等),最有效和经济的处理方法是加碱或加硫化钠将重金属离子转化为难溶性的氢氧化物或硫化物沉淀,过滤分离,滤渣按照固体废物处理。

(7) 含钡废液:在含钡废液中加入硫酸钠溶液,过滤分离,滤渣按照固体废物处理。

(8) 含氟废液:可在其中加入石灰生成氟化钙沉淀,以废渣处理。

(9) 有机废液:有回收价值的溶剂应蒸馏回收再使用。无回收价值的废液应分类收集后统一做无害化处理。当废液中含过氧化物时,先用硫酸亚铁等除去过氧化物,以免发生危险。

3. 固体废弃物

固体废弃物绝不能和生活垃圾混在一起,应该分类收集,有回收价值的应该统一加以回收利用。少量无回收价值的固体废弃物也应该分类收集,再根据其性质进行处理。无毒的废渣可以直接掩埋。

(1) 钠、钾屑及碱金属、碱土金属、氨化物放入四氢呋喃中,在搅拌的情况下慢慢滴加乙醇或异丙醇至不再放出氢气为止,慢慢加水至澄清后按废水处理。

(2) 硼氢化钠(钾)用甲醇溶解后用水充分稀释,再加酸并放置,此时有剧毒的硼烷产生,所以要在通风橱中进行,废弃液用水稀释后按废水处理。

(3) 酰氯、酸酐、三氯化磷、五氯化磷、氯化亚砜在搅拌下加入大量的水反应或稀释(对于五氯化磷而言还需碱中和)后按废水处理。

(4) 沾有铁、钴、镍、铜催化剂的废纸、废塑料干后易燃,不能随意丢入垃圾桶,应在未干时深埋。

(5) 重金属及其难溶的盐应尽量回收,不能回收的集中收集后交有资质的单位统一进行无害化处理。

(6) 碎玻璃、针头等锋利的废弃物应用单独的有明显标识的容器收集处理。

5.5.2　实验室废弃物的分类收集与处理

(1) 化学实验产生的废弃物以及过期不再使用的危险化学品不能随意丢弃或排放,应当按照规范程序妥善处理。

(2) 化学废弃物可分为一般化学废液、剧毒化学废液、危险化学固体废物和废弃化学气体,不同的实验废弃物应按照不同的方式规范、妥善处理。

(3) 一般化学废液的收集应使用专用收集桶或旧试剂瓶,容器上应贴有清晰的标签,桶口、瓶口应密封良好,不能使用敞口或有破损的容器。收集废液后应随时盖紧盖子,存放于实验室阴凉处并远离热源、火源的位置,不能放在易被碰倒的地方。

（4）化学废液可分为含卤有机废液、一般有机废液和一般无机废液三类进行收集处置。

（5）收集一般化学废液时，应详细记录倒入收集桶内化学废液的主要化学成分。废液收集容器上必须清楚地贴上标签，标签上至少要标明废物名称、倒入的时间、数量、倾倒人的姓名和联系方式。倒入废液前应仔细查看该收集桶的记录，以确认倒入后不会与桶中已有的化学物质发生异常的反应（如产生有毒挥发性气体、剧烈放热等）。如有可能发生异常反应，则应单独暂存于其他容器中，并贴上标签，做好记录。

（6）一般化学废液收集桶中的废液量不应超过容器最大容量的80％，桶上粘贴废液记录表。当废液收集到一定量时，联系相关单位，统一处理。

（7）实验室产生的不同种类的剧毒废液，能进行无害化处理的先进行无害化处理，无法处理的应分别暂存在单独的容器中并做详细的记录，不能将几种剧毒废液混装在一个容器中。积存到一定量时应及时联系相关单位进行统一处理。

（8）化学固体废物主要是化学实验中产生的产物及吸附危险化学物质的其他固体等。产生这些固体废物后应及时装瓶，贴好标签，并做详细的记录。积存到一定量时应及时联系相关单位进行统一处理。

（9）过期或由于其他原因不再单独使用的废弃试剂应原瓶存放，保持原有标签。积存到一定量时应及时联系相关单位进行统一处理。对于废弃剧毒试剂，还应醒目地标注其为废弃剧毒试剂，单独按剧毒品处理规范专门处理。

（10）钢瓶装的压缩化学气体拟废弃时，应向相关部门申报，请相关单位专业人员进行处置。

5.6　化学实验室一般事故的应急救援

人身安全至关重要，化学实验室涉及到很多的化学药品和仪器设备，一旦发生意外，如何在第一时间紧急处置是实验室工作者必须具备的素质。每个高校、每个学院（部）都应制定切实可行的应急救援预案，每个实验室应根据实际情况制定详细的应急预案。在实验室工作的每个人员都应掌握一定的急救知识和救援方法。

5.6.1　常见有毒化学品的中毒症状和急救方法

了解毒物的性质、侵入人体的途径、中毒症状和急救方法，可以减少化学毒物引起的中毒事故。一旦发生中毒事故时,能争分夺秒地采取正确的自救措施,力求在毒物被身体吸收之前实施抢救,使毒物对人体的伤害降低到最小。表 5.7 是常见毒物进入人体的途径及中毒症状和救治方法。

表 5.7　常见毒物侵入人体的途径、中毒症状和救治方法

毒物名称	侵入途径	中毒症状	救治方法
氰化物或氢氰酸	呼吸道、皮肤	轻者刺激黏膜、喉头痉挛、瞳孔放大,重者呼吸不规则、逐渐昏迷、血压下降、口腔出血。	立即移出毒区,脱去衣服。可吸入含 5% 二氧化碳的氧气,立即送医院。
氢氟酸或氟化物	呼吸道、皮肤	接触氟化氢气体可出现皮肤发痒、疼痛、湿疹和各种皮炎。主要作用于骨骼,深入皮下组织及血管时可引起化脓溃疡。吸入氟化氢气体后,气管黏膜受刺激可引起支气管炎症。	皮肤被灼伤时,先用水冲洗,再用 5% 小苏打溶液洗,最后用甘油—氧化镁(2:1)糊剂涂敷,或用冰冷的硫酸镁液洗,也可涂可的松油膏。
硝酸、盐酸、硫酸及氮氧化物	呼吸道、皮肤	三酸对皮肤和黏膜有刺激和腐蚀作用,能引起牙齿酸蚀病,一定数量的酸落到皮肤上即产生烧伤,且有强烈的疼痛。当吸入氧化氮时,强烈发作后可有 2～12h 的暂时好转,继而继续恶化,虚弱者咳嗽更加严重。	吸入新鲜空气。皮肤灼伤时立即用大量水冲洗,或用稀苏打水冲洗。如有水泡出血,可涂红汞或紫药水。眼、鼻、咽喉受蒸气刺激时,也可用温水或 2% 苏打水冲洗和含漱。
砷及砷化物	呼吸道、消化道、皮肤、黏膜	急性中毒有胃肠型和神经型两种症状。大剂量中毒时,30～60 min 即感觉口内有金属味、口、咽和食道内有灼烧感、恶心呕吐、剧烈腹痛。呕吐物初呈米汤样,后带血。全身衰弱、剧烈头痛、口渴与腹泻,大便初期为米汤样,后带血。皮肤苍白、面绀,血压降低,脉弱而快,体温下降,最后死于心力衰竭。吸入大量砷化物蒸气时,产生头痛、痉挛、意识丧失、昏迷、呼吸和血管运动中枢麻痹等神经症状。	吸入砷化物蒸气的中毒者必须立即离开现场,使其吸入含 5% 二氧化碳的氧气或新鲜空气。鼻咽部损害用 1% 可卡因涂局部,含碘片或用 1%～2% 苏打水含漱或灌洗。皮肤受损害时涂氧化锌或硼酸软膏,有浅表溃疡者应定期换药,防止化脓。专用解毒药(12% 硫酸亚铁溶液与 20% 氧化镁混悬液,在用前等量混合配制,用时摇匀),用汤匙每 5 min 灌一次,直至呕吐,停止给药。

续表

毒物名称	侵入途径	中毒症状	救治方法
汞及汞盐	呼吸道、消化道、皮肤	急性:严重口腔炎、口有金属味、恶心呕吐、腹痛、腹泻、大便血水样,患者常有虚脱、惊厥。尿中有蛋白和血细胞,严重时尿少或无尿,最后因尿毒症死亡。慢性:损害消化系统和神经系统。口有金属味,齿龈及口唇处有硫化汞的黑淋巴腺及唾腺肿大等症状。神经症状由嗜睡、头疼、记忆力减退、手指和舌头出现轻微震颤等。	急性中毒早期是用饱和碳酸氢钠溶液洗胃,或立即给饮浓茶、牛奶、吃生鸡蛋清和蓖麻油。立即送医院救治。
铅及铅化合物	呼吸道、消化道	急性:口腔内有甜金属味、口腔炎、食道和腹腔疼痛、呕吐、流眼泪、便秘等;慢性:贫血、肢体麻痹瘫痪及各种精神症状	急性中毒时用硫酸钠或硫酸镁灌肠。送医院治疗。
三氯甲烷(氯仿)	呼吸道	长期接触可发生消化障碍、精神不安和失眠等症状。	重症中毒患者使呼吸新鲜空气,向颜面喷冷水,按摩四肢,进行人工呼吸。包裹身体保暖并送医院救治。
苯及其同系物	呼吸道、皮肤	急性:沉醉状、惊悸、面色苍白、继而赤红、头晕、头痛、呕吐。慢性:以造血器官与神经系统的损害最为显著。	给急性中毒患者进行人工呼吸,同时输氧。送医院救治。
四氯化碳	呼吸道、皮肤	皮肤接触:因脱脂而干燥皲裂。	2%碳酸氢钠或1%硼酸溶液冲洗皮肤。
		吸入:黏膜刺激,中枢神经系统抑制和胃肠道刺激症状。	脱离中毒现场急救,人工呼吸、吸氧。
		慢性:神经衰弱症,损害肝、肾。	
铬酸、重铬酸钾及铬(Ⅵ)化合物	消化道、皮肤	对黏膜有剧烈刺激,产生炎症和溃疡,可能致癌。	用5%硫代硫酸钠溶液清洗受污染皮肤。

续表

毒物名称	侵入途径	中毒症状	救治方法
石油烃类（饱和和不饱和烃）	呼吸道、皮肤	汽油对皮肤有脂溶性和刺激性，使皮肤干燥、龟裂，个别人起红斑、水泡。	温水清洗。
		吸入高浓度汽油蒸气，出现头痛、头晕、心悸、神志不清等。	移至新鲜空气处，重症可给予吸氧。
		石油烃能引起呼吸、造血、神经系统慢性中毒症状。	医生治疗。
		某些润滑油和石油残渣长期刺激皮肤可能引起皮癌。	

5.6.2 烧、烫伤事故应急措施

一旦被火焰、开水、蒸汽、高温油浴、红热的玻璃、铁器等烧伤或烫伤，应立即采取以下措施：

（1）保护受伤部位，迅速脱离热源。

（2）立即将伤处用大量清洁的水冲淋或浸浴，以迅速降低局部温度避免深度烧伤。

（3）伤处衣裤袜需剪开取下，切忌剥脱，以免造成二次损伤。

（4）对轻微烧、烫伤，可在伤处涂抹烧伤膏、植物油、万花油、鱼肝油、烫伤油膏或红花油后包扎。烧、烫伤程度严重者，需立即送医院治疗。

（5）烧、烫伤处有水泡，尽量不要弄破，为防止创面继续污染，可用干净的三角巾、纱布、衣服等物品简单包扎。手（足）受伤处，应对手指（脚趾）分开包扎，防止粘连。

5.6.3 割伤或刺伤

先取出伤口处的玻璃碎屑等异物，用净水洗净伤口，挤出一点血，涂上红汞药水后，再用消毒纱布包扎。也可在洗净的伤口上贴上"创可贴"，可立即止血，且易愈合。若伤口不大，也可用过氧化氢或硼酸水洗后，涂碘酊或红汞（注意两者不可同时并用）。若严重割伤大量出血时，应先止血，让受伤者平卧，抬高出血部位，压住附近动脉，或用绷带盖住伤口直接施压；若绷带被血浸透，不要换掉，再盖上一块施压，立即送医院治疗。

如不小心被带有化学药品的注射器针头或沾有化学品的碎玻璃刺伤，应

立即将伤口处挤出部分血,以尽可能将化学品清除干净,以免造成人体中毒。用净水洗净伤口,涂上碘酊后,可在洗净的伤口上贴上"创可贴"。如化学品毒性大的应立即送医院治疗。

5.6.4 腐蚀物品灼伤急救

(1) 硫酸、发烟硫酸、硝酸、发烟硝酸、氢碘酸、氢溴酸、氯磺酸触及皮肤时,如量不大,应立即用大量流动清水冲洗半小时左右。如果沾有大量硫酸,可先用干燥的软布吸掉,再用大量流动清水继续冲洗 15 分钟以上,随后用稀碳酸氢钠溶液或稀氨水浸洗,再用水冲洗,最后送医院救治。

注意事项:氢氟酸能腐烂指甲、骨头,滴在皮肤上,会形成难以治愈的烧伤。皮肤若被灼伤后,先用大量水冲洗 20 分钟以上,再用冰冷的饱和硫酸镁溶液或 70% 的酒精浸洗 30 分钟以上;或用大量水冲洗后,用肥皂水或 2%~5% 碳酸氢钠溶液冲洗,用 5% 碳酸氢钠溶液湿敷。局部可用可的松软膏或紫草油软膏剂硫酸镁糊剂外敷。

(2) 氢氧化钠、氢氧化钾等碱灼伤皮肤时,先用大量水冲洗 15 分钟以上,再用 1% 硼酸溶液或 2% 乙酸溶液浸洗,最后用清水洗。

(3) 三氯化磷、三溴化磷、五氯化磷、五溴化磷、溴触及皮肤时,应立即用清水清洗 15 分钟以上,再送医院救治。磷烧伤也可用湿毛巾包裹,或用 1% 硝酸银或 1% 硫酸钠冲洗 15 分钟后进行包扎。禁用油质敷料,以防磷吸收引起中毒。

(4) 盐酸、磷酸、偏磷酸、焦磷酸、乙酸、乙酸酐、氢氧化铵、次磷酸、氟硅酸、亚磷酸、煤焦酚触及皮肤时,立即用清水冲洗。

(5) 无水三氯化铝、无水三溴化铝触及皮肤时,可先干拭,然后用大量清水冲洗 15 分钟。

(6) 甲醛触及皮肤时,可先用水冲洗后,再用酒精擦洗,最后涂以甘油。

(7) 碘触及皮肤时,可用淀粉物质(如米饭等)涂擦,以减轻疼痛,也能褪色。

(8) 溴灼伤是很危险的。被溴灼伤后的伤口一般不易愈合,必须严加防范。凡用溴时都必须预先配置好适量的 2% 硫代硫酸钠溶液备用。一旦有溴沾到皮肤上,立即用硫代硫酸钠溶液冲洗,再用大量水冲洗干净,包上消毒纱布后就医。也可用水冲洗后,用 1 体积 25% 氨水、1 体积松节油和 10 体积 95% 的酒精混合液涂敷。

注意事项:在受上述灼伤后,若创面起水泡,均不宜把水泡挑破。

（9）被金属钠灼伤：可见的钠块用镊子移走，再用乙醇擦洗，然后用清水冲洗，最后涂上烫伤膏。

（10）碱金属氰化物、氢氰酸：先用高锰酸钾溶液冲洗，再用硫化铵溶液冲洗。

（11）铬酸：先用大量水冲洗，再用硫化铵稀溶液漂洗。

（12）黄磷：立即用 1％ 硫酸铜溶液洗净残余的磷，再用 0.01％ 高锰酸钾溶液湿敷，外涂保护剂，用绷带包扎。

（13）苯酚：先用大量水冲洗，然后用 4 体积 70％乙醇与 1 体积三氯化铁（1 moL/L）混合溶液洗。

（14）硝酸银：先用水冲洗，再用 5％碳酸氢钠溶液漂洗，涂油膏及磺胺粉。

（15）硫酸二甲酯：不能涂油，不能包扎，应暴露伤处让其挥发。

5.6.5　眼睛灼伤急救

（1）眼睛灼伤或进异物。大多数有毒有害化学物品接触眼睛，一般都会对眼睛造成伤害，引起眼睛发痒、流泪、发炎疼痛，有灼伤感，甚至引起视力模糊或失明。一旦眼内溅入任何化学药品，则应立即用大量净水缓缓彻底冲洗。洗眼时要保持眼皮张开，可由他人帮助翻开眼睑，持续冲洗 15 分钟，边洗边眨眼睛。如为碱灼伤，则用 2％的硼酸溶液淋洗；若为酸灼伤，则用 3％ 的碳酸氢钠溶液淋洗。切忌用稀酸中和眼内的碱性物质，也不可用稀碱中和眼内的酸性物质。溅入碱金属、溴、磷、浓酸、浓碱或其他刺激性物质的眼睛灼伤，急救后必须送医院检查治疗。

（2）玻璃碎屑、金属碎屑进入眼睛内比较危险。一旦眼内进入玻璃碎屑或金属碎屑，应保持平静，绝不可用手揉擦，也不要试图让别人取出碎屑，尽量不要转动眼球，可任其流泪，有时碎屑会随泪水流出。严重者，可用纱布轻轻包住眼睛后，将伤者紧急送往医院处理。

（3）若木屑、尘粒等异物进入眼内，可由他人翻开眼睑，用消毒棉签轻轻取出异物，或任其流泪待异物排出后，再滴几滴鱼肝油。

5.6.6　电击急救

直流电比交流电的危险性小，而高频率的高压交流电比低频率的低压交流电的危险程度要小。但即使是低压直流电，也曾经发生过烧伤的案例。电击急救的应急处理方法见本书的 11.3 部分。

5.6.7 化学药品中毒应急处理方法

大多数化学药品都具有一定的毒性。一旦发生中毒事故,应按照如下方法处理:

1. 误食

(1)溅入口中尚未咽下者,应立即吐出,用大量清水漱口冲洗口腔;如已吞下,应先用手指或筷子等压住舌根部催吐,然后根据毒物的性质给予合适的解毒剂。或者将 5～10 mL 5% 的稀硫酸铜溶液加入一杯温水中,内服后用手指伸入咽喉部,促使呕吐,吐出毒物后立即送医院。

(2)腐蚀性毒物中毒:对于强酸,先饮用大量水,然后服用氢氧化铝膏、鸡蛋清;对于强碱,应先饮用大量水,然后再服用稀的食醋、酸果汁、鸡蛋清。不论酸或碱中毒,都应再给予鲜牛奶灌注,不要服用呕吐剂。

(3)刺激剂及神经性毒物中毒:先服用鲜牛奶或鸡蛋清使之立即冲淡和缓和,再用约 30 g 硫酸镁溶于一杯水中口服催吐。也可用手指伸入咽喉部催吐,然后立即送医院救治。

(4)用毛巾或毯子盖在患者身上进行保温,避免从外部升温取暖。

2. 吸入

(1)吸入气体中毒者,立即将患者转移到空气新鲜通畅的地方,解开衣扣,放松身体。

(2)吸入氯气、氯化氢,可立即吸入少量酒精和乙醚的混合蒸气以解毒。吸入少量氯气或溴蒸气者,可用碳酸氢钠溶液漱口。

(3)吸入硫化氢或一氧化碳而感到头晕不适时,应立即移到室外呼吸新鲜空气。

(4)呼吸能力减弱时,马上进行人工呼吸。但应注意:硫化氢、氯气、溴中毒不可进行人工呼吸,一氧化碳中毒不可使用兴奋剂。

3. 解毒的一般原则

对于进入消化道的试剂首先要催吐,用手指或匙柄刺激舌根或喉部,吐出试剂,为延缓吸收速度,降低浓度,保护胃黏膜,应饮服如下物质:鲜牛奶、生鸡蛋清、面粉、淀粉、土豆泥悬浮液以及水。也可在没有上述东西时用 500 mL 蒸馏水加 50 g 活性炭,用前再加入 400 mL 蒸馏水充分湿润,分次少量吞服(此法仅对成人有效,对儿童不适用)。

第6章 生物实验室的环境、健康与安全

生物安全实验室（biosafety laboratory），也称生物安全防护实验室（biosafety containment for laboratories），是通过防护屏障和管理措施，能够避免或控制被操作的有害生物因子危害，达到生物安全要求的生物实验室和动物实验室。实验室生物安全（laboratory biosafety）是科研人员和社会大众普遍关注的问题，而针对一线研究人员的系统管理始终是我国生物安全管理的一个薄弱环节。

6.1 实验室生物安全基本概念

根据《实验室生物安全通用要求》（GB 19489—2008）和《实验室生物安全基础知识》，现将一些基本概念介绍如下：

(1) 生物因子（biological agents）：一切微生物和生物活性物质。

(2) 病原体（pathogens）：可使人、动物或植物致病的生物因子。

(3) 危险废弃物（hazardous waste）：有潜在生物危害、可燃、易燃、腐蚀、有毒、放射和起破坏作用，对人、环境有害的一切废弃物。

(4) 危害（risk）：伤害发生的概率及其严重性的综合。也有称风险、危险度等。

(5) 气溶胶（aerosols）：悬浮于气体介质中的粒径 $0.001\sim100~\mu m$ 的固态或液态微小粒子形成的相对稳定的分散体系。

(6) 一级防护屏障（primary barriers）：实验室的生物安全柜和个体防护装备等构成的防护屏障，用于减少或消除危害性生物因子的暴露。

(7) 二级防护屏障（secondary barriers）：实验室防护屏障除保护实验室人员外，还能够保护周围环境中的人群或动物免受生物因子意外扩散所造成的感染。

(8) 高效空气过滤器（high efficiency particulate air（HEPA）filter）：通

常以滤除$\geqslant 0.3~\mu m$微粒为目的，滤除效率符合相关要求的过滤器。

（9）生物安全柜（biological safety cabinet）（BSC）：负压过滤排风柜。防止操作者和环境暴露于实验过程中产生的生物气溶胶。

（10）个体防护装备（personal protective equipment，PPE）：防止人员受到化学和生物因子伤害的器材和用品。包括实验服、隔离衣、连体衣等防护服，以及鞋、鞋套、围裙、手套、面罩或防毒面具、护目镜或安全眼镜、帽等。

（11）实验室分区（laboratory area）：按照生物因子污染概率的大小，实验室可以进行合理分区：主实验室（main room）通常是生物安全柜或动物隔离器等所在的实验室，是污染风险最高的房间；污染区（contamination zone）是指生物安全实验室中被致病因子污染风险最高的区域；清洁区（non-contamination zone）是指生物安全实验室中正常情况下没有致病因子污染风险的区域；半污染区（semi－contamination zone）是指生物安全实验室中具有被致病因子轻微污染风险的区域，是清洁区与污染区之间的过渡；缓冲间（anteroom）是指设置在清洁区、半污染区和污染区相邻两区之间的缓冲密闭室，具有通风系统，其两个门具有互锁功能。

（12）消毒（disinfection）与灭菌（sterilization）：消毒是杀死病原微生物的物理或化学过程，但不一定杀死其孢子，微生物存活几率是10^{-3}。灭菌指破坏或去除所有微生物及其孢子的过程，微生物存活几率是10^{-6}。

6.2 微生物的危害等级与生物安全水平

6.2.1 微生物的危害等级

国际上流行将生物因子根据其危害程度分成四级，《实验室生物安全通用要求》（GB 19489—2008）中的微生物危害等级分类标准参考了 WHO 的原则，根据生物因子对个体和群体的危害程度将其分成Ⅰ、Ⅱ、Ⅲ和Ⅳ级共 4 个等级，其中Ⅰ级危害程度最小，Ⅳ级危害程度最大。与《病原微生物实验室生物安全管理条例》中的第四类～第一类病原微生物大致相当。

（1）危害等级Ⅰ（低个体危害，低群体危害）：不会导致健康工作者和动物致病的细菌、真菌、病毒和寄生虫等生物因子。

（2）危害等级Ⅱ（中等个体危害，有限群体危害）：能够引起人或动物发病，但一般情况下对健康工作者、人群、动物和环境不会引起严重危害的生物因子。实验室感染不导致严重疾病,有成熟的预防措施和治疗手段,且传播风险有限。

(3)危害等级Ⅲ(高个体危害,低群体危害):能够引起人或动物严重疾病或造成严重经济损失,但通常不能因偶然接触而在个体之间传播,或者是能够使用抗生素、抗寄生虫药物进行治疗的生物因子。

(4)危害等级Ⅳ(高个体危害,高群体危害):能引起人或动物非常严重的疾病,一般不能治愈,容易直接或间接、或因偶然接触在人与人、动物与人、人与动物、或动物与动物间传播的生物因子。

对于已经具备有效预防或治疗措施的生物因子,一般不归入危害等级Ⅳ。

6.2.2 生物安全水平

根据所操作微生物的不同危害等级,需要配备相应的实验室设施、安全装备,以及采用配套的实验操作和技术手段来保障操作人员和环境的安全。这些不同水平的实验室设施、安全设备以及实验操作和技术就构成了不同等级的生物安全水平(biosafety level)。生物安全水平分成四个级别,一级防护水平最低,四级防护水平最高。用 BSL-1,BSL-2,BSL-3 和 BSL-4 表示实验室的相应生物安全防护水平;用 ABSL-1,ABSL-2,ABSL-3 和 ABSL-4 表示动物实验室的相应生物安全防护水平。

1. 一级生物安全水平(Biosafety Level 1,BSL-1)

BSL-1 是生物安全防护的基本水平,主要依赖于无特殊一级或二级防护屏障存在的标准微生物学操作。适用于基础教学与研究,也常用于那些特征熟悉、对健康成人通常不致病的生物因子。代表生物如枯草杆菌(*Bacillus subtilis*)、耐格里原虫(*Naegleria gruben*)等。

2. 二级生物安全水平(Biosafety Level 2,BSL-2)

BSL-2 的操作,实验设备和设施的设计及建设,适用于临床、诊断、教学及其他处理多种具有中等危害的当地生物因子(存在于本社区并引起不同程度的人类疾病)。

BSL-2 条件下的主要危险是意外地经皮肤或黏膜接触、或摄入感染性物质,对于污染的针头或尖锐的器具应该采取严格的防范措施。乙肝病毒(Hepatitis B virus)、HIV、沙门氏菌属(*Salmonella*)、以及弓形体类(*Toxoplasma spp.*)等是这一防护水平的代表性生物因子。操作人血液、体液、组织或原代人细胞系等有可能存在未知感染性生物因子的标本时亦推荐BSL-2 操作。

3. 三级生物安全水平（Biosafety Level 3，BSL‐3）

BSL‐3 的操作，实验设备和设施的设计及建设，适用于临床、诊断、教学、科研或生产设施中进行涉及具有潜在呼吸道传染性的内源或外源性生物因子的工作。这些生物可能引起严重的致死性感染。结核分枝杆菌（*Mycobacterium tuberculosis*）、圣路易斯脑炎病毒（St. Louis encephalitis）等是应用 BSL‐3 的代表。

BSL‐3 条件下的主要危险源于经皮肤破损处自身接种、经口吸入以及吸入感染性气溶胶。其防范重点在于通过二级或二级以上防护屏障来保护实验操作人员、实验室附近人员及环境免受感染性气溶胶的污染。

4. 四级生物安全水平（Biosafety Level 4，BSL‐4）

BSL‐4 的操作，设备和实验设施的设计及建设，适用于进行非常危险的外源性生物因子或未知的高度危险的致病因子的操作。这些生物因子对个体具有高度危害性，并且可以通过空气途径进行传播或传播途径不明，同时尚无有效的预防或治疗措施。

凡涉及到感染性材料、分离物、经自然或实验途径感染的动物的操作，均对实验人员、社区和环境造成很大的感染危险。实验室人员与传染性气溶胶的完全隔离主要是通过应用Ⅲ级生物安全柜或Ⅱ级生物安全柜加正压服来实现。BSL‐4 级实验室一般是独立的建筑或处于完全隔离的区域，并具有复杂的特殊通风装置和废弃物处理系统，来防止活性生物因子向环境扩散。

6.3　生物安全实验室

由于不同生物安全水平实验室所从事工作的主要差异是所操作的生物因子的危害程度不同，其要求的防护水平也因此而不同，但其工作内容具有相似性。随着生物安全防护水平级别的提高，其差异只是防护要求和能力的提高，因此在设施、设备、操作和管理等方面的要求具有累加性，亦即高生物安全防护水平实验室必须首先达到低生物安全防护水平实验室的要求，并在此基础上进行修改和补充提高，用于操作更危险的生物因子。

按照规定，开展 BSL‐3、BSL‐4 级别实验研究必须进行申报，得到国家批准和认可后才能够开展相应的工作。BSL‐1 和 BSL‐2 实验室的要求对普通的生物安全实验室具有通用性，也是高级别生物安全实验室的基础，故在此将其有关要求一起介绍如下。

6.3.1　一级和二级生物安全水平实验室

1. 实验室的设计和建设基本要求

（1）无需特殊选址，普通建筑物即可，但必须要为实验室安全运行、清洁和维护提供充足的空间来摆放随时要使用的实验用品；在实验室工作区外还应当提供可长期使用的储存空间和设施，供存放实验物品和私人用品。

（2）实验室墙壁、天花板和地板应当光滑、易清洁、不渗液并耐化学品和消毒剂的作用。地板需要防滑。需要有防止啮齿动物和节肢动物进入的设计，如窗户可开启，应设置纱窗。

（3）实验室器具应当坚固耐用，在实验台、生物安全柜和其他设备之间，以及其下部位置要留有足够空间，便于清洁和打扫。实验台面应是防水的，可耐受酸、碱、有机溶剂及消毒剂的腐蚀，并适度耐热。

（4）必须为实验室提供可靠和高质量的水。要保证实验室水源和饮用水源的供应管道之间没有交叉连接；每个实验室都应有洗手池，并最好安装在出口处。

（5）实验室为二级生物安全水平时，应配备高压灭菌器或其他清除污染的工具。相关设备应按照规定进行检验和试验，保证其安全性能符合标准要求。

（6）实验室应该配备有消防、紧急喷淋、洗眼器和急救箱（包）等安全设施；新建实验室应当考虑设置机械通风系统，以保持空气向内单向流动。

（7）实验室的门应带锁并能自动关闭，应有可视窗，并达到适当的防火等级。实验室照明要适度而恰当，要有可靠和充足的电力供应和应急照明，以保证人员能够安全离开实验室；实验室出口必须有在黑暗中可明确辨认的标识。

2. 基本生物安全设备

处理有生物安全危害的物质时，使用安全设施并结合规范的操作将有助于降低危险。

（1）移液辅助器：避免用口吸的方式移液。

（2）生物安全柜，在以下情况使用：

① 处理感染性物质（如果使用密封的安全离心杯，可以在生物安全柜内装样、取样后，再去开放实验室离心）；

② 空气传播感染的危险增大时；

③ 进行极有可能产生气溶胶的操作时（包括离心、研磨、混匀、剧烈摇动、超声破碎、打开内部压力和环境压力不同的盛放有感染性物质的容器、动物鼻

腔接种以及从动物卵胚采集感染性组织)。

(3) 使用一次性塑料接种环;或在生物安全柜内使用电加热接种环,可减少气溶胶的生成。

(4) 螺旋试管及瓶子。

(5) 用于清除感染性材料污染的高压灭菌器或其他适当工具。

(6) 一次性巴斯德塑料吸液管,尽量避免使用玻璃制品。

3. 实验室基本安全管理要求

(1) 准入规定

① 在处理危害等级Ⅱ或更高危害级别的微生物时,应该在实验室门上张贴国际通用的生物危险警告标志。并在标志符号下面同时标明实验室名称、病原体名称、生物危害等级、预防措施及负责人姓名、紧急联络方式等有关信息。

② 只有经过批准的人员方可进入实验室工作区域。

③ 实验室的门应保持关闭。

④ 儿童不应该被批准或允许进入实验室工作区域。

⑤ 进入动物房应当经过特别批准。

⑥ 与实验室工作无关的动物不得带入实验室。

(2) 个体防护

① 在实验室工作时,任何时候都必须穿着连体衣、隔离服或工作服;不得在实验室内穿露脚趾的鞋子。实验室内用过的防护服不得和日常服装放在同一柜子内。

② 在进行可能直接或意外接触到血液、体液以及其他具有潜在感染性的材料或感染性动物的操作时,应戴乳胶手套。手套用完后,应先消毒再摘除,随后必须洗手。

③ 在处理完感染性实验材料或动物后,以及在离开实验室工作区域前,都必须洗手。

④ 为了防止眼睛或面部受到泼溅物、碰撞物或人工紫外线照射的伤害,必须戴安全眼镜、面罩或其他防护装备。

⑤ 严禁穿实验防护服离开实验室到公共场所。

⑥ 禁止在实验室工作区域进食、饮水、吸烟、化妆或处理隐形眼镜;禁止在该区域储存食品和饮料。

(3) 实验室工作区

① 实验室应保持干净、整洁,严禁摆放与实验室无关的物品。

② 发生具有潜在危害性的材料溢出及每天工作结束之后,都必须清除工作台面的污染。

③ 所有受到污染的材料、样品和培养物在废弃或清洁再利用之前,必须清除污染。

④ 在进行包装和运输时必须遵循国家(国际)的相关规定。

⑤ 如果窗户可以打开,需要安装防止节肢动物进入的纱窗。

(4) 生物安全管理

① 实验室主任负责制定本实验室的生物安全管理计划及生物安全手册,并提供常规的实验室安全培训。

② 要将生物安全实验室的特殊危害告知实验室人员,同时要求他们阅读本实验室生物安全手册,并遵循标准的操作规范和规程。

③ 如果有必要,应为所有实验人员提供适宜的医学评估、监测和治疗、并妥善保存相应的医学资料。

(5) 废弃物处理

废弃物是指将要丢弃的所有物品。实验室内废弃物最终的处理方式与其清除污染的情况是最紧密相关的。对于日常用品而言,很少有污染材料需要真正清除出实验室或销毁。大多数的玻璃器皿、仪器及实验服都可以重复和再使用。

废弃物处理的首要原则是所有污染材料必须在实验室内清除污染,通常最有效的方法是采用高压灭菌或焚烧。用以处理潜在感染性材料或动物组织的实验物品,在被丢弃前主要应该考虑如下几方面:

① 是否已采取规定程序对这些物品进行了有效的除污或消毒?

② 如果没有,他们是否以规定的方式包裹,以便运送到其他有能力焚烧的地方进行处理?

③ 丢弃已经清除污染的物品时,是否对直接参与的人员、或在设施外可能接触到丢弃物的人员造成任何潜在的生物学或其他方面的危害?

污染性材料和废弃物的处理和丢弃程序:

① 可重复使用的器皿、物品

任何高压灭菌后重复使用的污染材料不能够先清洗,必须在高压灭菌或消毒后才能进行清洗。

② 锐器

皮下注射针头用过后不应再重复使用,包括不能够从注射器上取下、回戴针头护套、截断等,应将其完整地置于盛放锐器的一次性容器中。盛放锐器的一次性容器必须不易刺破,当达到容量的 3/4 时,应将其作为感染性废弃物送去焚烧处理。

③ 废弃的污染材料

所有其他污染材料(包括有潜在危害性)在丢弃前应放置在有防渗漏的容器中高压灭菌。灭菌后放入指定的运输容器中,统一送往焚烧处理。

应在每个工作台上放置盛放废弃物的容器、盘子或广口瓶。如果使用消毒剂,应当使废弃物充分接触消毒剂,并维持适当的持续接触时间。盛放废弃物的容器在重新使用前应该进行高压灭菌并清洗。

6.3.2 动物实验设施(ABSL - 1～ABSL - 2)

动物实验室的生物安全防护设施除应参照 BSL - 1～BSL - 2 实验室的要求外,还应该考虑对动物呼吸、排泄、毛发、抓咬、挣扎、逃逸、动物实验(染毒、医学检查、取样、解剖、检验等)、动物饲养、动物尸体及排泄物处置等过程中产生的潜在危害的防护,尤其是气溶胶的防护。

1. 建筑基本要求

(1)实验室建筑要确保实验动物不能逃逸,非实验动物(野鼠、昆虫等)不能进入。实验室空间和进出通道等符合所用动物需要。

(2)动物实验室空气不应该循环。动物源气溶胶应经适当的高效过滤/消毒后排出,不能进入实验室循环。

(3)如动物需要饮用无菌水,供水系统应可以通过安全消毒来提供。

(4)动物实验室的温度、湿度、照度、噪声、洁净度等饲养环境应符合国家相关标准要求。

2. ABSL - 1 实验室

一级生物安全水平的动物设施适用于饲养大多数经过检疫的储备实验动物(灵长类除外),以及专门接种了危害等级 I 级的微生物因子的实验动物。要求运用规范的微生物学技术操作。实验室必须制定动物操作和进入饲养场所应遵循的程序和操作方案,并为工作人员提供适宜的医学监测方案。

此外,在设施方面还包括:

(1)建筑物内动物设施与开放的人员活动区域分开。

(2)应安装自动闭门器,当有实验动物时应保持锁闭状态。

(3)如果有地漏,应始终用水或消毒剂液封。

(4)动物笼具的洗涤应满足清洁要求。

3. ABSL-2 实验室

二级生物安全水平的动物设施适用于专门接种了危害等级 II 级的微生物因子的实验动物,需要进行下列安全防护:

(1) 必须符合一级生物安全水平动物设施的所有要求;在门及其他适当的地方张贴生物危害警告标识。

(2) 设施必须易于清洁和管理;使用结束后,工作表面要用有效的消毒剂来清除污染。

(3) 动物实验室的门必须向内开,可以自动关闭;有可视窗,有烟雾报警器,有适宜的温度、通风和照明。

(4) 如果采用机械通风,则气流的方向必须向内。排风则要求排到室外,不准在建筑物内循环。

(5) 如有窗户,必须是抗击碎的。如果窗户可以打开,则必须安装防节肢动物的纱窗;要制定节肢动物和啮齿动物的控制方案。

(6) 可能产生气溶胶的工作必须使用生物安全柜或隔离箱。隔离箱要带有专用的供气和经 HEPA 过滤的排气装置。

(7) 尽可能限制锐利器具的使用。锐器应始终收集在带盖、能防刺破的容器中,并按感染性废物处理。

(8) 清理动物垫料时必须尽量减少气溶胶和灰尘的产生;所有废料和垫料在丢弃前必须清除污染。

(9) 动物设施的现场或附近备有高压灭菌器;进行高压灭菌、焚烧的物品应装在密闭容器中安全运输。

(10) 动物笼具在使用后必须清除污染,动物尸体必须焚烧。

(11) 在设施内必须穿着防护服和其他装备,离去时脱下;必须有洗手设施,人员离开动物设施前必须洗手。

(12) 所有人员需要接受适当培训,禁止在设施内进食、饮水、吸烟和化妆。

(13) 如发生伤害,无论程度轻重,必须进行适当治疗,并报告和记录。

6.4　实验室生物安全操作规程

实验室伤害以及与工作有关的感染主要是由于人为失误、不良的实验操作技术以及仪器使用不当造成的。本章参考《实验室生物安全知识》,概要介绍减少或避免这类常见问题的技术和方法。

6.4.1　实验室中样品的安全操作

实验室样品的收集、运输和处理不当,会给相关人员带来感染的危险。

1. 样品容器

样品容器可以是玻璃的,但最好使用塑料制品。样品容器应当坚固、正确地用盖子或塞子盖好,应无泄漏,容器外部不能有残留物。装样品的容器应当正确粘贴标签以便于识别,样品的要求或说明书不要卷在容器外面,而是要分开放置,最好放在防水的袋子里。

2. 样品在设施内的传递

为了避免意外泄漏或溢出,应当使用盒子等二级容器,并将其固定在架子上,便于装有样品的容器保持直立。二级容器可以是金属或塑料制品,应该可以耐高温、高压或耐受化学消毒剂的作用。密封口最好有一个垫圈,要定期清除污染。

3. 样品接收

需要接收大量样品的实验室应当安排专门的空间或房间来处理相关事宜。

4. 打开包装

接收和打开样品的人员应当了解样品对身体健康的潜在危害,并接受过如何采用标准防护方法操作的培训,尤其是处理破损或泄漏的容器时更应如此。样品的内层容器要在生物安全柜内打开,并准备好消毒剂。

6.4.2　防护设备和仪器的使用

1. 生物安全柜的使用

(1)应参考国家标准和相关文献,对所有可能的使用者都介绍生物安全柜的使用方法和局限性,每个工作人员都应该熟悉操作步骤。特别需要明确的是,当出现溢出、破损或不良操作时,安全柜不再能够保护操作者。

(2)生物安全柜必须在运行正常时才能使用,使用中不能打开玻璃观察挡板;操作者不应反复移出和伸进手臂以免干扰气流,尽量减少操作者身后的人员流动。

(3)生物安全柜内应尽量少放置器材或样品,不能影响后部压力排风系统的气流循环;不要使用移液管及其他物品阻挡空气格栅,干扰气体流动,引起物品的潜在污染和工作人员的暴露。

（4）所有工作必须在工作台面的中后部进行，并能够通过玻璃观察窗看到。在生物安全柜内操作时，不能够进行文字工作。

（5）生物安全柜内不能使用本生灯，否则燃烧产生的热量会干扰气流并可能损坏过滤器。允许使用微型电加热接种环，最好使用一次性无菌接种环。

（6）生物安全柜在工作开始前和结束后，安全柜的风机应至少运行 5 分钟；工作完成后以及每天下班前，需要使用适当的消毒剂对生物安全柜的表面进行擦拭。

2．离心机的使用

（1）离心机的良好机械性能是保障生物安全的前提条件，应当按照操作手册来操作离心机。离心机的放置高度应当使小个子的工作人员也能够看到离心机腔体内部，以正确放置十字轴和离心桶。

（2）离心管和盛放样品的容器应当采用材料为厚壁玻璃的制品，最好是塑料制品，在使用前均应检查是否破损；用于离心的试管或样品容器必须始终牢固盖紧。操作指南中应给出液面距离心管管口需要留出的空间大小。当使用固定角转子时，必须小心，不能将离心管装得过满以导致漏液。

（3）离心桶应按重量配对，并在装载离心管后正确配平；离心桶的装载、平衡、密封和打开必须在生物安全柜内进行。空离心桶应当用蒸馏水或乙醇（或 70％异丙醇）来平衡。

（4）每次使用后，要检查、清除离心桶、转子和离心腔壁的污染，检查离心转子和离心桶是否有腐蚀或细微裂痕；离心桶使用结束后应倒置存放使平衡液流干，保持干燥存放。

3．移液管和辅助移液器的使用

（1）需要使用移液辅助器，严禁用口吸取；所有移液管应带有棉塞以减少移液器具的污染。

（2）感染性物质不能够使用移液管反复吹吸混匀，不能将液体从移液管内用力吹出。

（3）在打开隔膜封口的瓶子时，应使用可以使用移液管的工具，而避免使用皮下注射针头和注射器移液。

（4）在工作台面应当放置一块浸有消毒液的布或纸，用以避免感染性物质从移液管中滴出而扩散，使用后要按照感染性废物进行处理。盛放污染移液管的容器在操作过程中要放在生物安全柜内，实验结束后污染移液管应完全浸泡在盛有适当消毒液的防碎容器中足够时间后再处理。

4. 匀浆器、摇床、搅拌器和超声处理器的使用

（1）实验室不能使用家用匀浆器，因为它可能泄漏或释放气溶胶。使用实验室专用搅拌器或消化器更安全。

（2）盖子、杯子或瓶子应当保持正常状态，没有裂缝或变形。盖子应能够封盖严密，衬垫也应该处于正常状态。

（3）在使用匀浆器、摇床和超声处理器时，容器内会产生压力，含感染性物质的气溶胶就有可能从盖子和容器间的间隙逃逸出。且玻璃容易破损，故此建议使用塑料容器，尤其是聚四氟乙烯（polytetrafluoroethylene，PTFE）容器。

（4）在使用匀浆器、摇床和超声处理器处理感染性材料时，可以用一个结实透明的塑料箱覆盖设备，并在用完后进行消毒。操作结束后，应该在生物安全柜内打开容器。

（5）应对使用超声处理器的人员提供听力保护。

5. 组织研磨器的使用

（1）使用玻璃研磨器时应戴手套并用吸收性材料包住。采用塑料（PTFE）研磨器更安全。

（2）操作和打开组织研磨器时应当在生物安全柜内进行。

6. 冰箱和冷柜的使用和维护

（1）冰箱、低温冷柜和干冰柜应当定期除霜和清洁，应清理出所有在储存过程中破损的安瓿和试管等物品。清理时应戴厚橡胶手套并进行面部防护，清理后要对内表面进行消毒。

（2）储存在冰箱内的所有容器应当清楚地标明内装物品的学名、储存日期和储存者的姓名。未标明的或废旧物品应当高压灭菌并丢弃。

（3）非防爆冰箱内不能放置易燃溶液。在冰箱门上应该进行明确标注。

（4）对冻存物品的清单要进行备份。

7. 压力容器

高压灭菌器、液氮储罐、高压釜和锅炉等特种设备，需要按照国务院《特种设备安全监察条例》和国家质量监督检验检疫总局《固定式压力容器安全技术监察规程》（TSGR0004—2009）的规定办理注册登记手续，取得特种设备使用登记证；人员须参加指定培训项目，取得特种设备作业人员证；做好日常使用管理和维护保养工作，并接受定期检验和检查。

6.4.3　感染性物质防护技术

1. 避免感染性物质扩散

（1）为了避免被接种物洒落，微生物接种环的直径应该在 2～3 mm 并完全封闭，柄长度应小于 6 cm 以减小抖动；

（2）使用封闭式微型电加热消毒接种环，最好是一次性接种环，以避免使用本生灯等明火加热所产生的感染性物质爆裂；

（3）废弃的样品和培养物应当放置在防漏的生物废物袋内进行密封再放入废弃物容器中按照感染性废物进行处置；

（4）在每一阶段工作结束后，必须采用适当的消毒方法来清除工作区域的污染。

2. 避免感染性物质的食入以及皮肤和眼睛的接触

（1）微生物操作过程中释放的较大粒子和液滴（直径大于 5 μm）会迅速沉降到工作台面和操作者的手上。实验室人员在操作时应戴一次性手套，并避免触摸口、眼及面部。

（2）在所有可能产生潜在感染性物质喷溅的操作过程中，操作人员应当将面部、口和眼部采用遮盖或其他防护措施。

（3）实验室内禁止存放食品、饮食和饮水，禁止化妆，禁止用嘴咬笔和嚼口香糖等。

3. 避免感染性物质的接种

（1）通过认真练习和仔细操作，可以避免破损玻璃器皿刺伤所引起的接种感染。尽可能用塑料制品替代玻璃制品。

（2）锐器损伤也是感染性物质意外注入的主要途径，可以采用减少使用注射器和针头，或在必须使用注射器和针头时，通过使用锐器安全装置的方法来减少针刺损伤。

（3）不要给用过的注射器针头重新戴护套。一次性锐器物品应该丢弃在防穿透的带盖容器中进行收集处置。

4. 血清的分离

（1）只有经过严格培训的人员才能从事这项工作。操作时应戴手套以及眼睛和黏膜的个体防护装备。

（2）规范的实验操作技术可以避免或尽量减少喷溅和气溶胶的产生。血液和血清应该小心吸取，不能够倾倒。

（3）移液管使用后应完全浸入适当的消毒液中，经过一定时间浸泡、或灭菌清洗后再利用，或丢弃。

（4）带有血凝块等的废弃样品管，在加盖后应当放入适当的防漏容器中进行高压灭菌，再和感染性废弃物一起进一步处置。

（5）应当准备适当的消毒剂来清洗喷溅和溢出的样品。

5. 装有冻干感染性物质安瓿的打开

应该小心打开装有冻干物的安瓿，因为其内部处于负压，突然冲入的空气可能使一些物质扩散出来。安瓿应该在生物安全柜内打开，建议按照下列步骤打开：

（1）先清除安瓿外表面的污染；

（2）如果管内有棉花或纤维塞，可以在管上靠近塞的中部挫一痕迹；

（3）用一团酒精浸泡过的棉花将安瓿包起来保护双手，然后从标记的划痕处打开；

（4）将顶部小心移去并按污染材料处理。如果塞子仍然在安瓿上，用消毒镊子除去；

（5）缓慢向安瓿中加入液体来重旋冻干物，避免出现泡沫。

6. 装有感染性物质安瓿的储存

装有感染性物质的安瓿不能够浸入液氮中，这样会造成有裂痕或密封不严的安瓿在取出时破损或爆炸。如果需要低温保存，安瓿应当储存在液氮上面的气相中。

感染性物质应当储存在低温冰柜或干冰中。当从冷藏处取出安瓿时，工作人员应当做好眼睛、手等的防护。

7. 对血液和其他体液、组织及排泄物的标准防护方法

设计标准防护方法以降低来自于已知和未知感染性微生物的传播危险。

（1）样品的收集、标记和运输

① 应当由受过培训的人员来采集病人或动物的血样；始终遵循标准防护方法；所有操作均要戴手套。

② 在静脉抽血时，应当使用一次性的安全真空采血管，将血液直接采集到带塞的运输管或培养管中，针头用完后自动废弃。

③ 装有样品的试管应置于适当的容器中运至实验室，并在实验室内部进行转运。检验申请单应当分开放置在防水袋或信封内。

④ 接收样品人员不应打开这些盖子。

（2）打开样品管和取样

① 应当在生物安全柜内打开样品管，并用纸或纱布抓住塞子以防止

喷溅。

② 必须戴手套,并建议戴护目镜或面罩对眼睛和黏膜进行保护。

③ 在防护衣外面再穿上塑料围裙。

（3）玻璃器皿和锐器

① 尽可能用塑料制品代替玻璃制品。只能用实验室级别（硼硅酸盐）的玻璃。任何破损或有裂痕的玻璃制品均应丢弃。

② 不能够将皮下注射针头作为移液器使用。

（4）用于显微观察的薄膜和涂片

用于显微观察的血液、唾液和粪便样品在固定和染色时,不必杀死涂片上的所有微生物和病毒。应当用镊子拿取这些东西,妥善储存,丢弃前需要用高压灭菌等方法清除污染。

（5）自动化仪器（超声处理器、旋涡混合器）

① 为了避免液滴和气溶胶的扩散,这些仪器应采用封闭型的。

② 排出物应当收集在密闭的容器内进一步高压灭菌再废弃。

③ 在每一步完成后应根据操作指南对仪器进行消毒。

（6）组织

① 组织样品应用福尔马林固定。

② 应当避免冰冻切片。如果必须要进行冰冻切片,应当用罩子罩住切片机,操作人员要戴安全防护面罩。清除污染时,切片机的温度要升高到 20℃ 后再进行。

（7）清除污染

建议使用次氯酸盐和高级别的消毒剂来清除污染。一般情况使用新配制的含有效氯 1 g/L 的次氯酸盐溶液,处理溢出血液时,使用有效氯达到 5 g/L。戊二醛也可用于表面消毒。

6.5　感染控制和应急程序

每个从事感染性微生物工作的实验室都应当指定针对所操作微生物和动物危害的安全防护措施。实验室负责人应确保实验室有可供用于急救和紧急程序的设备。

6.5.1　实验室感染控制

实验室的设立单位应当指定专门的机构或者人员承担实验室感染工作,定期检查实验室的生物安全防护、病原微生物菌(毒)种和样本保存与使用、安全操作、实验室排放的废水和废气,以及其他废弃物处置等规章制度的落实情况。负责实验室感染控制工作的机构或人员应当具有与该实验室中的病原微生物相关的传染病防治知识,并定期检查、了解实验室工作人员的健康状况。

实验室工作人员出现与本实验室从事的致病性病原微生物相关实验活动有关的感染临床症状或者体征时,实验室负责人应当向负责实验室感染控制工作的机构或人员报告,同时派专人陪同及时就诊;实验室工作人员应当将近期所接触的病原微生物的种类和危害程度如实告知诊治医疗机构。接诊的医疗机构有救治条件的应当及时救治,不得拒绝治疗;不具备救治条件时,应当按照规定及时转诊到具备相应救治条件的医院进行医治。

实验室发生致病性微生物泄漏时,实验室工作人员应当立即采取控制措施,防止病原微生物扩散,同时向负责实验室感染控制工作的机构或人员报告。

负责实验室感染控制工作的机构或人员接到上述报告后,应当立即启动实验室感染应急处置预案:开展流行病学调查;对病人进行隔离治疗,对相关人员进行医学检查;组织进行现场消毒;对染疫或疑似染疫的动物采取隔离、扑杀等措施;采取其他预防和控制措施,并组织人员对该实验室生物安全状况等情况进行调查和处理。

发生病原微生物扩散,有可能造成传染病爆发、流行时,应当依法进行逐级上报。

6.5.2　微生物实验室应急程序

1. 刺伤、切割伤或擦伤

受伤人员应当脱下防护服,清洗双手和受伤部位,使用适当的皮肤消毒剂,必要时进行医学处理。记录受伤原因和相关微生物,并应保留完整的医疗记录。

2. 潜在感染性物质的食入

受害人员应当脱下防护服并进行医学处理。要报告食入材料的特性和事故发生的细节,并保留完整的医疗记录。

3. 潜在危害性气溶胶的释放（在生物安全柜以外）

所有人员必须立即撤离相关区域，任何暴露人员都需要接受医学咨询，应当立即通知实验室负责人和生物安全责任人。在一定时间内严禁人员进入，等较大的粒子发生沉降、气溶胶被排出稀释之后，在生物安全责任人的指导下穿戴上适当的防护服和呼吸保护装备，清除污染。

4. 容器破损及感染性物质的溢出

应当立即用布或纸巾覆盖感染性物质污染、溢洒的破损物品，然后在上面倒上消毒剂。作用一定时间后，将其清理，玻璃碎片用镊子清理。然后再用消毒剂对污染区域再次去污。操作过程中都必须戴手套，清理的所有废物作为感染性废物进行收集后集中处置。

第7章 机械加工类实验室的健康、安全与防护

机械设备是现代化生产中各行各业不可缺少的设备。所谓"机械"是指机器、机械的泛称,是指任何类型大小的"技术实体"。即包括工具、运动机构和静止设备。它种类繁多,应用范围广,机械化程度高,所带来的危险因素也越来越多,机构不同带来的危险性也不同。不论是实验室还是生产单位,操作人员必须首先要学习和掌握设备存在的危险性和有害因素,才能防止各类事故的发生。

7.1 机械加工安全术语和定义

根据中华人民共和国国家标准《机械安全 基本概念与设计通则 第1部分:基本术语和方法》(GB/T 15706.1—2007),对机械加工安全术语定义如下:

(1) 风险(risk):伤害发生概率和伤害发生的严重程度的综合。

(2) 伤害(harm):对健康产生的生理上的损伤或危害。

(3) 危险(hazard):潜在的伤害源。

(4) 相关危险(relevant hazard):已识别出的机器本身存在的或由机器引起的危险。

(5) 危险区(hazard zone/danger zone):使人员暴露于危险的机械内部和(或)其周围的任何空间。

(6) 安全防护(safeguarding):使用安全防护装置保护人员的措施。这些保护措施使人员远离那些不能合理消除的危险或者通过本质安全设计方法充分减少的风险。

(7) 防护装置(guard):机器的组成部分,用于提供保护的物理屏障。

(8) 保护装置(protective device):防护装置以外的安全装置。

(9) 联锁(interlock):用于防止危险机器功能在特定条件下运行的机械、

电气或者其他类型的装置。

（10）危险失效（failure to danger）：由机械或其他动力供应中产生的并且会增加风险的所有故障。

（11）机床危险（machine tools danger）：机床在静止或运转时，可能使人员损伤或危害健康及设备损坏的情况。

（12）机床危险部位（区）（machine tools danger zone）：机床静止或运转时，可能使人员受到伤害、设备损坏的区域。

（13）加工区（machinging area）：机床上刀具切削工件经过的区域。

（14）工作区（working area）：可能出现在工作过程的区域。包含机床运动部件所需的位置、上下料所需的位置，以及操作、调整和维护机床所需的位置。

（15）使用信息（information for use）：由各种通讯环节，如文字、标志、信号、符号或图表等构成的安全措施，这些通讯环节可以单独使用或联合使用的形式向使用者传递信息，以报道专业和（或）非专业使用者。

（16）操作者（operator）：对机床进行安装、使用、调整、维护、清理、修理或运输的人员。

（17）防护安全距离（protective safe distance）：防止人身触及机床危险部位的防护结构距危险部位的最小间隔。

7.2　机械防护的安全距离

根据中华人民共和国国家标准《机械防护安全距离》（GB 12265—1990），对相关概念介绍如下：

7.2.1　人体可及范围

在无外界因素作用时，足跟着地，仅靠人体自身肢体的上伸、下伸、向前、越过、旋转及伸入等动作所及的空间，其中最大包络面为最大可及范围，用 R_m 表示。如图 7.1 所示。

7.2.2　安全距离

防止人身触及机械危险部位的间隔。其值等

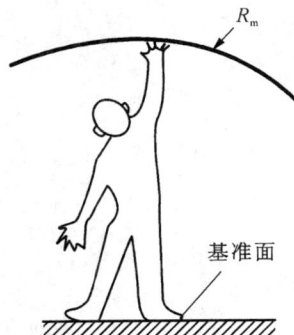

图 7.1　人体可及范围

于最大可及范围 R_m（或身体尺寸 L）与附加量 K_L（$K_L = K \cdot L$，K 值见表 7.1）之和，用 S_d 表示。

$$S_d = (1+K)R_m$$
$$S_d = (1+K)L$$

式中：S_d——安全距离，mm；L——人体尺寸，mm；R_m——最大可及范围，mm；K——附加量系数。

表 7.1 身体有关部位的附加量系数

身体有关部位	K
身高等大尺寸	0.03
上、下肢等中等尺寸；大腿围度	0.05
手、指、足面高、脚宽等小尺寸；头、胸等重要部位	0.10

安全距离分为两类：防止可及危险部位的安全距离和防止受挤压的安全距离。

1. 防止可及危险部位的安全距离

防止可及危险部位的安全距离 S_d 等于人员有关肢体或部位的可及范围 R_m 与附加量 K_L 之和。

该安全距离包括：上伸可及的安全距离，越过可及、下伸可及的安全距离，上肢四个部位的弧形可及安全距离，穿越方形孔隙可及安全距离和穿越条形缝隙可及安全距离。

S_d、R_m 及 K_L 之间关系以上伸可及安全距离为准，示意如图 7.2。

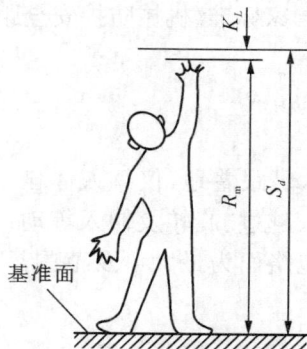

图 7.2 防止人体可及危险部位的安全距离

2. 防止受挤压的安全距离

防止受挤压的安全距离 S_d 等于身体有关部位尺寸 L 与附加量 K_L 之和。

防止受挤压的安全距离包括防止人体七个部位(躯体、头、腿、足、臂、拳、食指)受挤压的安全距离。

S_d 和 K_L 之间的关系以防止足面受挤压的安全距离为准,示意如图 7.3。

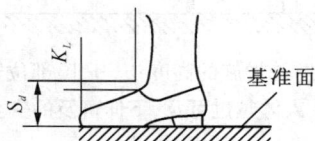

图 7.3　防止足面受挤压的安全距离

7.2.3　安全距离数值

1. 防止可及危险部位的安全距离数值

(1) 上伸可及的安全距离数值

当双足跟着地站立、身体挺直,上肢上伸可及的安全距离数值 S_d 为 2 410 mm,其中含鞋底厚度 30 mm,鞋底厚度超过 30 mm 时,安全距离数值应相应增加(下同),如图 7.4。

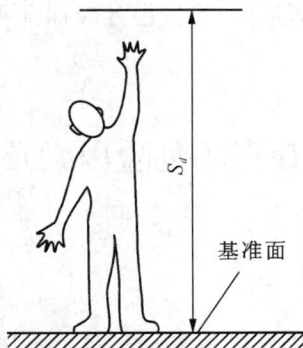

图 7.4　人体上伸可及安全距离

(2) 越过可及、下伸可及的安全距离数值

在越过固定屏障或防护设施边缘时的最大可及安全距离数值,如图 7.5。

向危险部位倾斜、弯曲的防护设施(或屏障)不在此例。测量防护设施和危险部位高度的基准面应该与双足所处的水平面一致。

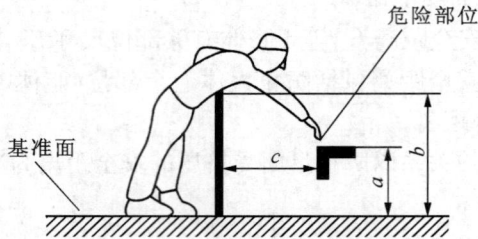

a—危险部位的高度；b—防护设施的高度；c—危险部位至防护设施的水平距离

图 7.5　人体越过可及、下伸可及的安全距离

（3）上肢弧形可及安全距离数值

当掌、腕、肘、肩各关节根部紧靠防护设施边缘且不能再前伸时，以此节点根为球心做立体角旋转的可及安全距离。

（4）穿越孔隙可及安全距离数值

① 穿越方形孔隙的可及安全距离数值

指尖、掌指关节、至拇指根手掌和上臂四个部位伸入孔隙。

② 穿过条形缝隙的可及安全距离数值

指尖、掌指关节、至拇指根手掌和上臂四个部位伸入条形缝隙。

2. 避免受挤压的安全距离数值

避免受挤压的安全距离数值，机械设计应保证不该通过的身体部位不能通过。

7.3　机床存在的危险因素及安全防护

7.3.1　机械部分

1. 机床机械部分存在的危险因素

（1）静止的危险

① 切削刀具的刀刃；

② 突出较长的机械部分。例如：从机床上突出来的法兰盘形电动机、卧式铣床立柱后方突出来的悬梁。

（2）直线运动的危险

① 纵向运动部件。例如：龙门刨床的工作台、牛头刨床的滑枕、外圆磨床

的往复工作台。

②　单纯直线运动的部位。例如:运动中的皮带、链条。

③　直线运动的凸起部分。例如:皮带连接接头。

④　运动部件和静止部件的组合。例如:工作台与床身。

⑤　直线运动的刀具。例如:牛头刨床的刨刀、带锯床的带锯条、拉刀。

(3)　回转运动的危险

①　单纯回转运动的部位。例如:轴、齿轮、车床的丝杠、车削的工件。

②　回转运动的凸起部分。例如:凸出在卡盘外圆周上的卡爪,手轮的手柄等。

③　回转运动的轮辐。

④　摆动部件。例如:锥齿轮刨齿机的摇台。

⑤　运动部位和静止部件的组合。例如:手轮的轮辐与机床的床身。

⑥　回转运动的刀具

⑦　刀具。例如:各种铣刀、镗刀、砂轮、圆锯片。

⑧　刀具与静止部件或直线运动工件的组合。例如:双头磨床的砂轮与工件支架、铣刀与工件。

(4)　具有组合运动的危险

①　直线运动与回转运动的组合。例如:皮带与皮带轮、链条与链轮、齿条与齿轮。

②　回转运动与回转运动的组合。例如:啮合的齿轮。

(5)　飞出的危险

①　刀具的飞出。例如:未夹紧的刀片、砂轮碎片。

②　切屑、工件的飞出。例如:连续排出的或破碎而飞散的切屑、飞出或落下的工件。

③　工具的飞出。例如:车床卡盘钥匙。

(6)　倾斜、跌落的危险

①　部件运动引起机床倾倒。

②　运动部件在重力作用下下滑。

2.　安全要求和措施

(1)　运动部件

①　有可能造成缠绕、吸入或卷入等危险的运动部件和传动装置(如链、链轮、齿轮、齿条、皮带轮、皮带、蜗轮、蜗杆、轴、丝杠、排屑装置等)应予以封闭,除非它们所处位置是安全的。

② 运动部件与运动部件之间或运动部件与静止部件之间,不应存在挤压和/或剪切危险,否则应采取安全防护措施。

③ 有惯性冲击的机动往复运动部件应有可靠的限位装置,必要时可采取可靠的缓冲措施或采取必要的安全措施。

④ 可能因超负荷发生损坏的运动部件应设置超负荷保险装置。因结构原因不能防止超负荷时,应在机床上标明极限使用条件。

⑤ 运动中有可能松脱的零件、部件应设有防松装置。

⑥ 对于单向转动的部件应在明显的位置标出转动方向。

⑦ 在紧急停止或动力系统发生故障时,运动部件应就地停止或返回至设计规定的位置;垂直或倾斜运动部件的下沉不应造成危险。

⑧ 运动部件不允许同时动作时,其控制机构应互锁。不能实现互锁时,应在控制机构附近设置警告标志或标牌。

（2）夹持装置

① 夹持装置应确保不会使工件、刀具坠落或被甩出。必要时规定夹持装置的最高安全转速。

② 手动夹持装置 手动夹持装置应采用安全措施,防止意外危险。如钥匙或扳手停留在夹持装置上随机床运转。

③ 机动夹持装置

ⅰ. 机床运转的开始应与机动夹持装置夹紧过程的结束相联锁。

ⅱ. 机动夹持装置的放松应与机床运转的结束相联锁。

ⅲ. 装有自动上、下料装置的机床,允许在上、下料时主轴回转,但应防止工件被甩出的危险。

④ 采用电磁吸盘时,其外壳防护等级应不低于 IP55,其保护接地应符合 GB 5226.1—2008 中 8.2 保护联结电路的有关规定。

⑤ 手动上下工件、刀具时,应采取安全措施,防止产生挤压手指等危险。

⑥ 在紧急停止或动力系统发生故障时,机动夹持装置或电磁吸盘应采取安全措施,防止危险产生。

⑦ 采用气动夹持装置时,应避免将切屑和灰尘吹向操作者。

（3）平衡

① 与机床部件及其运动有关的构成危险的配重,应采取完善的安全防护（如将其置于机床体内或固定式安全防护装置内使用等）,并应防止由于配重系统元件断裂而造成的危险。

② 采用动力平衡装置时,应防止动力系统发生故障时机床部件跌落。

（4）自动上、下料装置

采用自动上、下料装置时,应设置固定防护装置、或联锁的活动式防护装置、或设置警告标志。

（5）刀库、换刀装置

采用刀库、换刀装置时,应设置固定防护装置、或联锁的活动式防护装置、或设置警告标志,除非它们所处的位置是安全的。

（6）排屑装置

排屑装置不应对操作者构成危险,必要时可与防护装置的打开和机床运转的停止联锁。

（7）工作平台、通道、开口

不能在地面操作的机床,应设置钢梯和工作平台,平台和通道应防滑和防跌落,并尽量不应使操作者接近机床的危险区。必要时可增加踏板和栏杆。

7.3.2　电气系统

1. 触电

防止触电危险,电气设备的防护应符合下列规定:

（1）带电体的防护和电气设备绝缘防护应符合《机械电气安全 机械电气设备 第 1 部分:通用技术条件》(GB 5226.1—2008)中第 6 章和 13 章有关规定。

（2）电气设备保护接地应符合(GB 5226.1—2008)中第 8 章和 14 章的有关规定。

2. 保护

为防止意外危险,电气设备保护应符合 GB 5226.1—2008 中第 7 章的有关规定。如:电气设备过电流的保护;电动机过载保护;电动机超速保护;电压波动、电源中断保护和接地故障(或残余电流)的保护。

3. 静电

电气设备应防止或限制静电放电,必要时可设置放电装置。

7.3.3　控制系统

1. 控制系统的安全及可靠

控制系统的安全部分是指从整个系统的最初控制装置或输入点的检测位置开始到机床最终执行机构或元件(如电动机)。

控制系统应确保其功能安全可靠,控制系统应能经受预期的工作负荷和外来影响、逻辑的错误(不包括操作程序)。

控制系统有关安全部分的功能和类别(见《GB/T 16855.1—2008 机械安全 控制系统有关安全部件 第 1 部分:设计通则》中第 7 章)应符合表 7.2 中的规定。

表 7.2 控制系统有关安全部分的功能和类别

功　　能	GB/T 16855.1—2008 的类别
启动和重新启动	1 类或 2 类
停止	1 类
紧急停止	1 类或 3 类
模式选择	1 类
保持—运转	3 类
联锁	1 类或 3 类
防护装置的联锁	3 类
轴运动	1 类或 2 类
工件夹紧	1 类
最大速度	2 类或 3 类

2. 控制装置的位置

控制装置的位置应确保操作时不会引起危险,并符合下列要求:

(1) 设置障碍在危险区以外。

(2) 清晰可见,易与其他装置区分,必要时设置表示其功能的标志。

(3) 一个控制装置,若多重控制时(台键盘),执行的动作应清楚标明。

(4) 不会引起误操作和危险。

(5) 在操作位置不能观察到全部工作区的机床,应设置视觉或听觉的启动警告信号装置或警告信息,以便工作区内人员能及时撤离或迅速制止启动。

(6) 有一个以上操作位置的机床,应设置控制联锁装置。

3. 启动

机床启动应符合下列要求:

(1) 只应在人为的启动控制下,机床才能启动。尽量避免多人同时操作同一台机床。

（2）活动式防护装置闭合时，机床不应立即启动。

（3）活动式防护装置脱开时，机床不应意外启动。

（4）有多个操作装置时，应设置选择装置，任何时候仅有一个起动装置启作用。

4. 停止

机床应设置停止装置，停止装置应位于操作装置附近。机床停止应符合下列要求：

（1）按下停止装置时，机床的运动应能完全安全地停下来。

（2）机床运动停止时，执行机构的能量供应应切断，保证断开点"下游"不再有位能和/或动能。

5. 紧急停止

发生紧急情况时按下紧急停止按钮。

（1）使机床或运转部件尽快停止运行。

（2）复位时不应使机床启动，或启动任何危险部件的运动。

6. 数控系统

（1）满足预期的操作条件和影响。

（2）设置访问口令或钥匙开关，防止程序被有意或无意改动。

（3）有关安全的软件未经授权不允许改变。

7. 控制系统故障

控制系统出故障时，不应导致危险产生，特别是：

（1）机床不应意外启动。

（2）运动部件速度变化不应失控。

（3）运动部件不应停不下来。

（4）运动部件或机床上工件、刀具不应掉下或抛出，流体不应喷出。

（5）安全装置不应失效。

7.3.4　安全标志和安全色

必要时应在机床危险部位或附近设置安全标志或涂安全色，在遮蔽危险部位的防护罩内表面、或在危险零件的四周表面、或直接在危险零件上涂上安全色，以提醒操作、调整和维护人员注意危险的存在。

7.3.5　异常温度

机床部件（电气元件、照明灯等）和材料（切屑等）在异常温度时，应采取措施防止人员接触和接近造成伤害。

7.3.6 噪声

在空运转的条件下,机床的噪声声压级应符合表 7.3 的规定。

表 7.3 空运转条件下机床的噪声声压级

机床质量/t	≤10	>10~30	≥30
普通机床/dB(A)	80	85	90
数控机床/dB(A)	83		

机床噪声的测量方法应符合 GB/T 16769 的有关规定。

7.3.7 辐射

1. 电弧/离子化学辐射

按 GB 5226.1—2008 中第 4 章的规定采取安全措施,避免电弧\短路时离子化学辐射造成的危险。

2. 激光

(1) 应设置防护装置,防止人员接触激光辐射(包括反射、扩散及二次辐射等)。

(2) 采用可移动的或可拆卸的防护装置时,应采用联锁防护装置。

(3) 操作者应经过培训。

(4) 必要时建议操作者穿戴个体防护装备。

7.3.8 物质和材料

1. 有害物质

(1) 液体:冷却液的选用应能使机床正常工作,并不会影响人体健康;机床用油和固化后的涂料、油漆应符合有关标准的规定,不应影响人体健康。

(2) 气体、烟雾、油雾:工作时产生有害气体或大量烟雾、油雾的机床,应采取有效的封闭措施和/或设置有效的排气、吸雾装置。

(3) 粉尘:工作时产生大量粉尘的机床,其粉尘浓度不应超过 $10\ \text{mg/m}^3$,否则应采取有效的封闭措施和/或设置有效的吸尘装置。粉尘浓度的测定方法按 GB 5748 的规定。

2. 火灾与爆炸

应采取有效措施防止气体、液体、粉尘等物质产生火灾和爆炸危险,特别是：

（1）尽量使用难燃的冷却液和油液，否则应采取防火、防爆措施。如：灭火器、防爆装置、一些限制装置等。

（2）照明灯的安装位置应避免冷却液飞溅引起的爆炸危险，否则应加防护装置。

3. 生物和微生物

机床的油箱、冷却箱等应便于清理。油箱、冷却箱宜加盖，以防止外来物进入。要定期更换冷却液和油液。

4. 飞溅

应避免冷却液、切屑飞溅造成的滑倒、伤人等危险。如加工区的防护不足以防止溅向操作者，则应设置附加的防护挡板，或提示操作者按其加工工件形状和尺寸特征增设附加的防护挡板。

7.3.9　照明

机床操作时因光线不足而对操作者产生危险，应提供确保机床安全工作的局部照明装置。照明装置应符合下列要求：

（1）在工作区的照明应可靠；

（2）避免频闪效应、眩目现象和阴影区；

（3）灯和光的污染应尽可能少；

（4）维护方便；

（5）照度至少为 500 勒克司（lx）。

7.3.10　液压系统

液压系统应符合下列要求：

（1）液压系统应设有防止超压的安全阀或调整压力变化的溢流阀；

（2）液压系统应能承受设计规定的最大工作压力；

（3）压力保险装置应调整到说明书的规定；

（4）液压系统的渗漏不应引起危险；

（5）动力源断开时，蓄能器应能自动卸压或安全闭锁。

7.3.11　气动系统

气动系统应符合下列要求：

（1）气动系统应设有防止超压的安全阀或调整压力变化的限压阀；

(2) 气动系统应能承受设计规定的最大工作压力；

(3) 压力保险装置应调整到说明书的规定；

(4) 气动系统的渗漏不应引起危险；

(5) 机床与气源相连时,机床上应设有限压阀和压力表,并应说明最大允许接通压力。

7.3.12 测量、调整、清理和维护

机床的测量、调整、清理和维护应符合下列要求：

① 一般应在机床静止的状态下进行测量、调整、清理和维护工作。如在机床正常运转期间需要进入危险区,提示相关人员应采取安全防护措施。

② 提供必要的专用工具,以便安全调整、维护和使用机床。

7.3.13 警告信息

警告信息应考虑以下几点：

(1) 内容和图解简明扼要。

(2) 安全警告按下列等级说明伤害的严重程度,必要时,说明原因：

① "危险"表示对高度危险（死亡）要警惕；

② "警告"表示对中度危险（一般不能恢复的伤害）要警惕；

③ "注意"表示对轻度危险要关注；

(3) 对于如何正确操作,给予明确的指导。

(4) 对于如何避免危险,给予明确的指导。

(5) 如同时对安全、健康说明时,应先对安全做说明。

(6) 避免频繁重复和错误警告,削弱警告效力。

对于中度、高度危险的警告标志,应可靠地固定在机床相应的显著位置上。

7.4 公用砂轮机的安全使用与维护

7.4.1 砂轮机的安全使用

(1) 砂轮机的防护罩和透明玻璃防护板以及吸尘器,必须完备。透明防护板应与电源开关装成连锁装置。

（2）公用砂轮机要有专人负责，经常检查和加油，保证其正常运转。

（3）操作者必须戴上防护眼镜。

（4）砂轮机在启动前，要认真查看砂轮机与防护罩之间有无杂物。

（5）砂轮机因维修不良发生故障或者砂轮轴晃动、没有托刀架、安装不符合要求时，不准开动。

（6）换新砂轮，必须认真选择。

（7）砂轮机启动后，要空转 2～3 分钟，待砂轮机运转正常时，才能使用。

（8）托刀架与砂轮工作前的距离，不能大于 3 mm。

（9）在同一块砂轮上，禁止两人同时使用，更不准在砂轮的侧面磨削工件。磨削工件时，操作者应站在砂轮机的侧面。

（10）磨工具用的专用砂轮，不准磨其他工件和材料。

（11）对于细小的、大的和不好拿的工件，不准在砂轮机上磨，特别是小工件要拿牢，以防挤入砂轮机内或挤在砂轮与托架之间，将砂轮挤碎。

（12）砂轮不准沾水，要经常保持干燥，以防沾水后失去平衡。

（13）砂轮磨薄、磨小后，应及时更换。厚薄度与大小，可根据经验保证安全为原则。

（14）砂轮机用完后，应立即关闭电门，不要让砂轮机空转。

7.4.2　砂轮机的维护

（1）砂轮机轴承按规定一年调换一次润滑脂。

（2）更换砂轮要求：

① 检查砂轮有无裂纹，轻击砂轮有无杂音，确认正常才能安装使用。

② 安装砂轮片，必须调整平面的摆动，调整后夹紧螺母，装上防护罩。

③ 新砂轮片安装后，需电源开关间隔慢速起动 5 分钟，认为正常再全起动 10 分钟，安装操作者在新砂轮开机时严禁站立在砂轮片正面！必须站立在砂轮机两边，以防新砂轮运转爆裂产生人身伤害事故发生。

④ 新砂轮试车前，砂轮机正面前方向如有人员必须清场！

⑤ 新砂轮片试车 15 分钟后，确认正常后修整砂轮片外径，待修整后砂轮机无跳动后方能使用。

（3）严禁砂轮机上磨超过长度 500 mm 的工件，及超重量 3 kg 以上工件！

（4）严禁砂轮机上磨薄铁皮和铝、铜材料工件！

（5）砂轮机无防护罩不能开车使用！

（6）砂轮机上操作必须戴手套和防护眼镜（5 mm 以下钻头可以不戴手

套)。

(7) 磨削工件时不准用力过大,以防事故发生。

(8) 班后清洗砂轮机及周围环境卫生,切断电源总闸。

7.5 机械加工车间事故的预防

机械加工车间各种机床很多,只要妥善布置工作场所,设置必要的防护装置、保险装置,并严格遵守安全操作规程,就可以有效地防止工伤事故。

7.5.1 机床布置要求

(1) 不使零件或切屑甩出伤人;

(2) 操作者不受日光直射而产生目眩;

(3) 搬运成品、半成品及清理金属切屑方便;

(4) 中间应设安全通道,使人员及车辆行驶畅通无阻。

7.5.2 防护装置要求

1. 防护罩

隔离外露的旋转部件。

2. 防护栏杆

在运转时容易伤害人的机床部位,以及不在地面上操作的机床,均应设置高度不低于 1 m 的防护栏杆。

3. 防护挡板

防止磨屑,切屑和冷却液飞溅。

7.5.3 保险装置要求

1. 超负荷保险装置

超载时自动脱开或停车。

2. 行程保险装置

运动部件到预定位置能自动停车或返回。

3. 顺序动作联锁装置

在一个动作未完成之前,下一个动作不能进行。

124

4. 意外事故联锁装置

在突然断电时,机构能立即动作或机床停车。

5. 制动装置

避免在机床旋转时装卸工件;发生突然事故时,能及时停止机床运转。

7.6　热加工安全技术

金属冶炼、铸造、锻造和热处理等生产过程中伴随着高温,并散发着各种有害气体、粉尘和烟雾,同时还产生噪声,从而严重地恶化了作业环境和劳动条件,这些作业工序多,体力劳动繁重,起重运输工作量大,因而容易发生各类伤害事故,需要采取针对性的安全技术措施。

7.6.1　金属冶炼安全技术

1. 高温与中暑

金属冶炼操作、如炼钢、炼铁是在千度以上的高温下进行的。高温作业时,人体受高温的影响,出现一系列生理功能改变,如体温调节功能下降。当生产环境温度超过 34℃ 时,很容易发生中暑。如果劳动强度过大,持续劳动时间过长,则更容易发生中暑。严重时可能导致休克。

防止中暑的措施,是合理地设计工艺流程,改进生产设备和操作方法,消除或减少高温、热辐射对人体的影响。这是改善高温作业劳动条件的根本措施,用水或导热系数小的材料进行隔热,也是防暑降温的重要措施。采用机械通风和自然通风,则是经济有效的散热方式。

2. 爆炸与灼伤

实验室为了降低消耗,常常采用强化冶炼的措施,如喷煤粉和吹氧等,这就使得炼钢、炼铁生产中容易发生钢水、铁水喷溅和爆炸事故。

造成钢水、铁水喷溅、爆炸的原因很多,从原料开始生产出钢、铁的全部生产工艺过程,均隐藏着不安全因素。必须从每一道工艺上加强防范措施。

(1) 各岗位人员必须掌握生产规律,熟悉操作规程,认真观察事故先兆并懂得处置办法。

(2) 加强原料的管理和挑选工作,严防爆炸品、密封容器进入炉内。

(3) 经常检查冷却系统,保护系统通畅。控制好冷却水压和水量,以防止冷却系统强度不够造成钢板烧穿,导致钢液遇水爆炸。

（4）炼铁实习车间应严格执行热风炉工作制度,防止由于换炉事故造成热风炉爆炸;炼钢实习车间要严格执行从补炉、装炉、熔炼到出钢整个生产过程的操作规程,避免由于操作不当造成熔炼过程中的喷溅、爆炸事故。

（5）出铁、出钢时,要事先对铁沟、铁水罐、钢水包、地坑和钢锭模进行热干燥。严防因潮湿而引起爆炸。

3. 煤气中毒

煤气中的主要有害成分为一氧化碳。在炼钢、炼铁生产中,特别是炼铁实习中生产的废气,即高炉煤气,含有很高体积分数的一氧化碳,因而在炼钢、炼铁中,处理不好容易发生煤气中毒事故。有效的预防方法是注意加强生产现场的通风、监测、检修和个人防护。

7.6.2　铸造安全技术

铸造是指制造铸型、熔炼金属,并将熔融金属浇入、吸入或压入铸型,凝固后获得一定形状和性能铸件的成形方法。操作人员与电炉打交道,如果在熔化金属中混有异物或遇水,可引爆炸烫伤事故。铸造生产除采用铸造机械设备外,还大量使用各种起重运输机械,很容易发生机械伤害事故。铸造作业的有些工序手工作业量较大,容易发生碰伤事故。熔化、浇注、落砂等过程会散发出大量的热量,影响铸造人员身体健康。清砂要使用振动落砂机、滚筒和风动工具,产生很大的噪声,可能引起职业性耳聋。碾砂、回砂、打箱、落砂产生大量粉尘,如果没有防尘措施,就容易患矽肺病。在型芯烘干、熔炼、浇注等过程中有油质分解,会散发出丙烯醛蒸气和一氧化碳、二氧化碳等有毒有害气体。如果没有通风措施,可能引起呼吸道发炎、急性结膜炎。

1. 金属熔化的安全技术

实验室熔化铸铁或铸钢的主要设备是电炉,其安全操作要领是:

（1）修炉、打炉渣时要防止飞出的碎块击伤眼、脸。工作时要站稳,防止其他机械伤害。

（2）出炉前,电熔化炉的倾斜度不得超过 45°,扒渣时,不得超过 15°～20°。为此,电熔化炉应装设倾斜度限制器,倾炉蜗杆传动机构应能自锁。

（3）电熔化炉加料口框架和电极座,应装有水冷却循环装置,冷却水的回水温度不超过 45℃。电熔化炉高压部分,应设在专门操纵室内。对电熔化炉的烟尘,可采取炉排烟和炉内排烟措施。

2. 金属浇注的安全技术

金属浇注的主要工具是浇包,浇包内盛有高温金属熔液,操作中有一定的危险性。要十分注意安全。浇包的转轴要有安全装置,以防意外倾斜。浇注时,铁水包盛满铁水后,重心要比转轴低 100 mm 以上,容量大于 500 kg 的浇包,必须装有转动机构并能自锁。浇包转动装置要设防护壳,以防飞溅金属进入而卡住。

　　要注意浇包的质量检查和试验。吊车式浇包至少每半年检查与试验一次;手抬式浇包每两个月检查与试验一次。吊车式浇包须作外观检查与静力试验,重点部位是加固圈、吊包轴、拉杆、大架、吊环及倾转机构等,特别重要的部位须用放大镜仔细检查。检查前,要清除污垢、锈斑、油污。如发现零件有裂纹、裂口、弯曲、焊缝与螺栓联接不良、铆钉联接不可靠等,均须拆换或修理。浇包的静力试验方法,是将浇包吊至最小高度,试验负荷为该浇包最大工作负荷 125%,持续 15 分钟;手提式浇包试验负荷等于其最大工作负荷的 150%。经过检查、试验的浇包,如未发现其他缺陷及永久变形,即为合格。浇包使用前要先烘干,盛铁水的液面高度不超过浇包高度的 7/8。使用手抬式铁水包时,每人负载不超过 30 kg,为保证浇注时安全,主要通道要有 3 m 宽,浇包要走环形路;火钳、铁棒、火钩和添加剂(硅角、铝、球化剂等)须预热;浇注前,必须检查压铁是否压牢,螺栓卡子是否卡紧;人工抬浇包步调要齐,配合一致,抬时浇口朝外;用吊车进行浇注,司机和吊车指挥员要遵守吊车移动信号,动作要平稳,吊运铁水浇包起吊高度离地面不大于 200 mm;浇注时,浇包尽量靠近口圈,防止铁水浇在压铁或地上;砂箱高度高于 0.7 m 时,应挖地坑;浇注大砂型,必须注意底部通气,喷出的一氧化碳再引火烧掉;浇剩的金属液只准倒入锭模及砂型中;倒入前,锭模要预热到 150~200 ℃,砂坑要干燥。

7.6.3　锻造安全技术

1. 锻造生产实习的特点

　　把加热后的金属材料锻造成各种形状的工具、机械零件或毛坯,谓之锻造。锻造可以改变金属材料内部组织,细化晶粒,提高其机械性能。由于锻造是在金属材料热状态下进行挤、压、锻、打成型的,因此生产过程存在高温、烟尘、振动和噪声等危害因素,稍一疏忽就可能发生灼烫、机器工具伤害和火灾事故。

　　锻造生产实习必须使用加热设备、锻压设备以及许多辅助工具。加热设备主要有火熔炉(油炉、煤气炉等)和电炉。加热炉和灼热的工件辐射大量热能,以及各种燃料燃烧生产的炉渣、烟尘,对这些如不采取通风净化措施,将会污染工作环境,恶化劳动条件,容易起伤害事故。

锻压设备主要有蒸汽锤、空气锤、模锻锤、机械锤、夹板锤、皮带锤、曲柄压力机、摩擦压力机、水压机、扩孔机、辊锻机等。各种锻压设备都对工作施加冲击载荷,因此容易损坏设备和发生人身伤害事故;如锻锤活塞杆折断,则往往引起严重伤害事故。锻压设备工作时产生的振动和噪声影响人的神经系统,增加发生事故的可能性。

锻工工具和辅助工具,特别是手工锻和自由锻工具,夹钳等种类繁多,都要同时放在工作地点,往往很杂乱;而且由于在工作中工具更换频繁,就增加了检查工具的难度,有时凑合使用不合适的工具,容易造成伤害事故。

2. 锻造安全技术要点

鉴于锻压设备存在很多不安全因素,因此锻造指导老师应掌握一定的设备保养知识,并遵守安全操作规程。锻造指导老师必须经过培训考核合格,不然就不得单独操作锻压设备和加热设备。锻压设备运转部分,如飞轮、传动皮带、齿轮等部位,均应设置防护罩。水压机应有安全阀、自动停车与启动装置。蓄压器、导管和水压缸分别装压力表,动力稳压器也必须备有安全阀。加热设备主要有重油炉、电炉和煤气炉。其中主要危害是煤气中毒、灼伤、烤伤和电炉触电等,工作中应严格执行操作规程。锻造时,金属加热温度达 $700\sim1300\ ^{\circ}\mathrm{C}$,强大的辐射热、灼热的料头、飞出的氧化皮等都会对人体造成伤害,因此操作者在开始工作前必须穿戴好个体防护装备。

在进行锻造作业时,操作者要遵守安全操作规程,集中精力,互相配合;要注意选择安全位置,躲开危险方向;切断料时,身体要躲开料头飞出的方向;握钳和站立姿势要正确,钳把不准正对或抵住腹部;司锤工要按掌钳的指挥准确司锤,锤击时,每一锤要轻打,等工具和锻件接触稳定后方可重击;锻件过冷、过薄、未放在锤中心、未放稳或有危险时均不得锤击,以免损坏设备、模具和震伤手臂,以及发生锻件飞出,造成伤人事故;严禁擅自落锤和打空锤,不准用手或脚去清除砧面上的氧化皮,不准用手去接触锻件;烧红的坯料和锻好的锻件不准乱扔,以免烫伤别人。

7.6.4 热处理安全技术

为了使各种机械零件和加工工具获得良好的使用性能,或者为了使各种金属材料便于加工,常常需要改变它们的物理、化学和机械性能,如磁性、抗蚀性、抗高温氧化性、强度、硬度、塑性和韧性等。这就需要在机械加工过程中通过一定温度的加热、一定时间的保温和一定速度的冷却,来改变金属及合金的内部结构（组织），以期改变金属及合金的物理、化学和机械性能，这种方法就叫作热处理。进行这项工作时，操作人员经常与设备和金属件接触，因此必须认真掌握有关安全技术，避免发生事故。

1.　热处理工序主要加热设备

热处理工序中的主要设备是加热炉，可以分为燃料炉和电炉两大类。

（1）燃料炉：以固体、液体和气体燃烧产生热源，如煤炉、油炉和煤气炉。

（2）电炉：以电为热能源，即二次能源。按其加热方法不同，又分为电阻炉和感应炉。

2.　热处理操作的安全要求

（1）操作前，首先要熟悉热处理工艺规程和所要使用的设备。

（2）操作时，必须穿戴好必要的个体防护装备，如工作服、手套、防护眼镜等。

（3）在加热设备和冷却设备之间，不得放置任何妨碍操作的物品。

（4）混合渗碳剂、喷砂等就在单独的房间中进行，并应设置足够的通风设备。

（5）设备危险区（如电炉的电源引线、汇流条、导电杆和传动机构等），应当用铁丝网、栅栏、隔板等加以防护。

（6）热处理用全部工具应当有条理地放置，不许使用残裂的、不合适的工具。

（7）车间的出入口和车间内的通道，应当通行无阻。在重油炉的喷嘴及煤气炉的浇嘴附近，应当安置灭火砂箱；车间内应放置灭火器。

（8）经过热处理的工件，不要用手去摸，以免造成灼伤。

3.　热处理设备和工艺的安全操作

（1）操作重油炉（包括煤气炉）时，必须经常对设备进行检查，油管和空气管不得漏油、漏气，炉底不应存有重油。如发现油炉工作不正常，必须立即停止燃烧。油炉燃烧时不要站在炉口，以免火焰灼伤身体。如果发生突然停止输送空气，应迅速关闭重油输送管。为了保证操作安全，在打开重油喷嘴时，应该先放出蒸汽或压缩空气，然后再放出重油；关闭喷嘴时，则应先关闭重油的输送管，然后再关闭蒸汽或压缩空气的输送管。

（2）各种电阻炉在使用前，需检查其电源接头和电源线的绝缘是否良好，要经常注意检查启闭炉门自动断电装置是否良好，以及配电柜上的红绿灯工作是否正常。无氧化加热炉所使用的液化气体，是以压缩液体状态贮存于气瓶内的，气瓶环境温度不许超过 45℃。液化气是易燃气体，使用时必须保证管路的气密性,以防发生火灾和伤害事故。由于无氧化加热的吸热式气体中一氧化碳的含量较高,因此使用时要特别注意保证室内通风良好,并经常检查管路的密封。当炉温低于760℃或可燃气体与空气达到一定的混合比时,就有爆炸的可能,为此在启动与停炉时更应注意安全操作,最可靠的办法是在通风及停炉前用惰性气体及非可燃气体氮气或二氧化碳吹扫炉膛及炉前室。

(3)操作盐浴炉时应注意,在电极式盐浴炉电极上不得放置任何金属物品,以免变压器发生短路。工作前应检查通风机的运转和排气管道是否畅通,同时检查坩埚内溶盐液面的高低,液面一般不能超过坩埚容积的3/4。电极式盐浴炉在工作过程中会有很多氧化物沉积在炉膛底部,这些导电性物质必须定期清除。

使用硝盐炉时,应注意硝盐超过一定温度会发生着火和爆炸事故。因此,硝盐的温度不应超过允许的最高工作温度。另外,应特别注意硝盐溶液中不得混入木炭、木屑、炭黑、油和其他有机物质,以免硝盐与炭结合形成爆炸性物质,而引起爆炸事故。

(4)进行液体氰化时,要特别注意防止氰化物中毒。

(5)进行高频电流感应加热操作时,应特别注意防止触电。操作间的地板应铺设胶皮垫,并注意防止冷却水洒漏在地板上和其他地方。

(6)进行镁合金热处理时,应特别注意防止炉子"跑温"而引起镁合金燃烧。当发生镁合金着火时,应立即用熔炼合金的熔剂(50%氯化镁+25%氯化钾+25%氯化钠熔化混合后敲碎使用)撒盖在镁合金上加以扑灭,或者用专门用于扑灭镁火的药粉灭火器加以扑灭。在任何情况下,都绝对不能用水和其他普通灭火器来灭火,否则将引起更为严重的火灾事故。

(7)进行油中淬火操作时,应注意采取一些冷却措施,使淬火油槽的温度控制在80℃以下,大型工件进行油中淬火时更应特别注意。大型油槽应设置事故回油池。为了保持油的清洁和防止火灾,油槽应装槽盖。

(8)矫正工件的工作场地位置应适当,防止工件折断崩出伤人,必要时,应在适当位置装设安全挡板。

(9)无通风孔的空心件,不允许在盐浴炉中加热,以免发生爆炸。有盲孔的工件在盐浴中加热时,孔口不得朝下,以免气体膨胀将盐液溅出伤人。管类零件淬火时,管口不应朝自己或他人。

7.6.5　电焊作业的安全技术及管理

1. 电焊机安全使用管理

（1）电焊机一/二次接线必须设置安全防护罩。

（2）电焊机外壳必须有良好的接地线。

（3）电焊机设备的安装、修理必须由电工进行,焊机在使用中发生故障焊工不得随意拆修焊接设备。

（4）焊工推送闸刀时,不要正对电闸,防止因短路造成的电弧火花烧伤面部、手部,必要时应戴绝缘手套。

（5）电焊钳应有可靠的绝缘。在容器焊接时不允许用简易的无绝缘焊钳,防止电焊钳等焊件发生短路烧毁电焊机或发生其他意外。焊接完毕后,电焊钳要放在可靠地方,再切断电源。

（6）电焊工在施焊前必须穿戴好个体防护装备。在狭小或潮湿的作业环境区内必须穿着干燥的衣服和可靠的绝缘手套和绝缘鞋,不要靠在钢板上。

（7）更换焊条时,要戴好防护手套,不得用裸露的手直接接触电焊条或电焊钳。

（8）电焊用电缆必须绝缘良好,不要把电缆放在电弧附近或炽热的焊件上,防止高温损坏绝缘层,电缆要避免碰撞,磨损。发现破损应立即修好或更换。

（9）电焊工要熟悉和掌握有关预防触电急救方法等知识,严格遵守有关部门制定的安全措施,防止触电事故的发生。

2. 电焊作业安全通则

（1）电焊、气焊工均为特种作业,应体检合格,经过专业安全技术学习和训练,考试合格,领取《特殊工种操作证》后,方能独立操作。

（2）工作前检查焊接场地,氧气瓶与乙炔气瓶相距不小于 5 m,距施焊点不小于 10 m。并在 10 m 以内禁止堆放其他易燃易爆物品,(包括有易燃易爆气体产生的器皿管线),并备有消防器材,保证足够照明和良好通风。

（3）操作时(包括打渣),所有工作人员必须穿戴好工作服,防护眼镜或面罩。不得赤身操作,仰面焊接应扣紧衣领、扎紧袖口、戴好防火帽、电焊作业时不得戴潮湿手套。

（4）对受压容器、密闭容器、各种油桶,管道、沾有可燃气体和溶液用的工件进行操作时,必须事先进行检查,并经过冲除掉有毒、有害、易燃、易爆物质,解除容器及管道压力,消除容器密闭状态(敞开口,旋开盖),再进行工作。

（5）在焊接、切割密闭空心工件时，必须留有出气孔。在容器内焊接，外面必须设人监护，并有良好通风措施，照明电压采用 12 V。禁止在已做油漆或喷涂过塑料的容器内焊接。

（6）电焊机接地零线及电焊工作回线都不准搭在易燃、易爆的物品上，也不准接在管道和机床设备上。工作回线应绝缘良好，机壳接地必须符合安全规定。

（7）在有易燃、易爆物的车间、场所或管道附近动火焊接时，必须办理"危险作业申请单"。消防、技安部门到现场检查，采取严密安全措施后，方可进行操作。

（8）高空作业应系安全带，并采取防护设施，地面应有人监护。严禁将工作回线缠在身上。

（9）焊件必须放置平稳、牢固才能施焊，不准在天车吊起或叉车铲起的工件上施焊，各种机器设备的焊修，必须停车进行，作业地点应有足够的活动空间。

（10）操作者必须注意助手的安全，助手应懂得电（气）焊的安全常识。

（11）严格禁止使用未经批准的乙炔发生器进行气焊作业。

3. 防止回火的规定

（1）焊（割）炬不要过分接近熔融金属。

（2）焊（割）嘴不能过热；焊（割）嘴不能被金属熔渣等杂物堵塞。

（3）焊（割）炬阀门必须严密，以防氧气倒回乙炔管道。

（4）乙炔不能开得太小，如果发生回火，要立即关闭乙炔发生器和氧气阀门，并将胶管从乙炔发生器或乙炔瓶上拔下。

（5）如乙炔瓶内部已燃烧（白漆皮变黄、起泡），要用自来水冲浇降温灭火。

4. 回火防止器的使用规定

（1）使用气割（焊）时，乙炔管道必须安装回火防止器。

（2）一把焊炬或割炬应单独用一个回火防止器。

（3）当多人合用一个乙炔瓶（或发生器）时，除在乙炔瓶（或乙炔发生器）附近安装一个总的回火发生器外，还应在每个工作岗位上都装设回火防止器。

（4）漏气的回火防止器禁止使用。

5. 气焊（割）操作顺序

（1）在使用焊枪和割炬前，必须先检查吸射性能和气密性。

（2）点火时先打开乙炔阀并点燃，后开氧气调节火焰。

（3）关火时应先关乙炔，后关氧气，发生回火时应立即关闭乙炔和氧气。

（4）停止使用时严禁将焊炬、胶管和气源做永久性连接。

6. 焊接工的职业卫生防护要求

（1）焊接的辐射危害有：气焊和电焊时可用护目玻璃，以减弱电弧光的刺目和过滤紫外线和红外线。氩弧焊时，除要带护目眼镜外，还应戴口罩、面罩、穿戴好防护手套、脚盖、帆布工作服。

（2）焊接过程中的有毒气体的危害：在焊接时必须采用有效措施，如戴口罩、装通风或吸尘设备等；采用低尘少害的焊条；采用自动焊代替手弧焊。

（3）高频电磁场的危害：减少高频电磁场的作用时间，引燃电弧后立即切断高频电源，焊炬和焊接电缆用金属编织线屏蔽；焊件接地。

7. "十不焊割"的规定

（1）焊工未经安全技术培训考试合格，领取操作证者，不能焊割。

（2）在重点要害部门和重要场所，未采取措施，未经单位有关领导、车间、安全、保卫部门批准和办理动火证手续者，不能焊割。

（3）在容器内工作没有 12 V 低压照明和通风不良及无人在外监护不能焊割。

（4）在不了解其使用情况和构造情况下，不能焊割。

（5）盛装过易燃、易爆气体（固体）容器管道，未经用碱水等彻底清洗和处理消除火灾爆炸危险的不能焊割。

（6）用可燃材料充作保温层、隔热、隔音设备的部位，未采取切实可靠的安全措施，不能焊割。

（7）有压力的管道或密闭容器，如空气压缩机、高压气瓶、高压管道、带气锅炉等，不能焊割。

（8）焊接场所附近有易燃物品，未作清除或未采取安全措施，不能焊割。

（9）在禁火区内（防爆车间、危险品仓库附近）未采取严格隔离等安全措施，不能焊割。

（10）在一定距离内，有与焊割明火操作相抵触的工种（如汽油擦洗、喷漆、灌装汽油等能排出大量易燃气体），不能焊割。

7.7　机械类实验室安全事故应急救援预案制度

《安全事故应急处理救援预案制度》是所有员工在处理突发重大事故时的

基本原则。要求所有人员都要规范遵守、坚决执行。对《预案》有修改意见和补充意见者,应尽快向本部门领导提出,以便将意见汇总后,适时对《预案》予以修改。

7.7.1　火灾事故应急处理救援预案

(1) 突发火灾事故后,作业负责人应立即组织本班组员工投入到灭火工作中去,不得以任何理由延误灭火工作,火情重大时要及时打 119 火警。

(2) 突发火灾事故后,非事故操作人员应视当时火情的严重程度,在现场灭火总指挥的统一调度下,或派部分人员过去协助灭火,或采取紧急断电停机措施,派出所有人员协助灭火。

7.7.2　人身伤害事故应急处理救援预案

(1) 突发重大人身伤害事故,负责人和现场操作人员应采取果断措施立即停机或停电,将受害人从机器设备上或触电部位迅速解救出来。

(2) 如受害人大量失血,现场负责人应立即组织员工对其进行临时性的绑扎、止血。

(3) 如受害人呼吸、心跳停止,应立即把受害者搬到空旷场地,实施人工呼吸和心脏挤压复苏,不得耽误半分半秒。

(4) 此时,现场指挥者要争分夺秒、当机立断、紧急向 120 急救中心求助。

(5) 现场指挥者应及时向本部门领导汇报。

(6) 如遇一般人身伤害事故,现场指挥应立即向本部门领导汇报,并及时找车将受害人送往医院进行救治。

(7) 现场指挥者在处理人身伤害事故时,要本着迅速、稳妥的原则,立即予以处置,千万不要拖延时间! 千万不要耽误救治受害者的最佳时机,时间就是生命!

7.7.3　设备事故应急处理救援预案

(1) 突发重大设备事故,班组班长要迅速采取措施,予以停机停电,严防事故扩大。

(2) 如果因设备事故连带发生人身伤害事故,应立即救人,在把受害者救出后,立即启动《人身伤害事故应急处理救援预案》程序,予以迅速救治,而后再去处理设备事故。

(3) 发生重大设备事故后,如不是因为救人等特殊情况,尽量不要移动现场各种物件,要保护好现场,以便分析事故原因。

（4）发生重大设备事故后,如不迅速采取"移动""支撑"等手段来处理,有可能导致事故扩大或危害人身安全时,现场指挥可以采取这些手段来予以处理。但要做好详细记载,并向事故调查人员讲清,以便能准确判定事故发生的原因。

（5）发生重大设备事故后,现场指挥人员在做好紧急处理的情况下,应立即向本部门领导汇报。

第8章　特种设备的安全使用与维护

根据国务院《特种设备安全监察条例》(国务院令第 549 号)，特种设备是指涉及生命安全、危险性较大的锅炉、压力容器(含气瓶，下同)、压力管道、电梯、起重机械、客运索道、大型游乐设施和场(厂)内专用机动车辆。

8.1　特种设备的使用

8.1.1　特种设备的使用要求

(1) 特种设备使用单位应当使用符合安全技术规范要求的特种设备。

(2) 所购置的特种设备，由设备制造单位负责安装和调试。如因特殊情况无法负责安装、调试时，应由制造单位委托或同意的具有专业施工资质的单位负责安装和调试。在有爆炸危险的场合所使用的特种设备，其安装和使用条件需符合防爆安全的技术要求。

(3) 使用单位不得自行设计、制造和使用自制的特种设备，也不得对原有的特种设备擅自进行改造或维修。

(4) 特种设备投入使用前或者投入使用后 30 日内，向直辖市或者设区的市的特种设备安全监督管理部门登记。登记标志应当置于或者附着于该特种设备的显著位置。

(5) 未取得"特种设备使用登记证"的特种设备，不得擅自使用。

8.1.2　特种设备的使用管理

(1) 特种设备使用单位应对在用特种设备进行经常性日常维护保养，并定期自行检查和记录。在检查和日常维护保养时发现异常情况时，应当及时处理。

（2）特种设备使用单位应当对在用特种设备的安全附件、安全保护装置、测量调控装置及有关附属仪器仪表进行定期校验、检修，并保存记录。

（3）特种设备使用单位应当按照安全技术规范的定期检验要求，在安全检验合格有效期届满前 1 个月向特种设备检验检测机构提出定期检验要求。由检验检测机构按照要求及时进行安全性能检验和能效测试。未经定期检验或者检验不合格的特种设备，不得继续使用。

（4）特种设备出现故障或者发生异常情况，使用单位应当对其进行全面检查，消除事故隐患后，方可重新投入使用。

（5）特种设备存在严重事故隐患，无改造、维修价值，或者超过安全技术规范规定使用年限，特种设备使用单位应当及时予以报废，并向原登记的特种设备安全监督管理部门办理注销手续。

8.1.3　特种设备操作人员和档案管理

（1）特种设备操作、管理人员，必须取得特种设备作业人员资格证书，并在作业中严格遵守特种设备的操作规程和有关安全管理制度。

（2）使用单位应建立特种设备安全操作规程、紧急救援预案等管理制度，及时建立特种设备安全技术档案，其主要内容包括：

① 设备及部件出厂时的随机技术文件；

② 安装、维护、大修、改造的合同书及技术资料；

③ 登记卡、特种设备使用登记证、检验报告书；

④ 安全使用操作规程、运行记录和日常安全检查记录；

⑤ 故障及事故记录；

⑥ 操作人员情况登记。

8.2　实验室需要办理使用登记的特种设备

特种设备安装、调试并自检合格后，施工单位需将安全技术资料移交使用单位存档。使用单位在特种设备投入使用前或者投入使用后 30 日内，向直辖市或者设区的市的特种设备安全监督管理部门申请登记。需要办理使用登记的实验室常用特种设备有以下几类：

1. 锅炉

锅炉，是指利用各种燃料、电或者其他能源，将所盛装的液体加热到一定的参数，并对外输出热能的设备，其范围规定为容积大于或者等于 30 L 的承压蒸汽锅炉；出口水压大于或者等于 0.1MPa（表压），且额定功率大于或者等于 0.1 MW 的承压热水锅炉、有机热载体锅炉。

2. 压力容器

压力容器，是指盛装气体或者液体，承载一定压力的密闭设备，其范围规定为最高工作压力大于或者等于 0.1 MPa（表压），且压力与容积的乘积大于或者等于 2.5 MPa·L 的气体、液化气体和最高工作温度高于或者等于标准沸点的液体的固定式容器和移动式容器；盛装公称工作压力大于或者等于 0.2 MPa（表压），且压力与容积的乘积大于或者等于 1.0 MPa·L 的气体、液化气体和标准沸点等于或者低于 60 ℃液体的气瓶、氧舱等。

3. 压力管道

压力管道，是指利用一定的压力，用于输送气体或者液体的管状设备，其范围规定为最高工作压力大于或者等于 0.1 MPa（表压）的气体、液化气体、蒸汽介质或者可燃、易爆、有毒、有腐蚀性、最高工作温度高于或者等于标准沸点的液体介质，且公称直径大于 25 mm 的管道。

4. 电梯

电梯，是指动力驱动，利用沿刚性导轨运行的箱体或者沿固定线路运行的梯级（踏步），进行升降或者平行运送人、货物的机电设备，包括载人（货）电梯、自动扶梯、自动人行道等。

5. 起重机械

起重机械，是指用于垂直升降或者垂直升降并水平移动重物的机电设备，其范围规定为额定起重量大于或者等于 0.5 t 的升降机；额定起重量大于或者等于 1 t，且提升高度大于或者等于 2 m 的起重机和承重形式固定的电动葫芦等。

6. 场（厂）内专用机动车辆

场（厂）内专用机动车辆，是指除道路交通、农用车辆以外，仅在校园内等特定区域使用的专用机动车辆。

8.3 实验室压缩气瓶的安全使用

8.3.1 高压气瓶的颜色和标志

表 8.1 高压气瓶的颜色和标志

气瓶名称	表面涂料颜色	字样	字样颜色	横条颜色
氧气瓶	淡(酞)兰	氧	黑	—
氢气瓶	淡绿	氢	红	大红
氮气瓶	黑	氮	淡黄	棕
氩气瓶	银灰	氩	深绿	白
压缩空气瓶	黑	空气	白	—
石油气体瓶	银灰	石油气体	大红	—
硫化氢气瓶	银灰	液化硫化氢	大红	—
二氧化硫气瓶	银灰	液化二氧化硫	白	黄
二氧化碳气瓶	铝白	液化二氧化碳	黑	—
光气瓶	白	液化光气	黑	—
氨气瓶	淡黄	液氨	黑	—
氯气瓶	深绿	液氯	白	—
氦气瓶	银灰	氦	深绿	白
氖气瓶	银灰	氖	深绿	白
丁烯气体	棕	液化丁烯	淡黄	—
氧化亚氮气体	银灰	液化笑气	黑	深绿
环丙烷气体	棕	液化环丙烷	白	—
乙烯气体	棕	液化乙烯	淡黄	白
乙炔气体	白	乙炔不可近火	大红	—
氟氯烷气瓶	铝白	液化氟氯烷	黑	—
可燃性气体气瓶	银灰	气体名称	大红	—
其他非可燃性气瓶	银灰	气体名称	黑	—

8.3.2 气瓶安装及使用管理

（1）气瓶直立放稳并用链条、皮带等进行有效固定，以防止气瓶翻倒或滚动。

（2）清除瓶阀周围可能的油渍及危险品。（注意：如瓶阀处有油或润滑油，则停止使用，并与你的供应商联系。）

（3）站在气瓶的一侧，快速开闭瓶阀，以便清洁阀口。（注意：不要正对瓶阀口，也不要开启时间太长，否则排气的反向压力会使气瓶翻倒。）

（4）确认所使用的减压器调压范围及适用于何种气体。

（5）清除减压器进气口的油渍及危险品。（注意：如发现进气口处有油渍或润滑油，则停止使用并拿到附近的维修站清理。特别是氧气瓶，绝对不可沾油。）

（6）将减压器安装在相应的气瓶上，并用扳手锁紧。（注意：如减压器带有浮子式流量计，则流量计必须处于直立状态。）

（7）逆时针旋转调压把手，使调压弹簧处于自由状态，并关闭流量计调节旋钮。（注意：打开瓶阀时，如调压把手没有完全旋松则瞬时压力有可能损坏膜片，从而导致减压器失效，严重时会造成人身伤害。）

（8）站在减压器前，慢慢打开瓶阀，用专用设备检查减压器与瓶阀联接处是否有漏。（注意：打开瓶阀不要正对或背对减压器，乙炔瓶阀应开到最小，并且要检验纯度，防止爆炸。）

（9）按要求接上软管，并用扳手锁紧。

（10）由于软管内部可能存在灰尘、杂物或滑石粉，故使用前须进行吹尘处理，但在做软管吹气时，应保持良好的通风条件。

① 旋转调压把手，允许 0.03 MPa 的压力通过软管；

② 气体流通时间 10 秒左右；

③ 旋转调压把手或流量计旋钮，关闭出气口。

（11）在软管的另一端接上所需要的设备（焊炬、割炬或其他设备），并用扳手锁紧。

（12）调节减压器，到你所需要的压力或流量。

（13）对二氧化碳减压器，使用时还需注意以下事项：

① 只限于与非虹吸式二氧化碳气瓶配用；

② 如减压器为电加热式，则须确认所使用的电压，注意不得用错，否则将

有可能损毁设备,引起电击伤,导致严重后果;

③ 如减压器为电加热式,使用前须预热 5～10 分钟。

务请注意:当开启气瓶上的阀时,切不可站在气体减压器的前面(亦即压力表的前面)。开启瓶阀时,调压把手必须处于完全旋松状态。

(14) 旧瓶定期接受安全检验。超过钢瓶使用安全规范年限,接受压力测试合格后,才能继续使用。

8.3.3 压缩气体的安全管理

(1) 气瓶验收时,查看瓶体防震圈、阀门安全帽是否完好、旋紧,瓶身有无缺陷损坏和钢瓶头部是否有粘油污等现象。

(2) 严禁火种,隔绝热源,防止日光曝晒。

(3) 气瓶应立放稳固整齐,阀门向上,不得倾靠墙壁,如果平放,必须将瓶口朝向一方,不得交错堆码,并用三角木卡牢,防止滚动。

(4) 严禁氧气与乙炔气、油脂类、易燃物品混存,气瓶阀门和试压表绝对不许沾染油污、油脂,以防引起燃烧和爆炸。

(5) 岗位人员和兼职安全员要熟练掌握灭火器材使用方法,每日上班应查看气瓶有无漏气和其他异常情况。

(6) 使用人员不得将瓶内气体全部用完,必须按规定保持瓶内有一定的气压。

8.3.4 氧气、乙炔等设备的安全使用

(1) 运输、储存和使用气瓶时避免激烈振动和碰撞冲击,防止气瓶直接受热。

(2) 严禁氧气瓶与乙炔瓶等易燃气瓶混装运输。

(3) 氧气瓶与乙炔瓶明火距离不少于 10 m,而气瓶间距离保持 5 m以上。

(4) 开启瓶阀时,用力要平稳,操作者应位于出气口侧以防受气体冲击,使用减压器时应检查气瓶丝口是否完好、紧固,防止高压冲掉;乙炔减压器的工作压力不应该大于 0.1 MPa。

(5) 严禁将瓶内气体用尽,须留有余压以防空气倒灌和用于检查。

(6) 必须按规定连接气带与气瓶,严禁乱接胶管,以防事故,且氧气、乙炔胶管长度以 20～30 m 为宜。

(7) 焊割时发现回火或发现有倒吸声音,应立即关闭割炬上的乙炔阀门,

再关闭氧气阀门,稍停后开启氧气阀门把焊割内灰尘嘹掉,恢复正常使用。

(8)在输气胶管或减压器发生爆炸、燃烧时应立即关闭瓶阀。

(9)若发现瓶阀易烧塞或瓶体等部位有漏气时应立即停止作业,把气瓶转移到安全地点妥善处理且附近不得有火源。

(10)当气瓶瓶阀易烧塞或其他部位因漏气而着火时应用干粉、二氧化碳灭火器灭火,同时用水冷却瓶壁以防进一步发生危险。

(11)若发现瓶壁温度异常升高时,应立即停止使用,并用大量的冷水喷淋以防燃烧和爆炸事故。

(12)氧气、乙炔瓶在运输中严禁使用电动葫芦、塔吊等机械吊装,运输过程中必须先卸去减压器,氧气、乙炔瓶上必须确保防震圈,气瓶、气带严禁漏气。

(13)使用氧气、乙炔设备时应根据钢材厚度选择适当的割具,在切割材料中应把材料垫高 10 mm 左右,防止割烂下面材料。

(14)使用结束时,须将气瓶阀门关闭,收好气带,并将气瓶放回规定位置,整理好氧气设备,并清理和打扫使用场所。

(15)氧气、乙炔焊割作业老师必须取得焊割作业特种操作证,做到持证上岗。

8.3.5 气体减压阀的安全使用

气体钢瓶充气后,压力可达 150×101.3 kPa,使用时必须用气体减压阀,其结构原理如图 8.1 所示。当顺时针方向旋转手柄时,压缩主弹簧,作用力通过弹簧垫块、薄膜和顶杆使活门打开,这时进口的高压气体(其压力由高压表指示)由高压室经活门调节减压后进入低压室(其压力由低压表指示)。当达到所需压力时,停止转动手柄,开启供气阀,将气体输到受气系统。

停止用气时,逆时针旋松手柄,使主弹簧恢复原状,活门由压缩弹簧的作用而密闭。当调节压力超过一定允

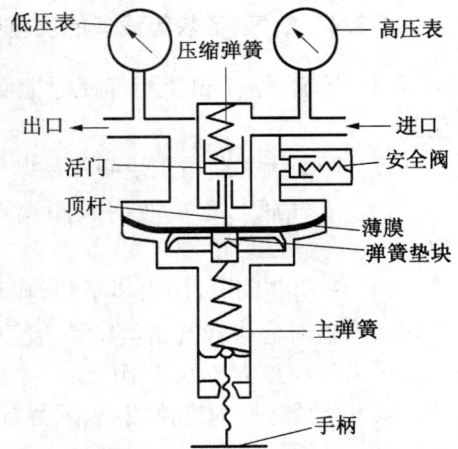

图 8.1 气体减压工作原理示意图

许值或减压阀出故障时,安全阀会自动开启排气。

　　安装减压阀时,应先确定尺寸规格是否与钢瓶和工作系统的接头相符,用手拧满螺纹后,再用扳手上紧,防止漏气。若有漏气应再旋紧螺纹或更换皮垫。

　　根据图8.2所示气体减压阀构造,在打开钢瓶总阀1之前(见图8.1氧气压力表),首先必须仔细检查调压阀门4是否已关好(手柄松开是关)。切不能在调压阀4处在开放状态(手柄顶紧是开)时,突然打开钢瓶总阀1,否则会出事故。只有当手柄松开(处于关闭状态)时,才能开启钢瓶总阀1,然后再慢慢打开调压阀门。

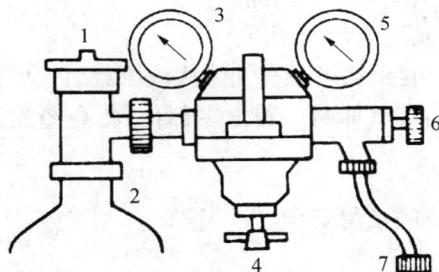

图8.2　气体减压阀构造

1. 钢瓶总阀门　2. 气表与钢瓶连接螺旋　3. 总压力表
4. 调压阀门　5. 分压力表　6. 供气阀门　7. 接进气口螺旋

　　停止使用时,应先关钢瓶总阀1,到压力表下降到零时,再关调压阀门(即松开手柄4)。

　　(1) 减压器使用结束时请注意以下事项:

　　① 关闭气瓶阀;

　　② 开放气体出气口,排出减压器及管道内剩余气体;

　　③ 剩余气体排完后,关闭出口阀门;

　　④ 逆时针旋松调压把手,使调压弹簧处于自由状态;

　　⑤ 片刻之后,检查减压器上的压力表是否归零,以检查气瓶阀是否完全关闭;

　　⑥ 如需要的话,卸下减压器,并用保护套将减压器进出气口套好。

　　(2) 日常检查:

　　① 气体减压器中没有气体时,确认压力表指针回零;

　　② 在气体减压器中含有气体时,用肥皂水(或家用中性洗涤剂加$10\sim20$倍的水制成的液体)检查各螺纹及联接部位是否有泄漏;

③ 供气后,确认可对气体流量(或压力)进行连续调节;

④ 供气后,确认没有气体从安全阀中泄漏。

(3) 维护及修理:

如有下列情况发生,就需要更换零部件了,此时切不可自行拆装,请与经销商联系。

① 气体减压器中含有气体时,气体从各螺纹联接处泄漏;

② 气体减压器中含气体时,压力表指针不回零;

③ 供气后,流量(或压力)不能连续调节;

④ 供气后,压力表指针并不抬起;

⑤ 供气后,气体从安全阀中泄漏;

⑥ 压力表损坏(或流量计损坏);

⑦ 调压把手处于旋松状态时有气体从减压器出气口排出。

务请注意:自行拆装气体减压器之零部件,将会造成设备损坏,甚至造成严重人身伤害。

8.3.6 常用气体的使用安全

1. 氧气

(1) 氧气储存注意事项:储存于阴凉、通风的库房。远离火种、热源。库温不宜超过 30℃。应与易(可)燃物、活性金属粉末等分开存放,切忌混储。储区应备有泄漏应急处理设备。氧气瓶不得与可燃气体气瓶同室贮存。采用氧乙炔火焰进行作业时,氧气瓶、溶解乙炔气瓶及焊(割)炬必须相互错开,氧气瓶与焊(割)炬明火的距离应在 10 m 以上。

(2) 开启瓶阀和减压阀时,动作应缓慢,以减轻气流的冲击和摩擦,防止管路过热着火。

(3) 禁止用压缩纯氧进行通风换气或吹扫清理,禁止以压缩氧气代替压缩空气作为风动工具的动力源,以防引发燃爆事故。

(4) 现场急救措施:常压下,当氧浓度超过 40% 时,有可能发生氧气中毒。吸入 40%~60% 的氧时,出现胸骨后不适感、轻咳,进而胸闷、胸骨后烧灼感和呼吸困难,咳嗽加剧;严重时可发生肺水肿,甚至出现呼吸窘迫综合征。吸入氧浓度在 80% 以上时,出现面部肌肉抽动、面色苍白、眩晕、心动过速、虚脱,继而全身强直性抽搐、昏迷、呼吸衰竭而死亡。

长期处于氧分压为 60~100 kPa(相当于吸入氧浓度 40% 左右)的条件下可发生眼损害,严重者可失明。应迅速脱离现场至空气新鲜处,保持呼吸道通畅。如呼吸停止,立即进行人工呼吸。就医。

(5)氧气瓶的灭火方法:用水保持容器冷却,以防受热爆炸,急剧助长火势。迅速切断气源,用水喷淋保护切断气源的人员,然后根据着火原因选择适当灭火剂灭火。

(6)氧气泄漏应急处理:应迅速撤离泄漏污染区人员至上风处,并进行隔离。严格限制出入,切断火源。建议应急处理人员戴自给正压式呼吸器,穿棉制工作服。避免与可燃物或易燃物接触。尽可能切断泄漏源,合理通风,加速扩散,漏气容器要妥善处理,修复、检验后再用。

(7)特别提醒:

① 操作高压氧气阀门时必须缓慢进行,待阀门前后管道内压力均衡后方可开大(带均压阀的截止阀必须先开均压阀,待压力均衡后方可开截止阀);

② 氧气严禁与油脂接触(与油脂接触会自燃);

③ 严禁使用氧气做试压介子;严禁使用氧气做仪表气源;

④ 氧气的比重大于空气,宜沉积管低洼处。因此在坑、洞、容器内、室内或周边通风不良的情况下,必须检测氧含量小于等于 22% 大于 18% 方可作业;

⑤ 氧气放散时周边 30 m 范围内严禁明火;

⑥ 氧气设施、容器、管道等检修时必须可靠切断气源,并插好盲板;

⑦ 凡与氧气接触的备品、备件等必须严格脱脂;

⑧ 作业人员穿戴的工作服、手套严禁被油脂污染;

⑨ 氧气管道要远离热源。

2. 氢气

(1)氢气的贮存注意事项:室内必须通风良好,保证空气中氢气含量不超过 1%(体积比)。室内换气次数每小时不得少于 3 次,局部通风每小时换气次数不得少于 7 次。

(2)氢气瓶与盛有易燃、易爆物质及氧化性气体的容器和气瓶的间距不应小于 8 m。

(3)氢气瓶与明火或普通电气设备的间距不应小于 10 m。

(4)氢气瓶与空调装置、空气压缩机和通风设备等吸风口的间距不应小于 10 m。

(5)禁止敲击、碰撞,气瓶不得靠近热源;夏季应防止暴晒。

(6)必须使用专门的氢气减压阀。开启气瓶时,操作者应站在阀口的侧后方,动作要轻缓。

（7）阀门或减压阀泄漏时，不得继续使用；阀门损坏时，严禁在瓶内有压力的情况下更换阀门。

（8）氢气瓶内气体严禁用尽，应保留 0.2～0.3 MPa 以上的余压。

（9）使用前要检查连接部位是否漏气，可涂上肥皂液进行检查，确认不漏气后再进行使用。

（10）使用结束后，先顺时针关闭钢瓶总阀，再逆时针旋松减压阀。

3. 氯气

（1）氯气贮存注意事项：氯气钢瓶应远离热源，严禁用热源烘烤和加热钢瓶。防止高温，当气温在 30 ℃以上时，严禁钢瓶瓶体在太阳下暴晒，要将钢瓶放入库房，或者在钢瓶上加盖草包并用水喷洒冷却。

（2）操作人员必须配备专用的个人防毒面具，各使用地应配备有预防氯气中毒的解毒药物。

（3）氯气不得与氧气、氢气、液氨、乙炔同车（船）运送，不得与易燃品、爆炸品、油脂及沾有油脂的物品同车（船）运送。

（4）应设有专用仓库贮存氯气钢瓶，不应与氧气、氢气、液氨、乙炔、油料等化工原材料同仓存放。贮存氯气的仓库地面应干燥，防止潮湿，仓库要阴凉、通风良好，避免阳光暴晒和接近火源。

（5）氯气钢瓶不能直接与反应器连接，中间必须有缓冲器。

（6）金属钛和聚乙烯等材料不得应用于液氯和干燥氯气系统。

（7）通氯气用的铜管应尽量少弯折，以防铜管折破。发现铜管破损后应及时更换。如果空气中有大量泄露的氯气，则可以使用氯气捕消器，使用时一定要佩戴好自动供氧形式的呼吸面具，以防止使用过程中缺氧而产生意外。

（8）如果钢瓶破裂或者瓶阀泄露而导致泄漏，则应尽快将事故钢瓶滚入氯气破坏池，并向池中加入碱液破坏氯气，用氨气中和空气中的氯气，并打开破坏池引风，以防止氯气外泄。

（9）对于氯气极易溶解的物料，要防止氯气溶解后形成真空倒吸物料。

（10）对于氯气钢瓶用完后要换瓶时，首先关反应釜面通氯阀门，之后迅速（防止缓冲包压力过高）关氯气钢瓶瓶阀并拧紧。接着关掉铜管另一头的阀门，用扳手将瓶阀一边的铜管与瓶阀脱开。

（11）拧紧铜管之后要用手转动或摇动铜管，目测一下是否拧紧，拧紧之后打开铜管与气包一头阀门，用气包余压以及氨水先试验钢瓶接头处是否泄漏，如果发现氨气与氯气产生白雾，则需要重新拧紧瓶阀至无泄漏为止。

（12）急性氯气中毒的抢救措施

① 进入高浓度氯气区，必须佩戴完好的氧气呼吸器，否则不能进入此区域。

② 一旦出现氯气逸散现象时，在场人员应立即逆风向和向高处疏散，迅速离开现场。如污染区氯气浓度大，应忍着呼吸离开，避免接触吸入氯气造成中毒。

③ 应立即把氯气中毒者抢救出毒区，急性中毒患者必须立即转移到阴凉、有新鲜空气处脱离污染区静卧，注意保暖并松解衣带。

④ 当有液氯溅到人员身上时，应在脱离污染区后，除去被污染的衣服，然后用温热水冲洗受伤部位，用干净毛巾小心擦干水分。

4. 乙炔气

（1）乙炔瓶应装设专用的回火防止器、减压器，对工作地点不固定，移动较多的，应装在专用安全架上。

（2）严禁敲击、碰撞和施加强烈的震动，以免瓶内多孔性填料下沉而形成空洞，影响乙炔的储存。

（3）乙炔瓶应直立放置，严禁卧放使用。因为卧放使用会使瓶内的丙酮随乙炔流出，甚至会通过减压器而进入橡皮管，造成火灾爆炸。

（4）要使用专用扳手开启乙炔气瓶。开启时操作者应站在阀口的侧后方，动作要轻缓。

（5）瓶内气体严禁用尽。冬天应留 0.1～0.2 MPa，夏天应留有 0.1～0.3 MPa。

（6）乙炔瓶体温度不应超过 40 ℃。夏天要防止暴晒。因瓶内温度过高会降低对乙炔的溶解度，而使瓶内乙炔的压力急剧增加。

（7）乙炔瓶不得靠近热源和电气设备。与明火的距离一般不应小于 10 m。

（8）瓶阀冬天冻结，严禁用火烤。必要时可用不含油性的 40 ℃ 以下的热水解冻。

（9）严禁放置在通风不良及有放射线的场所使用，且不得放在橡胶等绝缘物上。用时使用的乙炔瓶和氧气瓶应距离 10 m 以上。

（10）乙炔胶管应能承受 5 kg 气压，各项性能应符合《乙炔胶管》（GB 2551—92）的规定，颜色为黑色。

（11）使用乙炔瓶的现场、储存处与明火或散发火花地点的距离不得小于 15 m，且不应设在隐藏部位或空气不流通处。

5. 氮气

（1）氮气储存注意事项：储存于阴凉、通风的库房。远离火种、热源。库温不宜超过 30℃，储区应备有泄漏应急处理设备。

（2）氮气现场急救措施：空气中氮气含量过高，使吸入氧气分压下降，引起缺氧窒息。吸入氮气浓度不太高时，患者最初感胸闷、气短、疲软无力；继而有烦躁不安、极度兴奋、乱跑、叫喊、神情恍惚、步态不稳，称之为"氮酩酊"，可进入昏睡或昏迷状态。吸入高浓度氮气，患者可迅速昏迷、因呼吸和心跳停止而死亡。应迅速脱离现场至空气新鲜处。保持呼吸道通畅。如呼吸困难，应给输氧。呼吸心跳停止时，立即进行人工呼吸和胸外心脏按压术。就医。

（3）氮气泄漏应急处理：应迅速撤离泄漏污染区人员至上风处，并进行隔离，严格限制出入。建议应急处理人员戴自给正压式呼吸器，穿一般作业工作服。尽可能切断泄漏源，合理通风，加速扩散。漏气容器要妥善处理，修复、检验后再用。

（4）氮气瓶灭火方法：本品不燃，尽可能将容器从火场移至空旷处。喷水保持火场容器冷却，直至灭火结束。

（5）特别提醒

① 进入坑、洞、容器内、室内或周边通风不良的情况下作业，必须检测氧含量。含氧量大于 18 ％小于 22 ％方可作业。

② 在氮气大量放散时应通知周边人员。

③ 在使用氮气吹、引煤气等可燃气管道、容器时必须检测氮气中含氧量小于 2 ％方可使用。

④ 氮气设施、容器、管道等检修时必须可靠切断气源，并插好盲板防止窒息事故发生。

6. 氩气

（1）氩气储存注意事项：储存于阴凉、通风的库房。远离火种、热源。库温不宜超过 30℃。应与易（可）燃物分开存放，切忌混储。储区应备有泄漏应急处理设备。

（2）氩气现场急救措施：常压下无毒。高浓度时，使氧分压降低而发生窒息，氩浓度达 50％以上，引起严重症状；75％以上时，可在数分钟内死亡。当空气中氩浓度增高时，先出现呼吸加速，注意力不集中，共济失调。继之，疲倦乏力、烦躁不安、恶心、呕吐、昏迷、抽搐，以至死亡。应脱离污染环境至空气新鲜处，必要时输氧或人工呼吸，进行胸外心脏按压术。就医。液态氩可致皮肤冻伤,眼部接触可引起炎症。

（3）氩气泄漏应急处理:迅速撤离泄漏污染区人员至上风处,并进行隔离,严格限制出入。建议应急处理人员戴自给正压式呼吸器,穿一般作业工作服,尽可能切断泄漏源。合理通风,加速扩散。漏气容器要妥善处理,修复、检验后再用。

（4）氩气瓶的灭火方法:本品不燃。切断气源。喷水冷却容器,可能的话将容器从火场移至空旷处。

（5）特别提醒:

① 氩气的相对密度大于空气,易沉积于低洼处。因此在坑、洞、容器内、室内或周边通风不良的情况下,检修作业前必须检测氧含量大于 18 ％小于 22 ％方可作业。

② 在氩气大量放散时应通知周边人员。

③ 在使用氩气吹、引煤气等可燃气管道、容器时必须检测氩气中含氧量小于 2 ％方可使用。

④ 氩气设施、容器、管道等检修时必须可靠切断气源,并插好盲板防止窒息事故发生。

7. 二氧化碳

（1）使用方法

使用前检查连接部位是否漏气,可涂上肥皂液进行检查,调整至确实不漏气后才进行实验。

使用时先逆时针打开钢瓶总开关,观察高压表读数,记录高压瓶内总的二氧化碳压力,然后顺时针转动低压表压力调节螺杆,使其压缩主弹簧将活门打开。这样进口高压气体由高压室经节流减压后进入低压室,并经出口通往工作系统。使用后,先顺时针关闭钢瓶总开关,再逆时针旋松减压阀。

（2）注意事项

① 防止钢瓶的使用温度过高。钢瓶应存放在阴凉、干燥、远离热源（如阳光、暖气、炉火）处,不得超过 31 ℃,以免液体 CO_2 随温度的升高,体积膨胀而形成高压气体,产生爆炸危险。

② 钢瓶千万不能卧放。如果钢瓶卧放,打开减压阀时,冲出的 CO_2 液体迅速气化,容易发生导气管爆裂及大量 CO_2 泄漏的事故。

③ 减压阀、接头、及压力调节器装置正确连接且无泄漏、没有损坏、状态良好。

④ CO_2 不得超量填充。液化 CO_2 的填充量,温带气候不要超过钢瓶容积

的 75%,热带气候不要超过 66.7%。

8.4 起重设备的安全使用

实验室的起重设备在安全使用与管理上应严格要求,专人操作,确保人员安全。

(1) 操作人员必须熟悉电动行车、手拉葫芦、钢丝绳、吊环、卡环等起重工具的性能、最大允许负荷、使用、保养等安全技术要求,同时还要掌握一定的捆扎、吊挂知识。

(2) 起重作业前,要严格检查各种设备、工具、索具是否安全可靠,若有裂纹、断丝等现象,必须更换有关器件,不得勉强使用。

(3) 起重作业前,应事先清理起吊地点及通道上的障碍物。自己选择恰当的作业位置,并通知其余人员注意避让。吊运重物时,严禁人员在重物下站立或行走,吊运物体的高度必须高出运行线路上所遇到的物件,但不得从人的上方通过,重物也不得长时间悬在空中。

(4) 选用钢丝扣时长度应适宜,多根钢丝绳吊运时,其夹角不得超过 60°。吊运物体有油污时,应将捆扎处的油污擦净,以防滑动,锐利棱角应用软物衬垫,以防割断钢丝绳或链条。

(5) 起重作业时,禁止用手直接校正已被重物拉紧的钢丝扣,发现捆扎松动或吊运机械发出异常声响,应立即停车检查,确认安全可靠后方可继续吊运。翻转大型物件,应事先放好枕木,操作人员应站在重物倾斜相反的方向,严禁面对倾斜方向站立。

(6) 起重作业时,根据所吊物件的重量、形状、尺寸、结构,应正确选用起重机械,吊运时,操作人员应密切配合,准确发出各项指令信号。吊运物体剩余的绳头、链条,必须绕在吊钩或重物上,以防牵引或跑链。

(7) 起重作业时,拉动手链条或钢丝绳应用力均匀、缓和,以免链条或钢丝绳跳动、卡环。手拉链条、行车钢丝绳拉不动时,应立即停止使用,检查修复后方可使用。

(8) 起重作业时,要注意观察物体下落中心是否平衡,确认松钩不致倾倒时方可松钩;

(9) 起重作业时,操作人员注意力要集中,不得随意接电话或离开工作岗位,如与其他人员协同作业,指令信号必须统一。

（10）禁止用吊钩吊人或乘坐在吊运的物体上。

（11）捆绑、吊运具有尖锐边缘的物体时,须用木板等软料垫好,防止钢丝绳被刻断。

（12）各类起重机械应在明显位置悬挂最大起重负荷标识牌,起吊重物时不得超出额定负载,严禁超载使用。

（13）手拉葫芦、电动行车在－10℃以下使用时应以起重设施额定负载的一半工作,以确保安全使用。

（14）吊运物品要检查缆绳的可靠性,同时使用防止脱钩装置的吊钩和卡环。

（15）各种手拉葫芦在起吊重物应估计一下重量是否超出了本机的额定负载,严禁超载使用;在使用前须对机件以及润滑情况进行仔细检查,完好无损后方可使用;在起吊过程中,无论重物上升或下降,拉动手链条时,用力均匀、缓和、不要用力过猛,以免手链条跳动或卡环;在起吊重物时,操作者如发现拉不动时不可猛拉,应进行检查,修复后方可使用。

（16）工作结束后应将起重设备开回停放处,将吊钩升至一定的高度,并切断电源。

第 9 章　电离辐射安全与防护

辐射是以电磁波或粒子的形式发射能量的过程。自然界中的一切物体，只要温度在绝对温度零度以上，都会以电磁波和粒子的形式时刻不停地向外传送能量。辐射按照能量高低和电离物质能力分为电离辐射和非电离辐射。电离辐射是指能够引起原子电离的辐射。非电离辐射是指不能引起原子电离的辐射。本章讨论危害较大的电离辐射的安全与防护。

9.1　电离辐射源

电离辐射源可分为天然辐射源和人工辐射源两大类。天然辐射源包括来自大气层外的宇宙辐射、宇宙射线与大气作用产生的宇生放射性核素以及地壳物质中存在的原生放射性核素。生活在地球上的人类时刻都在通过吸入、食入天然放射性核素和外照射接受天然辐射。由于地壳地质结构、表面土壤岩石的特性、海拔高度和地磁纬度的差异，各地区的天然本底辐射水平也不尽相同。联合国原子辐射效应科学委员会（UNSCEAR）报告书指出全世界人均年有效剂量为 2.4 mSv（毫希沃特），其中氡及其子体造成的内照射剂量约占 52%。人工辐射源来自于人类的一些实践活动，主要的人工辐射源包括核爆产生的放射性核素、核反应堆生产和产生的放射性核素、加速器生产的放射性核素和加速的带电粒子、经过加工的天然放射性、X 射线装置和中子源。

9.1.1　放射性核素

物质是由分子组成的，分子是由原子组成的，而原子是原子核和核外电子组成的。质子带正电，中子不带电。原子核虽小，却几乎集中了原子的全部质量。

具有相同的中子数和质子数，并且处于同样能级的同一类原子称为一种核素。人们通常把质量数为 A、质子数为 Z、中子数为 N 的某种核素记为 $^A_Z X$，其中 X 为元素符号。由于质子数 Z 和元素符号 X 有一一对应关系，常常省略

Z。如 ^{12}C、^{60}Co 等。人类已经发现了 118 种元素，3 000 多种核素。其中 Z 相同而 N 不同的各核素互称同位素。如氢有三种同位素：^{1}H（氕）、^{2}H（氘）和 ^{3}H（氚）。

放射性核素是指原子核能够自发地发射出粒子的核素。在人类已发现的 3 000 多种核素中，只有 279 种是稳定核素，其他的都是放射性核素。自然界中放射性核素又分为天然放射性核素和人造放射性核素。天然放射性核素是指自然界本身存在的放射性核素，主要有三类：一类是三个天然放射系[铀系（^{238}U）、钍系（^{232}Th）和锕系（^{235}U）]中放射性核素；其次是宇生的放射性核素（如 ^{14}C、^{3}H 等）；第三是自然界中半衰期与地球年龄相当甚至更大的放射性核素（如 ^{40}K、^{87}Rb、^{152}Sm 等）。人造放射性核素是指通过人工核反应产生的放射性核素（如 ^{60}Co、^{89}Sr、^{192}Ir、^{241}Am 等）。

1. 衰变

放射性核素自发地发射出粒子而变为另一个核素的过程称为衰变。根据原子核放出的粒子种类可分为 α 衰变、β 衰变和 γ 跃迁等。原子核衰变的示意图见图 9.1。

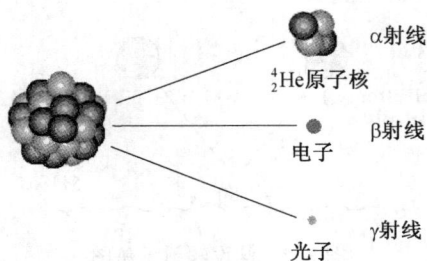

图 9.1　原子核衰变的示意图

（1）α 衰变

放射性核素的原子核自发地发射出 α 粒子而变为另一种核素的过程称为 α 衰变。α 粒子是由两个质子和两个中子组成的，带 2 个正电荷。α 粒子其实就是高速运动的氦原子核。一般来讲，只有质量数大于 140 的核素才有可能发生 α 衰变，如 ^{226}Ra、^{222}Rn、^{210}Po 等。

（2）β 衰变

β^- 衰变、β^+ 衰变和电子俘获（electron capture，EC）统称为 β 衰变。β^- 衰变是指放射性核素的原子核发射出 β^- 粒子而变成质子数加 1、质量数不变的新核素的过程。β^- 粒子就是高速运动的电子。β^- 粒子的能谱是一个连续谱，

β⁻粒子的能量一般指最大能量。β粒子能谱示意图见图 9.2。如 ^{14}C 的衰变方式为 β⁻衰变，β⁻粒子最大能量为 0.155 MeV。

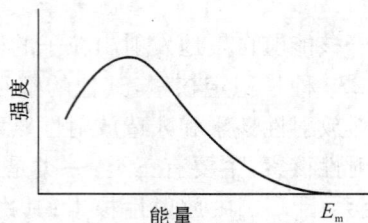

图 9.2 β粒子能谱示意图

β⁺衰变是指放射性核素的原子核发射出 β⁺粒子而变成质子数减 1、质量数不变的新核素的过程。β⁺粒子就是高速运动的正电子。β⁺粒子的能谱也是一个连续谱。

正电子只能存在极短时间，当它被物质阻止而失去动能时，将和物质中的电子结合而转化成电磁辐射，发射方向相关的两个光子，两个光子的能量均为 0.511 MeV，这一过程称为正电子湮没（annihilation）。

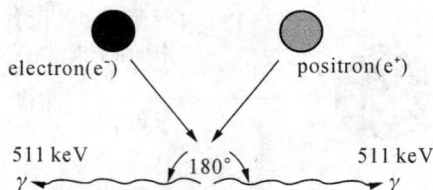

图 9.3 湮没辐射示意图

电子俘获是放射性核素的原子核俘获它的一个核外电子而使核内一个质子转变成中子同时释放中微子的过程。电子俘获的一个继发过程是发射特征 X 射线和俄歇电子。如 ^{125}I 为 EC 衰变，每次衰变有 15～20 个俄歇电子释放出来。

（3）γ跃迁

各种类型的核衰变产生的原子核或吸收能量的原子核往往处于激发态，激发态的原子核是不稳定的。原子核从激发态向较低能态或基态跃迁时发射 γ光子的过程，称为 γ跃迁。

在 γ跃迁过程中，放射性核素的质量数和质子数都未发生改变，只是原子核的能量状态发生了改变。

2. 衰变规律

放射性核素的原子数目是按照负指数规律衰减。

$$N=N_0 e^{-\lambda t}$$

其中：N 为 t 时刻放射性核素原子数目，N_0 为初时刻（$t=0$）放射性核素原子数目，λ 为衰变常数，t 为衰变时间。

放射性核素在单位时间内衰变的原子数目称为它的放射性活度（activity，A），常用单位为贝可（Becquerel，Bq）和居里（Curie，Ci）。1Bq＝1 衰变/s，1Ci＝3.7×10^{10}Bq。

$$A=\lambda N=A_0 e^{-\lambda t}$$

其中：A 为 t 时刻放射性核素的活度，N_0 为初时刻（$t=0$）放射性核素的活度。

放射性核素的原子数目衰变掉原来的一半所需的时间称为半衰期（half life，$T_{1/2}$）。

$$T_{1/2}=0.693/\lambda$$

9.1.2　X 射线装置

X 射线是高速电子与物质相互作用而产生的。这种过程常发生在 X 射线管和电子加速器。靶材料一般采用高原子序数的难熔金属（如钨、铂、金、钽等）。

X 射线的光谱分为两类：一类 X 射线的光谱是连续的，由轫致辐射（bremsstrahlung）产生，X 射线的最大能量即为电子在加速电场中获得的全部能量；另一类 X 射线的光谱是线状的，由靶材料性质所决定。

9.1.3　中子源

中子主要有三种来源：一是通过裂变反应产生；二是通过（α, n）中子源产生；三是通过加速器中子源产生。

1. 裂变中子源

反应堆内核燃料发生核裂变除释放能量之外，还会有中子释放出来。^{235}U 发生一次核裂变平均释放 2.4 个中子。^{235}U 裂变示意图见图 9.4。反应堆常用作中子活化分析。

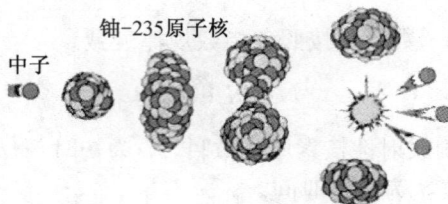

图 9.4　^{235}U 的裂变示意图

还有一类是自发裂变中子源,常用的核素是^{252}Cf。它是把^{239}Pu 放在反应堆中连续照射,进行中子俘获和 β 衰变而形成的。^{252}Cf 的半衰期为 2.64 a,α 衰变占 96.6%,自发裂变占 3.1%,平均每次自发裂变可发射 3.7 个中子,平均中子能量为 2.348 MeV,中子的产额为 $2.35×10^{12}$ n/(s·g)。

2.（α,n）中子源

把 α 放射性核素如^{226}Ra、^{241}Am、^{210}Po 等与铍(Be)或硼(B)以粉末状态混合在一起就可以制成同位素中子源。如^{241}Am - Be 中子源。

$$^9Be + \alpha \rightarrow ^{12}C + n + Q$$

中子的能量在 1～11.5 MeV,平均 5 MeV,中子的产率为$(2.2～2.7)×10^6$ n/(s·Ci)。中子产生过程中,有 1.27 MeV、4.43 MeV 和 5.70 MeVγ 射线释放出来。

3. 加速器中子源

加速器中子源是利用加速器所加速的带电粒子去轰击某些靶核,可以引起发射中子的核反应。产生的中子是单能的。

常用的是中子发生器。它是利用直流电压加速氘核,打到氚靶,发生核反应,释放出 14.1 MeV 单能中子。

$$D + T \rightarrow ^4He + n + Q$$

中子发射率为 $10^8～10^9$ n/s。

9.2　电离辐射的危害

9.2.1　辐射生物学基础

电离辐射作用于生物体引起生物活性分子的电离与激发是辐射生物效应

的基础。生物体或细胞主要由生物大分子(如蛋白质、核酸、酶等)和水组成。电离辐射的能量直接沉积在生物大分子上,引起生物大分子的电离与激发,造成损伤,称为直接作用。直接作用可使 DNA 单链或双链断裂和解聚、酶的活性降低与丧失、细胞器和细胞膜的破坏等。电离辐射引发水分子的辐解,其辐解产物(H·、·OH、$e_\text{水}^-$、H_2O_2 等)作用于生物大分子,引起的物理和化学效应,称为间接作用。辐射会引起 DNA、RNA、染色体、蛋白质、细胞等结构和功能发生变化,从而导致随机性效应和确定性效应发生。

9.2.2　影响辐射生物学作用的因素

影响辐射生物学作用的因素主要有两类:一类是与辐射有关的物理因素;一类是与生物体有关的生物因素。

1. 物理因素

物理因素主要是指辐射类型、辐射能量、吸收剂量、剂量率、照射方式等。不同类型的辐射引起的生物学效应有所不同。α 射线的电离密度大,γ 射线穿透能力强。一次大剂量照射与相同剂量下分次照射产生的生物学效应是不同的。分次越多,间隔时间越长,生物学效应越小。在相同剂量条件下,剂量率越大,生物效应越显著。局部照射和全身照射带来的生物学效应也是不一样的,照射剂量相同,受照面积越大,产生的生物学效应就越大。

2. 生物因素

生物因素主要是指生物体对辐射的敏感性。不同生物种系的 LD_{50}(50% 死亡所需的吸收剂量)也不同,种系的演化程度越高,其对辐射的敏感性越高。如人的 LD_{50} 约为 4.0 Gy,而大肠杆菌的 LD_{50} 约为 56 Gy。生物个体不同的发育阶段,辐射敏感性也不相同。幼年的辐射敏感性要比成年高。不同细胞、组织和器官对辐射敏感性也不一样。人体的乳腺、肺、胃、结肠和骨髓对辐射比较敏感,其次为甲状腺、眼晶体、性腺等,最不敏感的为肌肉组织和结缔组织。

9.2.3　辐射生物学效应

电离辐射与人体相互作用会导致某些特有的生物学效应。国际辐射防护委员会(ICRP)出于辐射防护目的,又把辐射诱发的生物学效应分为确定性效应(deterministic effects)和随机性效应(stochastic effects)。

1. 确定性效应

当受照剂量超过某一特定效应的阈剂量而发生的辐射效应称作确定性效应,为躯体效应。确定性效应的严重程度随受照剂量增加而增大。确定性效应表现有白细胞下降、呕吐、皮肤放射性烧伤、眼晶体白内障、再生障碍性贫血和不育等,最严重的确定性效应为死亡。

2. 随机性效应

只要受到电离辐射照射,就有可能发生,发生的概率与受照剂量成正比而严重程度与剂量无关的辐射效应称为随机性效应。随机性效应表现在受照个体发生的癌症和生殖细胞受损遗传至下一代。在正常照射情况下,发生随机性效应的概率很低。

9.3 辐射防护

辐射防护的目的在于防止有害的确定性效应发生,并将随机性效应发生的概率限制在可以接受的水平。

9.3.1 辐射防护要求

为实现辐射防护目的,实践中应遵循辐射防护三个基本原则。

1. 实践正当性

对于一项实践,只有在考虑了社会、经济和其他有关因素之后,其对受照个人或社会所带来的利益足以弥补其可能引起的辐射危害时,该项实践才是正当的。对于不具有正当性的实践及该实践中的源,不应批准。

2. 防护与安全的最优化

对于来自一项实践中的任一特定源的照射,应使防护与安全最优化,使得在考虑了经济和社会因素之后,个人受照剂量的大小、受照射人数以及受照射的可能性均保持在可合理达到的尽量低水平,也称为 ALARA(as low as reasonably achievable)原则。

3. 剂量限值

个人剂量限值是对个人受到的正常照射加以限制,以保证来自各项得到批准的辐射实践的照射所致个人总有效剂量和有关器官或组织的总当量剂量不超过国家标准中规定的剂量限值。有效剂量限值是控制随机性效应发生的概率;当量剂量限值是避免确定性效应发生。

年有效剂量是个人在一年内受到外照射引起的有效剂量和同一年内摄入放射性核素后产生的待积有效剂量之和。总年有效剂量可按下式计算:

$$E_T = H_P(d) + \Sigma_j\, e_{j,ing} I_{j,ing} + \Sigma j e_{j,inh} I_{j,inh}$$

其中：$H_P(d)$ 为该年内贯穿辐射所致外照射个人剂量当量，单位为毫希沃特(mSv)；$e_{j,ing}$ 为个人单位食入量放射性核素 j 所致的待积有效剂量，单位为毫希沃特每贝克(mSv/Bq)；$I_{j,ing}$ 为该年内个人的放射性核素 j 食入量，单位为贝可(Bq)；$e_{j,inh}$ 为个人单位吸入量放射性核素 j 所致的待积有效剂量，单位为毫希沃特每贝克(mSv/Bq)；$I_{j,inh}$ 为该年内个人的放射性核素 j 吸入量，单位为贝可(Bq)。

照射分为职业照射、医疗照射和公众照射。职业照射是指放射工作人员在工作时受到的照射。医疗照射是指为了诊断、治疗或医学实验的目的而受到的照射，受照人员可能是参加体检的正常人、病人、病人的陪护者及医学实验志愿人员。公众照射是指与人工辐射无关人员受到的照射。职业照射和公众照射有剂量限值，医疗照射无剂量限值，但有指导水平。

(1) 职业照射个人剂量限值

对于成年人，连续 5 年的年平均有效剂量限值为 20 mSv，不可作任何追溯性平均；任何一年中的年有效剂量限值为 50 mSv；眼晶体的年当量剂量限值为 150 mSv；四肢(手和足)或皮肤的年当量剂量限值为 500 mSv。

对于年龄为 16～18 岁接受涉及辐射照射就业培训的徒工和年龄为 16～18 岁在学习过程中需要使用放射源的学生，年有效剂量限值为 6 mSv；眼晶体的年当量剂量限值为 50 mSv；四肢(手和足)或皮肤的年当量剂量限值为 150 mSv。

怀孕女性工作人员应接受与公众成员相同的防护；孕妇和授乳妇女应避免受到内照射。

(2) 公众照射个人剂量限值

实践对公众中有关关键人群组的成员，年有效剂量限值为 1 mSv；特殊情况下，如果 5 个连续年的年平均有效剂量不超过 1 mSv，则某一单一年份的有效剂量限值可提高到 5 mSv；眼晶体的年当量剂量限值为 15 mSv；皮肤的年当量剂量限值为 50 mSv。

(3) 医疗照射指导水平

对于典型成年受检者，《电离辐射防护与辐射源安全基本标准》(GB 18871—2002)列出了各种常用的 X 射线摄影、X 射线 CT 检查、乳腺 X 射线摄影和 X 射线透视的剂量或剂量率指导水平，以及各种常用的核医学诊断的活度指导水平。

9.3.2　辐射防护方法

辐射源有密封放射源、放射性物质和射线装置。放射工作人员在生产、销售和使用辐射源过程中,很难避免不受到辐射源的照射。照射分为外照射和内照射。外照射是指辐射源在体外对人体的照射;内照射是指进入人体内的放射性核素作为辐射源对人体的照射。为减少辐射源对人体的照射,最大程度减少射线引起的辐射危害,可采取相应的辐射防护措施。

1. 外照射防护措施

(1)时间防护:对于相同条件下的照射,人体受照剂量与照射时间成正比。缩短操作时间,可以减少受照剂量。对于一些事故应急情况下的操作,可以通过模拟操作,提高熟练程度,减少受照时间,从而达到减少受照剂量的目的。

(2)距离防护:对于点源,人员受到的外照射剂量与距离的平方成反比。对于非点源,近距离的情况比较复杂;对于距离较远的地点,受照剂量随着距离的增加而减少。对于放射源,尽量避免用手直接拿取,采用灵活可靠的长柄钳,可有效减少受照剂量。

(3)屏蔽防护:在人体与外照射源之间设置适当材料以减小剂量率,从而减少人员受照剂量,称为屏蔽防护。

屏蔽材料的选用应根据辐射类型、辐射能量和源的活度。对于 α 射线来讲,一张纸就可屏蔽它,在体外,α 射线基本上不会对人体造成危害。对于 β 射线,先用低原子序数的材料(如铝或有机玻璃)阻挡,减少轫致辐射,再在其后面用高原子序数的材料(如铁和铅)屏蔽激发的 X 射线。对于 X 射线和 γ 射线,采用原子序数高的材料(如铅)屏蔽效果更好,当然混凝土和水也可用于光子的屏蔽,只是厚度增加即可。对于中子,采用富含氢原子的材料(如水、石蜡或聚乙烯)进行屏蔽,对于快中子,应首先采用较重的材料使快中子慢化。

2. 内照射的防护措施

非密封的放射性物质会通过呼吸系统、消化系统和完整的皮肤及伤口进入人体。因此内照射的防护,应采取各种有效措施,尽可能地隔断放射性物质进入人体内各种途径。内照射防护的一般措施是包容、隔离、净化、稀释。

(1)包容:是指在操作过程中,将放射性物质密闭起来,如采用通风橱、手套箱等,均属于此类措施。操作强放射性物质时,应在密闭的热室内用机械手操作。对于工作人员,可采用穿戴工作服、工作帽、工作鞋、口罩、手套、气衣等,以阻止放射性物质进入体内。

（2）隔离：根据放射性核素的毒性、操作量和操作方式等，将开放型放射工作场所进行分级、分区管理。

（3）净化：就是采取物理或化学方法如吸附、过滤、除尘、吸附共沉淀、离子交换、蒸发、贮存衰变和去污等，降低空气、水中放射性物质浓度，降低物体表面和地面的放射性污染水平。

（4）稀释：就是在合理控制下利用干净空气或水使空气或水中的放射性浓度降低到控制水平以下。

在污染控制中，包容、隔离、净化是主要手段，稀释是一种消极手段。开放型放射工作场所应有良好的通风，释放到大气中污染空气高效过滤；产生的放射性废水要经过处理，达标方可排放；放射性固体废物和液体废物可集中收集，放入暂存库暂存，短寿命的放射性核素可通过物理衰变，达标后按一般废物进行处置，长寿命的放射性核素应交给有资质单位回收处理。

9.3.3 辐射防护管理

1. 放射源分类和编码

根据放射源对人体健康和环境的潜在危害程度，从高到低将放射源分为Ⅰ类、Ⅱ类、Ⅲ类、Ⅳ类、Ⅴ类。Ⅴ类源的下限活度值为该种核素的豁免活度。

密封放射源的具体分类见环境保护总局公告第 62 号《放射源分类办法》。

半衰期大于或等于 60 天的密封放射源实行身份管理，每个放射源具有唯一编码，同一编码不得重复使用。放射源编码由 12 位数字和字母组成，第 1～2 位表示生产单位（或生产国），第 3～4 位为出厂年份，第 5～6 位为核素代码，第 7～11 位为产品序列号，第 12 位为出厂时放射源类别。

2. 非密封源工作场所分级

非密封源工作场所按放射性核素日等效最大操作量的大小分为甲、乙、丙三个等级。工作场所分级见表 9.1。

表 9.1 非密封源工作场所的分级

级 别	日等效最大操作量/Bq
甲	$>4\times10^9$
乙	$2\times10^7\sim4\times10^9$
丙	豁免活度值以上～2×10^7

放射性核素的日等效操作量等于放射性核素的实际日操作量（Bq）与该

核素毒性组别修正因子的积除以与操作方式有关的修正因子所得的商。放射性核素毒性分组、放射性核素的毒性组别修正因子及操作方式有关的修正因子详见《电离辐射防护与辐射源安全基本标准》(GB 18871—2002)附录 D。

为保证非密封源工作场所室内空气清洁,地面、台面和管道易于去污,不同级别工作场所室内表面和装备有一定特殊要求(见表 9.2)。

表 9.2　不同级别工作场所室内表面和装备的要求

场所级别	地面	表面	通风柜	室内通风	管道	清洗及去污设备
甲	地面与墙壁接缝无缝隙	易清洗	需要	机械通风	特殊要求	需要
乙	易清洗且不易渗透	易清洗	需要	有较好通风	一般要求	需要
丙	易清洗	易清洗	不必	一般自然通风	一般要求	只需清洗设备

对于非密封源工作场所内通风柜的通风速率不应小于 1 m/s,排气口高度应高于本建筑物的屋脊,并设有净化过滤装置;开关一般采用脚踏式、肘开式或光感应式。

3. 非密封源工作场所的表面污染控制

非密封放射性物质操作过程中,放射性核素会扩散、抛撒污染工作场所和物品。工作人员应严格按照规定操作,保证工作场所的表面放射性污染在一定水平内。工作场所的放射性表面污染控制水平见表 9.3。

表 9.3　工作场所的放射性表面污染控制水平 （单位 Bq/cm²）

表面类型		α 放射性物质		β 放射性物质
		极毒性	其他	
工作台、设备、墙壁、地面	控制区[①]	4	40	40
	监督区	0.4	4	4
工作服、手套、工作鞋	控制区	0.4	0.4	4
	监督区			
手、皮肤、内衣、工作袜		0.04	0.04	0.4

注:① 该区内的高污染子区除外。

若发生放射性表面污染,视情况采取相应处理措施:

(1) 小量放射性物质洒落时应及时采取下述去污措施:液态放射性物质,可用吸水纸清除;如为粉末状放射性物质,可用湿抹布等清除;清除时,按照由外到内原则;必要时可根据放射性物质的化学性质和污染表面性质,选用有效的去污剂作进一步去污,直至污染区达到本底水平。

(2) 发生严重污染事故时,要保持镇静,依据具体情况采取各种必要的紧急措施,防止污染扩散和减少危害。主要的紧急措施如下:立即通知在场的其他人员;迅速标出污染范围,以免其他人员误入;立即清洗放射性污染;污染的衣服,应脱掉留在污染区;污染区的人员在采取减少危害和防止污染扩散所应采取的必要措施后,应立即离开污染区;事件发生后,应尽快通知防护负责人和主管人员,防护人员应迅速提出全面处理事故的方案并协助主管人员组织实施,处理事故的人员应穿着适当的个体防护装备和携带必要的用具;污染区经去污、检测合格后,在防护人员的同意下方可重新开始工作。

4. 射线装置分类

根据射线装置对人体健康和环境可能造成危害的程度,从高到低将射线装置分为Ⅰ类、Ⅱ类、Ⅲ类。射线装置分类详见环境保护总局公告第 26 号《射线装置分类办法》。

5. 辐射工作场所的分区

为便于辐射防护管理和照业照射控制,辐射工作场所分为控制区和监督区。

控制区是指辐射工作场内需要或可能需要采取专门的防护手段和安全措施的区域,以便在正常工作条件下控制正常照射或防止污染扩展,并预防潜在照射或限制其程度。一般辐射工作场所采用实体边界划定控制区;采用实体边界不现实时,也可采用拉警戒绳或划警示线等方式。

监督区是指未被确定为控制区、通常不需要采取专门防护手段和安全措施但要不断检查其职业照射条件的任何区域。

6. 辐射警示标识

放射工作场所、射线装置、源容器和放射性废物桶显著位置应设置电离辐射的标志和警告标志。电离辐射的标志和警告标志见图 9.5 和图 9.6。

除此之外,辐射工作场所有时还设置工作指示灯、声光报警装置、警戒绳或警戒线,提醒人们当心电离辐射,避免潜在事故发生。

图 9.5　电离辐射的标志　　　　　图 9.6　电离辐射警告标志

7. 屏蔽

对于有实体屏蔽的放射源和射线装置如辐射加工装置、探伤房、X 诊断机房和后装机房等,应选择适当材料进行屏蔽,实体屏蔽的墙、窗、门应有足够的防护效果,屏蔽体外 30 cm 的辐射水平不应超过 2.5 μSv/h。

对于未有实体屏蔽的现场探伤,采用距离屏蔽,辐射水平超过 15 μSv/h 区域设为控制区,辐射水平在 2.5 μSv/h～15 μSv/h 的区域一般设为监督区。

对于自屏蔽的加速器、X 射线装置和含源设备等,屏蔽材料应有足够的防护效果,人体可达到的设备外表面 5 cm 处的辐射水平不应超过 2.5 μSv/h。

对于含密封源检测仪表,如料位计、密度计、湿度计和核子秤等,检测仪表使用场所的防护按表 9.4 进行控制。

表 9.4　不同使用场所对检测仪表外围辐射的剂量控制要求

检测仪表使用场所	不同距离的周围剂量当量率 H 控制值,μSv/h	
	5 cm	100 cm
对人员的活动范围不限制	$H<2.5$	$H<0.25$
在距源容器外表面 1 m 的区域内很少有人停留	$2.5 \leqslant H<25$	$0.25 \leqslant H<2.5$
在距源容器外表面的 3 m 的区域内不可能有人进入或放射工作场所设置了监督区	$25 \leqslant H<250$	$2.5 \leqslant H<25$
只能在特定的放射工作场所使用,并按控制区、监督区[①] 分区管理	$250 \leqslant H<1\,000$	$25 \leqslant H<100$

注:① 监督区的边界剂量率为 2.5 μSv/h

8. 安全联锁装置

为保证辐射源安全运行,预防潜在照射发生,有些辐射设施或设备如辐射加工场、探伤室、加速器治疗机房、γ刀治疗机房、Co-60治疗机房、后装机机房和X射线荧光分析仪,应设置安全联锁装置。

安全联锁装置一般有门机联锁、光电、拉线、紧急停机开关等。安全联锁装置是预防潜在照射的一个环节。为保证安全联锁装置有效运行,安全联锁装置的设计应考虑纵深防御原则、冗余性原则、多样性原则和独立性原则。任何个人不能人为地破坏安全联锁装置。

9. 防护器材

辐射工作单位应为放射工作人员配备适当的个体防护装备和监测设备。

外照射的个体防护装备有铅防护服、铅帽、铅眼镜、铅围脖、铅围裙、三角巾、铅屏风、铅玻璃、中子防护服等;内照射的个体防护装备有隔离服、口罩、帽子、工作鞋、手套、气衣、气盔等。

常用的监测设备有个人剂量报警器、X和γ剂量率仪、中子当量率仪、表面污染仪等。

10. 辐射监测

辐射监测是指为了评估和控制辐射或放射性物质的照射,对剂量或污染所完成的测量及对测量结果所作的分析和解释。辐射监测按监测对象分为个人监测、工作场所监测和辐射环境监测。

个人监测是利用工作人员佩带剂量计进行的测量,或对其体内或排泄物中放射性核素的种类和活度进行的测量,或对工作人员皮肤污染水平进行测量,以及对测量结果的解释。

工作场所监测是对辐射工作场所及临近地区的辐射水平进行的辐射监测。根据辐射源不同,监测的对象有X射线、γ射线、中子辐射等外照射水平,工作场所空气中放射性核素浓度,工作场所α、β表面污染。

辐射环境监测是指在辐射源所在场所的边界以外环境中进行的辐射监测。为了评判辐射源运行后是否会对环境造成影响,应开展辐射环境本底调查。

辐射工作单位应根据本单位辐射源的实际,制定监测计划,定期开展工作场所辐射水平的自主监测,并委托有资质单位开展辐射防护的外部监测,监测周期一般每年1~2次。

11. 放射性废物管理

放射性废物是指含有放射性物质或被放射性物质污染的,其活度或活度浓度大于审管部门规定的清洁解控水平的,预期不会再利用的任何物理形态的废弃物。

清洁解控水平是由国家审管部门规定的、以放射性浓度、放射性比活度或总活度表示的特定值,当辐射源等于或低于这些值,可解除审管控制。

(1)分类:放射性废物按其放射性活度水平分为豁免废物、低水平放射性废物(第Ⅰ级)、中水平放射性废物(第Ⅱ级)或高水平放射性废物(第Ⅲ级);按其物理性状分为放射性气载废物、放射性液体废物和放射性固体废物三类。

豁免废物是指含有放射性物质,但其放射性浓度、放射性比活度或污染水平不超过国家审管部门规定的清洁解控水平的废物。

(2)管理:辐射工作单位应确保在现实可行的条件下,使所产生的放射性废物的活度与体积达到并保持最小,并在符合国家有关法规与标准的前提下,通过分类收集、处理、整备、运输、贮存和处置等措施,确保放射性废物对工作人员与公众的健康及环境可能造成的危害降低到可以接受的水平;放射性废物对后代健康的预计影响不大于当前可以接受的水平;放射性废物不给后代增加不适当的负担。

放射性废物应根据废物中放射性核素的种类、含量、半衰期、浓度以及废物的体积和其他物理与化学性质的差别,分类收集和分别处理。

(3)使用少量非密封放射源产生放射性废物的管理:医院、学校和科研机构由于诊断、治疗和科学研究,需要使用少量非密封放射性物质,会产生一些放射性废物。对于这些放射性废物,可采用以下管理。

使用放射性核素其日等效最大操作量等于或大于 2×10^7 Bq 的辐射工作单位,应设置有放射性污水池以存放放射性废水,直至符合排放要求时方可排放。放射性污水池应合理选址,池底和池壁应坚固、耐酸碱腐蚀和无渗透性,应有防泄漏措施。

产生放射性废液而可不设置放射性污水池的单位,应将仅含短半衰期核素的废液注入专用容器中通常存放 10 个半衰期后,经审管部门审核准许,可作普通废液处理。对含长半衰期核素的废液,应专门收集存放,交有资质单位回收处理。

放射性废液不得排入普通下水道,除非经审管部门确认满足每月排放的总活度不超过 $10ALI_{min}$(ALI_{min} 是相应于职业照射的食入和吸入 ALI 值中较小者)和每一次排放的总活度不超过 1 ALI_{min} 条件时的低放废液,方可直接排入流量大于 10 倍排放量的普通下水道,且每次排放后用不少于 3 倍排放量的水进行冲洗,并应对每次排放做好记录。

对注射器和碎玻璃器皿等含尖刺及棱角的放射性废物,应先装入硬纸盒或其他包装材料中,然后再装入专用塑料袋内,每袋废物的表面剂量率应不超过 0.1 mSv/h,重量不超过 20 kg。

含有放射性核素的动物尸体应防腐、干化、灰化或直接焚化。灰化后残渣按固体放射性废物处理。含有长半衰期核素的动物尸体,也可先固化,然后按固体放射性废物处理。

废物袋、废物桶及其他存放废物的容器必须安全可靠,在显著位置标有废物类型、核素种类、比活度水平和存放日期等说明。暂存库应有足够防护和通风,出入口应设置电离辐射警示标志。

12. 放射工作人员管理

放射工作人员应当接受辐射安全与防护知识培训,开展职业健康检查和个人剂量监测。

(1) 辐射安全与防护知识培训:辐射工作单位应当安排放射工作人员接受辐射安全培训,培训内容主要涉及相关的法律法规和辐射安全与防护相关基本知识,并进行考核;考核不合格的,不得上岗。除医疗机构外,取得辐射安全培训合格证书的放射工作人员,应当每 4 年接受一次再培训;医疗机构的放射工作人员两次培训的时间间隔应不超过 2 年。

(2) 职业健康检查:放射工作人员上岗前,应当进行上岗前的职业健康检查,符合放射工作人员健康标准的,方可参加相应的放射工作。放射工作单位应当组织上岗后的放射工作人员定期进行健康检查,两次健康检查间隔不应超过 2 年。放射工作人员脱离放射工作岗位时,放射工作单位应当对其进行离岗前的职业健康检查。对参加应急处理或者受到事故照射的放射工作人员,放射工作单位应当及时组织健康检查或者医疗救治,按照国家有关标准进行医学随访观察。

(3) 个人剂量监测:个人剂量监测是辐射防护评价和辐射健康评价的基础。一般是测量个人在一段时间(一年或一个月)或一次性操作过程中所接受的 β、γ、X 射线或中子流外照射的剂量和内污染的放射性核素所造成的待积剂量。外照射剂量一般用佩戴在放射工作人员身上的设备或个人剂量计进行测量,内污染的放射性核素的测量一般采用全身计数器或分析排泄物中放射性物质的量,并估算放射性核素所造成的待积剂量。

所有从事或涉及放射工作的个人,都应接受职业外照射个人剂量监测。外照射个人剂量常规监测周期一般为 1 个月,也可视具体情况延长或缩短,但最长不得超过 3 个月。

对于在控制区内工作并可能有放射性核素显著摄入的工作人员,应进行常规个人内照射监测;如有可能,对所有受到职业照射的人员均应进行个人监测,但如果经验证明,放射性核素年摄入量产生的待积有效剂量不可能超过 1 mSv 时,一般可不进行个人监测,但要进行工作场所监测。

辐射工作单位应为放射工作人员建立个人剂量档案和健康档案,个人剂量档案终身保存。

13. 管理制度

辐射工作单位应设有专门的辐射安全与环境保护管理机构或至少有 1 名具有本科以上学历的技术人员专职负责本单位辐射安全与环境保护管理工作,并根据本单位实际制定相关的管理制度。管理制度包括操作规程、岗位职责、安全保卫制度、辐射防护措施、台账管理制度、人员培训计划、职业健康管理制度和监测方案等。

辐射工作单位应当对本单位的放射性同位素与射线装置的安全和防护状况进行年度评估,并于每年 1 月 31 日前向原发证机关提交上一年度的评估报告。

14. 辐射事故应急

(1) 辐射事故分级:根据辐射事故的性质、严重程度、可控性和影响范围等因素,从重到轻将辐射事故分为特别重大辐射事故、重大辐射事故、较大辐射事故和一般辐射事故四个等级。

特别重大辐射事故是指 I 类、II 类放射源丢失、被盗、失控造成大范围严重辐射污染后果,或者放射性同位素和射线装置失控导致 3 人以上(含 3 人)急性死亡。

重大辐射事故是指 I 类、II 类放射源丢失、被盗、失控,或者放射性同位素和射线装置失控导致 2 人以下(含 2 人)急性死亡或者 10 人以上(含 10 人)急性重度放射病、局部器官残疾。

较大辐射事故是指 III 类放射源丢失、被盗、失控,或者放射性同位素和射线装置失控导致 9 人以下(含 9 人)急性重度放射病、局部器官残疾。

一般辐射事故是指 IV 类、V 类放射源丢失、被盗、失控,或者放射性同位素和射线装置失控导致人员受到超过年剂量限值的照射。

(2) 辐射事故应急预案:辐射工作单位应当根据本单位实际情况制订切实可行的辐射事故应急预案。辐射事故应急预案一般包括以下内容:应急机构和职责分工;应急人员的组织、培训以及应急和救助的装备、资金、物资准备;应急响应措施;辐射事故报告、调查和处理。辐射工作单位应定期组织演练,以确保放射事故应急制度更具备可操作性。

(3) 辐射事故应急:发生辐射事故后,辐射工作单位是辐射事故处理主体,应当立即启动辐射应急预案,采取应急措施,直到事故处理结束;并在 2 小时之内向当地环保部门、公安部门、安监主管部门和卫生主管部门报告。环保部门、公安部门、安监主管部门和卫生主管部门接到报告后,应当立即派人赶赴现场,进行现场调查,采取有效措施,控制并消除事故影响,同时将辐射事故信息报本级人民政府和上级主管部门。

事故应急时,应急人员受照剂量一般应不超过 50 mSv。

发生放射性核素内污染,应立即口服或注射促排药物和阻吸物药物,加速放射性核素的排泄,减少其在体内的滞留。碘化钾、普鲁士蓝、褐藻酸钠和氢氧化铝被确认为放射性碘、铯、锶的促排和阻吸收药物;811♯(三聚二甲基亚氨基二乙酸四氮异喹啉)药物对钍有较好的促排效果;口服或静脉注射0.87％ $NaHCO_3$ 溶液可增加尿铀的排出量。对一些没有特效促排药物的金属放射性核素,目前常常采用广谱螯合剂二乙烯三胺五乙酸(DTPA)钙盐和锌盐作为促排剂。

超剂量照射的人员,事故单位应当迅速安排受照人员接受医学检查或者在指定的医疗机构进行救治。

9.4　高等学校的辐射防护与安全管理

高等学校由于人才培养学科和研究领域不同,辐射源也各不相同。目前我国高等学校辐射源基本涵盖了Ⅰ类、Ⅱ类、Ⅲ类、Ⅳ类、Ⅴ类密封放射源,Ⅰ类、Ⅱ类、Ⅲ类射线装置,以及非密封放射性物质。非密封源的放射工作场所有乙级和丙级。

根据国家法律、法规和相关标准规范的要求,高等学校的辐射防护与安全管理应开展以下工作:

(1) 成立辐射防护与安全管理领导小组或任命专人负责本单位的辐射防护与安全管理工作。

(2) 建立辐射防护管理制度和辐射事故应急预案,定期开展辐射事故应急演练;发生辐射事故时,辐射工作单位应立即启动辐射事故应急预案迅速开展事故应急,并及时报告当地的环保、公安和卫生部门。

(3) 申请辐射安全许可证,并根据相关规定及时变更、重新申请和延续辐射安全许可证。

(4) 加强放射工作人员管理,开展辐射安全培训、职业健康检查和个人剂量监测,建立放射工作人员职业健康档案和个人剂量档案。个人剂量档案终身保存。对于进入辐射工作场所学习的学生,应进行辐射安全培训,并佩带直读式个人剂量计。

(5)为辐射工作场所配备足够的辐射防护监测设备,为个人提供合适的个体防护装备。对于开放型放射工作场所,应根据使用的放射性核素,配备合适的去污剂和促排药物。

(6)定期开展辐射安全检查和自主监测,将结果记录存档,并每年委托有资质单位开展辐射防护检测1～2次。

(7)建立密封放射源和射线装置台账,对于可移动的密封放射源和放射性物质,应设立放射源暂存库,双人双锁管理,建立放射源出入库使用台账;对于不再使用的密封放射源,应返回原生产单位或原出口方,或送交有相应资质的放射性废物集中贮存单位贮存。

(8)非密封源放射工作场所产生的放射性废物应分类收集,集中暂存在放射性废物暂存库;短寿命的放射性核素废物放置10个半衰期,经审管部门审核准许,可作普通废物处理;其他放射性废物按有关要求进行处理。

(9)辐射工作单位应当对本单位的放射性同位素与射线装置的安全和防护状况进行年度评估,并于每年1月31日前向原发证机关提交上一年度的评估报告。

9.5　辐射事故案例分析

辐射工作单位由于管理不到位,放射工作人员违反操作规程和维护制度等原因,不时发生放射源丢失、被盗、失控和人员受照的辐射事故,而电离辐射看不见、摸不着,只能通过仪器测量。下面简单介绍一起辐射事故,并进行分析和总结。

上海第二军医大学"6·25"钴源辐射事故

1. 事故经过

1990年6月25日上午,上海第二军医大学放射医学研究室钴-60源室利用钴-60辐照装置(源的活度为8.5×10^{14}Bq)对承担的外单位药品、化妆品原材料等进行辐射灭菌。早晨6:00,钴-60源室管理人A到源室通风;8:00 A打开源室的照明灯;9:00 A在未开启操纵台上降源开关,未认真确认放射源位置,未携带个人剂量报警器,用钥匙直接打开防护门,组织本研究室的 B 和 C 以及临时工 D 先后进入辐照场搬运物品;9:08 E、9:20 F、9:23 G 也先后进入辐照场参加搬运工作;10:00 左右,已有搬运人员出现胃部不适、头昏、恶心等早期反应,但未注意;10:40 A 到操作室核对物品受照剂量时,才发现钴-60 源仍处工作位,于是迅速将源降入水井中,但未及时报告有关领导,也未告诉其他人员,而是继续将物品全部搬出;11:20 A 将受照情况报告有关领导,7 名受照人员立即送长海医院血液科急救。

2. 事故后果

事故发生后,北京放射医学研究所有关人员模拟估算了 7 名受照人员的受照剂量(表 9.5),并取照后 24 h 血培养分析染色体畸变。

表 9.5 受照人员受照剂量估算值

人员	A	B	C	D	E	F	G
受照剂量(Gy)	12.0	5.2	4.1	2.5	11.0	2.0	2.4
临床诊断	极重度	重度	重度	中度	极重度	中度	中度

该起辐射事故造成 7 人急性放射损伤,引起极重度骨髓型急性放射病 2 例,重度骨髓型急性放射病 2 例,中度骨髓型放射病 3 例。其中 A 于照后 25 天死亡,E 于照后 90 天死亡。

该起事故属于重大的辐射事故。事故造成直接、间接经济损失约 520 万元。

3. 事故原因

(1)管理人 A 违反操作规程,开门前未降源;

(2)联锁失灵,由于未启动控制台钴-60 源升降电源,用钥匙直接开门,第二道门的联锁不起作用,而第三道门联锁损坏未及时维修;

(3)工作人员进入辐照场未携带个人剂量报警器;

(4)另外为防止受照物倒塌,护栏架上安装了全封闭的铁皮,受照人员无法及时发现放射源。

4. 事故教训

(1)加强放射工作人员管理。本次事故放射工作人员未严格按操作规程操作,未按要求携带个人剂量报警器进入辐射场。

(2)安全联锁设计有缺陷,未体现冗余性、多样性。

(3)严禁设备带故障运行。辐射安全设备一旦发现失灵,应立即修复,不要抱侥幸心理。

（4）不能人为破坏安全联锁，也不能随便添加设施，破坏整个安全系统。

（5）辐射工作单位的辐射防护与安全管理机构或专职人员应加强辐射安全检查，发现问题，及时纠正。

（6）发生辐射事故应及时报告。本次事故发现后 40 分钟才报告，延误了一定抢救时间。

（7）加强辐射安全文化建设，预防潜在照射发生。

第 10 章 实验室激光的
安全使用与防护

　　光是一种电磁波,具有波粒二象性。各种射线的波长和频率范围见图
10.1。一般人的眼睛能看见的光的波长为 400 nm～760 nm。波长更长的叫红
外线,波长范围为 760 nm～1 mm。比红外线更长的,就是微波(1 mm～1 m)、无
线电波。比可见光波长更短的叫紫外线,波长范围为 100 nm～400 nm。比紫外
光线波长再短的,就是 X 射线和 γ 射线。

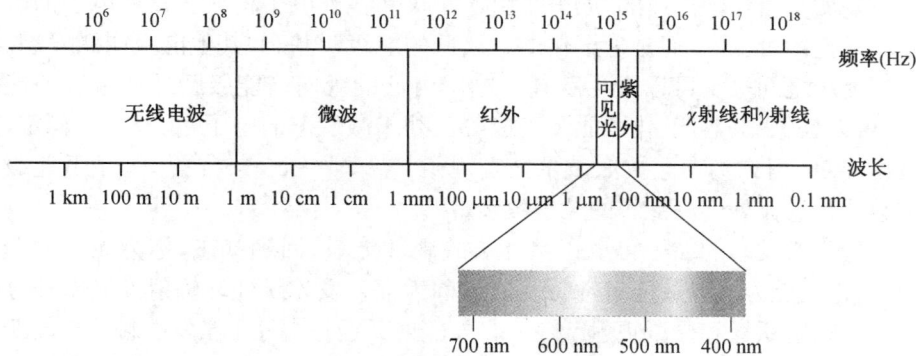

图 10.1　电磁波谱

　　紫外线的波长介于 100 nm～400 nm 之间。物理学一般将紫外区分为真空
紫外区(<190 nm)、远紫外区(190 nm～300 nm)和近紫外区(300 nm～400 nm)。
根据生物学作用的差异,紫外线又可分为三个不同的波段:UVC(100 nm～
280 nm),具有杀菌和微弱致红斑作用,又称"杀菌区";UVB(280 nm～315 nm),
对皮肤和眼睛最具损伤作用,具有明显致红斑效应,又称"红斑区";UVA
(315 nm～400 nm),可产生光毒性和光敏性效应,又称"黑光区"。大气臭氧
层能够吸收太阳光中所有的 UVC 和 90% 的 UVB,对 UVA 吸收较小。

　　红外线的波长介于 760 nm～1 mm 之间。实际应用中按红外线波长分为近
红外线(760 nm～3.0 μm)、中红外线(3.0 μm～30 μm)和远红外线(30 μm～
1 mm)。根据国际照明协会(CIE)规定,按生物学作用可分为 IR - A(780 nm～

1.4 μm)、IR-B(1.4 μm~3 μm)和 IR-C(3 μm~1 mm)。红外线的粒子能量很小,不会引起靶分子电离或化学键断裂,不会引起光化学反应,不能穿透到组织深部,主要靶组织和器官为皮肤和眼睛,且只有单纯的热效应。

激光和普通光一样都是电磁波,但与普通光不同的是,普通光是自发辐射发光,各个发光中心发出的光波在方向、位相或偏振态上各不相同,而激光是受激辐射发生,其光波具有相同的频率、方向、偏振态和严格的相位关系。

10.1　激光和激光器

10.1.1　激光的产生原理

物质是由原子组成的,原子是由原子核和核外电子构成。核外电子的能量不是连续可变的,而是量子化的。最低的能级叫基态,其他能级叫激发态。不同能级之间电子可以发生跃迁。电子由低能级向高能级跃迁所吸收的能量,可以是电能、热能、化学能和光能等。处于激发态的电子,一般很不稳定,放出能量,回到基态。按照玻尔兹曼规律: $N_2/N_1 = e^{-(E_2-E_1)/kT}$,处于低能级的粒子数总比处于高能级的粒子数多。

处于激发态的粒子可以以热能方式释放能量,回到基态,称为无辐射跃迁;若以光能方式释放能量,回到基态,称为辐射发光跃迁。辐射发光跃迁分为自发辐射跃迁和受激辐射跃迁。自发辐射跃迁是指处于激发态粒子自动跃迁到低能态,放出光子。自发辐射跃迁发出的光子频率、方向、位相和偏振不尽相同。而受激辐射跃迁是指处于激发态的粒子在光子的刺激下跃迁至基态,放出光子。产生的光子与入射光子完全相同,具有相同的频率、一致的发射方向与偏振方向以及恒定的位相。此种光称为激光(light amplification by stimulated emission of radiation,laser)。

尽管受激辐射跃迁在一般光源中也存在,但占的比例很小,不能形成激光。要得到激光,必须使处于高能级的粒子数多于处于低能级的粒子数,这种状态称为粒子数的反转分布。凡是能实现粒子数的反转分布的物质(又称为活性物质),都具有亚稳态能级,该能级的寿命比较长。在一定能量光子刺激下,活性物质可以实现粒子数反转分布,从而可以产生激光。

10.1.2　激光器的构造

所有的激光器都有三个基本组成部分:激光介质(活性物质)、激励能源(泵系统)和光学共振腔。透镜、反射镜、快门、饱和吸收体及其他辅助设备可使系统获得更大的功率、更短的脉冲及特殊形状的光束。

1. 激光介质

用作激光介质的材料必须是活性物质,能够实现粒子数反转,即处于激发态的原子和分子多于低能态的原子和分子。一旦发生粒子数反转,就能发生由受激辐射引起的光子雪崩,产生激光。

2. 泵系统

把激光介质的基态电子提升至较高能级必须有泵系统。泵系统给激光介质提供能量,增加在亚稳态能级上的原子和分子的数目。泵系统有光泵、电子碰撞泵和化学泵。光泵就是一个强光源,如氙灯或另一个激光器,它发射出光的能量比激光介质发射的光子的能量大一些。电子碰撞泵是由电流通过激光介质来达到目的,常用于气体激光器和半导体激光器。化学泵是通过化学键形成或断裂释放能量来达到给激光介质提供能量的目的。

3. 光学共振腔

光学共振腔由加在激光介质两端的全反射镜和半透镜构成。镜子的设置要使镜面与激光介质的轴线严格垂直。只有与轴线平行传播的光子,经过两个端面的重复反射,才能不断地引发受激辐射,形成振荡。反射镜的调准、弯曲和两镜之间的距离,决定了激光束的形状。在波长为 L 的共振腔内,只有光波的半波长的整数倍恰与 L 相等的光波,才能形成振荡。

1960 年 5 月 15 日美国 Maiman 制成了世界上第一台红宝石激光器,获得了波长为 694.3 nm 激光。我国首台红宝石激光器于 1961 年 8 月在中国科学院长春光学精密机械研究所诞生。

10.1.3　激光器的分类

尽管并不是所有物质都可用作激光介质,但活性物质的种类还是很多的。活性物质不同,所发射的激光波长也不相同。

激光器可以按照不同的分类标准分成许多种类。

按发光粒子分为原子激光器、离子激光器、分子(包括准分子)激光器和自由电子激光器;按活性物质的物理状态分为固体激光器、半导体激光器、液体激光器和气体激光器;按激光的波谱分为紫外激光器、可见光激光器和红外激光器,以及发展中的 X 射线激光器和 γ 射线激光器;按激光输出方式分为连续激光器、脉冲激光器。

固体激光器是在晶体或玻璃基质材料中均匀地掺入激活离子,如红宝石激光器系统中的铬离子,钕玻璃激光器系统中的钕离子等。固体激光器的优点是输出功率大,体积小,坚固,适合实现 Q 开关和锁模技术。

半导体激光器是以半导体材料作为工作介质的激光器。与其他激光器相比,半导体激光器的体积最小,重量最轻,但它的功率较小,发散角大,单色性差。

液体激光器是以溶液作为工作介质的激光器,溶液有无机和有机两类。其中有机溶液激光器中,染料激光器使用较为广泛。其最大特点是通过改变溶液的组成、温度和染料池的长度,可以输出连续可调的不同波长的激光,缺点是发散角较大。

气体激光器是以气体为工作介质的激光器,激活粒子可以是原子、分子和离子,如 He - Ne 气体激光器、CO_2 气体激光器和氩离子激光器等,激光波长广泛分布在紫外到远红外波段范围。气体激光器的优点是单色性、方向性比其他类型激光器好。

连续波激光器是指能在整个使用期间连续不断地发射激光,常用的是气体激光器和半导体激光器,输出功率一般都比较小,在数百瓦以下。

脉冲激光器是指激光以脉冲方式发射,常见的脉冲激光器的脉冲持续时间为几十微秒到几毫秒,单个脉冲的总能量大多在千焦耳以下。为了获得功率更高的脉冲激光,可采用 Q 开关和锁模技术,制成巨脉冲激光器。

10.1.4　激光的特性

激光除了具有光的一切特性之外,还具有其他光源所不同的特性,方向性好,亮度高,单色性好,相干性好。

1. 方向性

普通光源向外部四面八方辐射发光,无方向性。而激光是定向发光,是由共振腔对光束方向选择所决定的,只有沿共振腔轴线方向传播的光才会振荡放大,偏离轴线的光不能维持振荡而逸出共振腔。激光在空间传播,光束发散很小,接近于平行光。激光器输出的激光光束发散角几乎都在毫弧度(mrad)数量级。如固体激光器的光束发散度约为 5 mrad,气体激光器的光束发散度在 2 mrad 以内。

2. 亮度

光源每单位面积每单位立体角所辐射的功率称为亮度。由于激光的方向性好,发光立体角比普通光源小百万倍,而激光脉冲的持续时间可以很短,因此激光的亮度比普通光源的亮度高上百万倍以上。如激光被透镜聚焦,在焦点附近能产生几百度至几万度的高温,可用来对生物组织汽化、切割或凝固等,也可对金属进行打孔、焊接、切割等处理。

3. 单色性

具有单一频率的光称为单色光。实际上,辐射的光不是单色的,而是一定波长范围,这种波长范围称为单色光的谱线宽度。谱线宽度越窄,单色性越好。普通光源中^{86}Kr 发出的 605.7 nm 的光谱单色性最好,低温下谱线宽度为 $4.7×10^{-4}$ nm。而激光的单色性却好得多。He - Ne 气体激光器发出的 632.8 nm 的激光,其谱线宽度可小至 10^{-8} nm,比氪灯单色性好上万倍。

4. 相干性

频率相同、振动方向相同的两列波,相遇处位相差恒定,这样两列波称为相干波。激光是由受激辐射产生的,其光子的频率、位相恒定、方向一致,相干性强。因此激光是非常理想的相干光源,可用作全息照像和干涉仪的光源。

10.2 激光和激光器安全使用与防护

10.2.1 激光的生物学效应

激光具有方向性、高亮度、单色性和相干性特性。激光照射生物组织,除了部分被组织直接反射或从组织中透射出外,其余则被组织吸收。吸收的激光能够产生生物效应。激光的生物效应由激光参数和生物组织的性质决定。激光参数主要包含波长、能量密度、功率密度、剂量、辐照时间和辐射面积等;生物组织的性质主要是指光学性质(如反射、吸收及散射等)和热力学性质(如热传导及热容量等)。

激光的生物效应大致有四种,即热效应、光化效应、机械效应和电磁效应。

1. 热效应

激光的生物热效应主要通过两种途径:① 吸收生热:生物体吸收红外激光后,光能转变为生物分子的振动能和转动能,使温度升高。生物体的红外吸收区主要在 2.8 μm~6.3 μm,与水的吸收峰相近。② 碰撞生热:生物体吸收可见和紫外激光后,受激的生物分子通过多次碰撞将其吸收的能量转移为邻近分子的平移能、振动能和转动能,使物体温度升高。红外激光的生热效率要高于紫外光和可见光激光。

热效应能使生物组织的温度升高,造成蛋白质变性、酶的活性下降和皮肤的损伤。

2. 光化效应

激光的生物光化效应是指生物体在激光作用下产生的生物化学反应。光化效应一般可分为两个阶段:初级光化反应和次级光化反应。初级光化反应是指生物分子吸收能量后发生的化学键断裂或形成新的化学键的化学反应;次级光化反应是指初级光化反应中产生的具有高度化学活性的中间产物(如自由基、离子或其他不稳定产物),继续进行的化学反应。光化效应主要表现为光致裂解、光致氧化、光致聚合和光致敏化等。

3. 机械效应

激光照射生物体时,光子的能量会发生变化,因而会有力作用于生物体上。激光直接照射在生物体面上产生的压力称为一次压力。而由照射热效应导致的生物组织蒸发、热膨胀和汽化等产生的压力,称为二次压力。光致压力作用是激光直接和间接作用的结果。光致压力可导致生物体细胞和组织的撕裂,称为激光的生物机械效应。

4. 电磁效应

激光是一种电磁波,其电场强度 E 和功率密度 I 的关系为:$E=27.4\ I^{1/2}$。强大的激光电场可使生物偶极子发生二次或三次谐波,生物分子产生电离、自由基和电致伸缩等,从而导致细胞损伤。

10.2.2 激光的损伤

激光对人体的危害主要是热损伤、机械损伤、光化损伤和刺激损伤,主要器官为眼睛和皮肤。

1. 激光对眼睛的损伤

人体对光最敏感的器官是眼睛。激光对人的危害,最应注意的是眼睛。眼睛的基本构造见图10.2。

激光对眼睛的损伤与激光波长、功率、光束发散角、激光入射角、距离、瞳孔的大小和眼底颜色深浅等有关。

构成眼睛的各部分组织,对不同波长的电磁波有不同的吸收率和透射率。波长在可光见区,透射率高,吸收率低,光线透过眼睛的折光系统,聚焦在视网

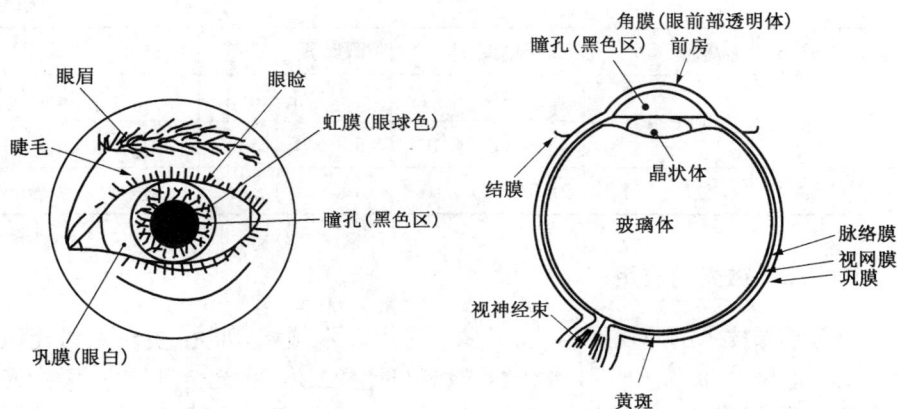

图 10.2　眼睛(左眼)的基本构造

膜上,主要损伤视网膜,尤其是黄斑区。近紫外可以透过角膜到晶体的前部,会伤及晶体。近红外有较高的透过率,同时又有相当大的吸收率,可以引起角膜、晶体和眼底损伤。远紫外和中、远红外不能透过眼的屈光介质,全部被角膜吸收,引起角膜损伤。

激光对眼睛的损伤主要是角膜、晶状体和视网膜的损伤。

2. 激光对皮肤的损伤

皮肤是人体的保护屏障。当激光照射人体皮肤时,可由热效应和非热效应引起皮肤的损伤,导致皮肤炭化、汽化、血液凝固、蛋白变性、发红和非热反应等。

能引起最小可见伤害的最低功率密度称为激光损伤阈值。常用激光器对眼睛和皮肤的损伤阈值见表 10.1。

表 10.1　常用激光器对眼睛和皮肤的损伤阈值

激光器类别	波长/μm	照射时间/s	眼睛损伤阈值	皮肤损伤阈值
Ar^+	0.448 0	$10 \sim 10^4$	10 mJ/cm^2	0.2 mW/cm^2
	0.514 5	$>10^4$	$1 \mu\text{W/cm}^2$	0.2 mW/cm^2
钕玻璃(脉冲)	1.06	10^{-3}	$5 \times 10^{-5} \text{ J/cm}^2$	0.2 J/cm^2
		$(5 \sim 100) \times 10^{-9}$	$5 \times 10^{-6} \text{ J/cm}^2$	0.02 J/cm^2
He-Cd	0.325 0	$>10^3$	1 mW/cm^2	1 mW/cm^2
CO_2	10.6	>10	0.1 W/cm^2	0.1 W/cm^2

激光器类别	波长/μm	照射时间/s	眼睛损伤阈值	皮肤损伤阈值
红宝石（脉冲）	0.694 3	10^{-3}	$10^{-5}\,J/cm^2$	$0.2\,J/cm^2$
		$(5\sim100)\times10^{-9}$	$5\times10^{-7}\,J/cm^2$	$0.02\,J/cm^2$
染料（脉冲）	$0.5\sim0.7$	$(0.5\sim20)\times10^{-6}$	$5\times10^{-7}\,J/cm^2$	$0.03\sim0.07\,J/cm^2$

10.2.3 激光的应用

随着激光技术迅速发展,形成了多个应用技术领域,如光电技术、激光医疗与光子生物学、激光加工技术、激光检测与计量技术、激光全息技术、激光光谱分析技术、激光化学、激光雷达、激光制导、激光分离同位素、激光可控核聚变、激光武器等。在高校实验室中激光主要应用有激光指示器、激光打印机、激光通信、激光测距、激光切割、打孔和焊接、激光相干性示教、使用激光测量设备(如激光共聚焦显微镜、流式细胞仪、荧光分析仪等)等。

10.2.4 激光的防护

1. 激光产品的分类

激光产品是指附带或不附带独立电源的单一激光器,或者装配了一个或多个激光器的复杂光学、电气或机械系统。根据激光器所产生的激光对人体的损害程度,把激光产品分为1～4类安全等级。GB 7247.1—2001 中详细列出了 1～4 类激光产品的可达发射极限(AEL)。

1 类激光器是指在合理可预见工作条件下是安全的激光器。1 类激光产品主要有:激光打印机,CD 播放器,CD - ROM 设备,地质勘测设备以及实验分析设备。1 类激光器的激光在任何条件下都不会对人体或皮肤产生损害。使用 1 类激光设备时,无需其他辅助安全设备。

2 类激光器是指发射波长为 400 nm～700 nm 可见光的激光器,功率一般小于 1 mW,通常可由包括眨眼反射在内的回避反应提供眼睛保护,但该激光长时间(大于 15 min)照射会伤害人的眼睛,避免用望远镜观看 2 类激光。2 类激光产品有激光指示器,瞄准装置和距离测量设备等。

3 类激光器分为 3A 和 3B。3A 类激光器是指用裸眼观察是安全的激光器。对于发射波长为 400 ～700 nm 可见光激光,由包括眨眼反射在内的回避反应提供保护;对于其他波长对裸眼的危害不大于 1 类激光器,激光器的功率在 1～5 mW。直视 3A 类激光是非常危险的,禁止用望远镜观看 3A 类激光。

3A 类激光产品有激光指示器、激光扫描仪等。3B 类激光器是指直接光束内视是危险的激光器,功率一般在 5~500 mW。直接观察 3A 类激光束或其镜反射,需配戴防护镜。

4 类激光器是指能产生危险的漫反射的激光器,功率一般大于 500 mW。此类激光器可能引起皮肤灼伤、也可引起火灾。使用此类激光器要特别小心,任何人位于 4 类激光辐射范围内必须穿戴防护服以及眼罩。4 类激光产品有激光手术刀、激光切割和焊接设备等。

2. 激光警告标识

激光辐射警告标志图形为正三角形外框中一个同心圆和从该同圆心向外呈太阳辐射状的一条长线、若干中长线和短线组成。在激光辐射警告标志正下方说明标志长方形边框中可加注名称(当心激光)或说明文字。激光辐射警告标识图例见图 10.3。

图 10.3　激光辐射警告标识

对所有 2 类及以上的激光产品都必须有激光安全标志。每台设备必须同时具有激光警告标志、激光安全分类说明标志和激光窗口标志。在 3A 类激光产品作为测量、准直、调平使用时的场所应设置激光安全标志;对所有 3B 类和 4 类激光产品工作场所都必须有激光安全标志。

3. 激光照射限值

2007 年中华人民共和国卫生部发布了《工作场所有害因素职业接触限值第 2 部分:物理因素》(GBZ 2.2—2007),规定了工作人员 8 h 眼直视激光束的职业接触限值和激光照射皮肤的职业接触限值,分别见表 10.2 和表 10.3。

表 10.2　眼直视激光束的职业接触限值

光谱范围	波长(nm)	照射时间(s)	照射量(J/cm²)	辐照度(W/cm²)
紫外线	200～308	10^{-9}～3×10^4	3×10^{-3}	
	309～314	10^{-9}～3×10^4	6.3×10^{-2}	
	315～400	10^{-9}～10	$0.56t^{1/4}$	
	315～400	10～10^3	1.0	
	315～400	10^3～3×10^4		1×10^{-3}
可见光	400～700	10^{-9}～1.2×10^{-5}	5×10^{-7}	
	400～700	1.2×10^{-5}～10	$2.5t^{3/4}\times10^{-3}$	
	400～700	10～10^4	$1.4C_B\times10^{-2}$	
	400～700	10^4～3×10^4		$1.4C_B\times10^{-6}$
红外线	700～1 050	10^{-9}～1.2×10^{-5}	$5C_A\times10^{-7}$	
	700～1 050	1.2×10^{-5}～10^3	$2.5\,C_A\,t^{3/4}\times10^{-3}$	
	1 050～1 400	10^{-9}～3×10^{-5}	5×10^{-6}	
	1 050～1 400	3×10^{-5}～10^3	$12.5t^{3/4}\times10^{-3}$	
	700～1 400	10^4～3×10^4		$4.44C_A\times10^{-4}$
远红外线	1 400～10^6	10^{-9}～10^{-7}	0.01	
	1 400～10^6	10^{-7}～10	$0.56t^{1/4}$	
	1 400～10^6	＞10		0.1

注：t 为照射时间。

表 10.3　激光照射皮肤的职业接触限值

光谱范围	波长(nm)	照射时间(s)	照射量(J/cm²)	辐照度(W/cm²)
紫外线	200～400	10^{-9}～3×10^4	同表 10.2	
可见光与红外线	400～1 400	10^{-9}～3×10^{-7}	$2C_A\times10^{-2}$	
		10^{-7}～10	$1.1C_At^{1/4}$	
		10～3×10^4		$0.2C_A$
远红外线	1 400～10^6	10^{-9}～3×10^4	同表 10.2	

注：t 为照射时间。

表 10.2 和表 10.3 中波长（λ）与校正因子的关系为：波长 400 ～700 nm，$C_A=1$；波长 700～1 050 nm，$C_A=10^{0.002(\lambda-700)}$；波长 1 050～1 400 nm，$C_A=5$；波长 400～550 nm，$C_B=1$；波长 550～700 nm，$C_B=10^{0.015(\lambda-550)}$。

4. **防护措施**

激光主要损伤眼睛和皮肤，除在工作场所显著位置设立激光辐射警示标志、采用联锁装置和隔室操作等方式外，工作人员应做好个人防护。激光作业的个体防护装备一般是激光防护目镜和防护服。主要的防护措施如下：

（1）激光使用场所光照应明亮。人在明亮环境中瞳孔缩小，可减少激光束照射到视网膜上的光量。

（2）工作人员应避免直视激光束，佩戴合适的激光防护目镜。激光防护目镜种类繁多，从防护机制上可分为吸收型、反射型、复合型、光化学反应型、光电型等，常用的材料为玻璃和塑料。激光防护目镜在醒目位置设有永久性标志，标志内容有防护波长和防护光密度值。激光工作人员应根据激光器输出的波长和功率，选择适当的激光防护目镜。

（3）工作人员应穿反射性能较强的白色防护服。

第 11 章　实验室通用电气安全与防护

11.1　电气事故类型及危害

电气事故(electrical accident)指由于电气设备故障直接或间接造成设备损坏、人员伤亡、环境破坏等后果的事件。电气事故按发生灾害的形式,可以分为人身事故、设备事故、电气火灾和爆炸事故等;按发生事故时的电路状况,可以分为短路事故、断线事故、接地事故、漏电事故等;按照造成事故的基本原因,可以分为触电事故、雷电和静电事故、射频伤害(电磁场辐射)、电路故障等,尤其以触电事故最为常见。电气事故具有危险源识别难、事故危害大、涉及领域广等特点,掌握基本的电气安全知识和防护技术,是预防电气事故的基本要素。

11.1.1　触电事故

触电(electric shock)事故是最常见的一种电气事故,人体触及带电体与电源构成闭合回路,就会有电流通过人体,对人体造成伤害。触电事故伤害主要有电击和电伤两种:① 电击:指电流通过人体内部,直接对内部器官、组织造成伤害。电流通过人体的不同器官会形成不同程度的伤害,最危险的形式有通过心脏会引起心室颤动致使心脏停止跳动(血液循环停止)而死亡、通过中枢神经系统会导致中枢神经系统失调(遏制呼吸)而死亡、通过胸肌引起胸肌收缩导致窒息而死亡、通过头部会使人立即昏迷、通过人体脊髓会引起人体肢体瘫痪等。电击的另一种形式是高压电击穿空气与人体形成电流回路引发电击伤害。② 电伤:指电流直接或间接对人体表面的局部组织造成伤害,包括① 电灼伤:指由于电流的热效应和电弧对皮肤烧伤;② 电烙印:指由于电流化学效应和机械效应产生的皮肤肿块、硬化等伤害;③ 皮肤金属化指由于电弧使金属高温熔化、蒸发并飞溅渗透到皮肤表层引起的皮肤粗糙硬化伤害。

触电是一种非常复杂的过程,一般电击和电伤往往同时发生,但绝大多数触电死亡事故都是由于遭电击引起的。正确认识电流对人体的伤害,有助于在日常生活工作环境中有效预防触电事故。

1. 电流对人体的伤害

通过人体的电流越大,人的生理反应越明显,事故的危害越大。按照不同电流强度通过人体时的生理反应,可将电流分为以下三类:

(1) 感觉电流:人体能感觉到的最小电流称为感觉电流。工频平均感觉电流成年男性约为 1.1 mA,成年女性约为 0.7 mA,直流感觉电流均为 5 mA,相对来说女性对电流更敏感。

(2) 摆脱电流:触电后人体能自主摆脱电源的最大电流。工频平均摆脱电流成年男性约为 16 mA,成年女性约为 10 mA,直流摆脱电流均为 50 mA。摆脱电流的大小与触电的形式和触电人的身体状况有较大关联,身体强壮的其摆脱电流会相应高些。

(3) 致命电流:人体发生触电后,在较短时间内危及生命的最小电流,也称为室颤电流。一般情况下,通过人体的工频电流超过 50 mA 时,心脏就会停止跳动,出现致命危险。实验证明,电流大于 30 mA 时,心脏就会发生心室颤动的危险,因此 30 mA 也是作为致命电流的一个阀值。一般漏电保护器的电流漏电脱钩器电流也是定为 30 mA。

电流通过人体的持续时间越长,对人体的伤害越大。人体心脏每收缩和扩张一次,中间有一时间间隙,在这段间隙时间内,心脏对电流特别敏感,即使电流很小,也会引起心室颤动,因此触电时间超过 1 秒,就相当危险。这种情况下,及时脱离电源是唯一救援形式。

2. 电压对人体触电的影响

作用于人体的电压越高,危险越大。人体的阻抗主要由人体内部阻抗和皮肤表面阻抗组成,其中内部阻抗与外界条件无关,一般为 500 Ω 左右,皮肤表面阻抗在正常环境条件下相对稳定,一般为 1 000～2 000 Ω,但随着环境变化,主要是干燥程度变化,阻抗会急剧变化,同时随着电压的增高,人体的阻抗会出现剧烈下降趋势。

3. 电流通过人体不同途径对人体触电的影响

电流总是从电阻最小的途径通过,因此触电形式的不同,电流通过人体的主要途径也不同,其危害程度和造成人体伤害的情况也不同。最危险的形式是电流从左手到脚。

4. 安全电流、电压

通过科学实验和事故分析,一般把摆脱电流认为是安全电流,工频电流为

10 mA,直流为 50 mA。由于人体阻抗的变化区间相对稳定,因此通常认为低于 40 mAV 的工频(交流)电压为安全电压,安全电压等级一般分为 42 V、36 V、24 V、12 V、6 V,超过 24 V 时应有安全措施。

5. 人体触电方式

人体触电一般分为直接接触触电(单相触电、两相触电)、跨步电压触电和接触电压触电等几种形式。

11.1.2 电气火灾和爆炸

电气火灾和爆炸事故是指由于电气原因引起的火灾和爆炸事故。其发生的原因,涉及电气设备的设计、制造及安装、使用等阶段。由实验室电气设备引发的电气火灾和爆炸事故的原因主要集中于安装和使用过程,特别是由于使用过程中产生的电流热量、电火花或电弧等诱发的事故偏多。

1. 电气设备过热

在使用电气设备的过程中,电流通过导体时,由于导体电阻的存在,就会消耗部分电能,并转化为热能,这部分热量会使导体温度升高,当温度超过电气设备及周围材料的允许温度并达到燃点时就可能引发火灾。

常规设备的过热事故是由于下列原因引起的。

(1) 电路短路。线路发生短路时,电流将急剧增加,使设备温度在短时间内迅速升高达到可燃物的燃点引发火灾,尤其是连接部分接触电阻相对较大处更容易发生温度积聚。引起电路短路的原因绝大部分是由于绝缘损坏。

(2) 过负荷。由于供电线路和设备设计或选用不合理,在运行过程中电流超过设计的额定值,导致线路过负荷,引起供电线路或供电设备温度上升、积聚,当温度超过供电线路或设备的允许值时发生火灾。

(3) 接触不良。使用设备与供电设施之间连接不良,如插头连接不牢、活动端子(开关、熔丝、接触器、插座、灯座等)接触不良,导致接触电阻增大,长期使用后导致接头过热,诱发火灾。

(4) 散热不良。由于使用环境或设备的散热通风措施遭到破坏,设备运行中产生的热量不能有效散热,造成设备过热。

(5) 发热量大的一些设备由于安装或使用不当引发火灾,如电炉、白炽灯等。

2. 电火花和电弧

电火花是电极间击穿放电时产生的强烈流注,大量电火花汇集成电弧,电火花的温度可高达数千度,不仅能直接引起可燃物燃烧,还能使金属熔化、飞溅,构成二次火源。闸刀开关、断路器、接触器、继电器等电器正常工作或正常操作过程中会产生电火花;直流电动机的电刷与换向器的滑动接触处、绕线式异步电动机的电刷与滑环的滑动接触处也会产生电火花;电气设备或电气线路的绝缘发生过电压击穿、发生短路、故障接地以及导线断开或接头松动时,都可能产生电火花或电弧;熔断器的熔体熔断时也会产生危险的电火花或电弧;雷电放电、静电放电、电磁感应放电也都会产生电火花;切断感性电路时,断口处将产生比较强烈的电火花或电弧。在有可燃、爆炸危险的场所,如有堆积可燃物品、粉尘、可燃气体等场所,电火花和电弧更是十分危险的因素。

11.1.3　静电危害

在日常生活中,最常见的静电是由于两种不同的物质相互摩擦时,自由电子在物体之间会发生转移现象,呈现电性,失去电子的物质带上正电,得到电子的物质带负电,这种因摩擦而产生的电,叫做静电。足够量的静电,会使局部电场强度超过周围介质的击穿场强而产生火花,引发爆炸事故和火灾事故。人体积累的静电积累到 2 000 V 以上会产生不同程度的静电电击,严重的会造成人体伤害。电气设备系统的静电积累会严重干扰设备功能的正常使用,引发关联事故。

11.1.4　电磁场危害

人体在电磁场作用下,能吸收一定的辐射能量,使人体内一些器官的功能受到不同程度的伤害。在一定强度的高频电磁场作用下,人会产生头晕、头痛、乏力、记忆力衰退、睡眠不好等症状,影响工作和生活。有时会出现多汗、食欲减退、心悸、脱发、视力减退以及心血管系统方面的异常。在超短波和微波电磁场的作用下,除神经衰弱症状会加重外,植物神经系统也会失调,出现如心动过缓或过速,血压升高或降低等异常反应。电磁场对人体的影响往往是功能性改变,具有可恢复性,所产生的症状一般在脱离接触后数周内就可消失。

一般归纳起来,电磁场对人体的影响程度与以下因素密切相关:

(1)电磁场强度越高,对机体的影响越严重;

(2)电磁场频率越高,对人体的影响越严重;

(3)在其他参数相同的情况下,脉冲波比其他连续波对人体的影响更严重;

(4)受电磁波照射的时间越长,对人体的影响越严重;

（5）电磁波照射人体的面积越大，人体吸收的能量越多，影响越严重；

（6）温度太高和湿度太大的环境下，不利于机体的散热，会使电磁场影响加重；

（7）电磁场对人体的影响程度，女性比男性相对重些。

高频、微波电磁场除对人体有危害外，还会产生高频干扰，影响通信、测量、计算等电子设备正常工作，诱发事故。有时还会因电磁场的感应产生火花放电，造成火灾或爆炸等严重事故。

11.2 实验室电气设备安全与防护

电气设备（electrical equipment）泛指按功能和结构适用于电能应用的产品或部件，如发电、输电、配电、储存、测量、控制、调节、转换、监察、保护和消费电能的产品，包括通讯技术领域中的及它们组合成的电气装置、电气设备、电器器具等。实验室用电气设备主要指电气试验和测量设备、电气控制设备、电气实验设备等。

11.2.1 建立正确合理的实验室电气设备使用环境

实验室电气安全涉及实验室的建造、设计和使用过程，同时涉及各类实验室电气设备的整个生命周期，包括设计、制造、安装、使用、维护及改造等过程，涉及的人员主要是管理者和具体使用者。建立正确合理的实验室电气设备使用环境一般须经过实验室电气设备及其使用环境的危险识别、风险预估和风险评价3个阶段，设计和实施防护措施是消除危险、降低风险的最直接手段。

1. 实验室电气设备及使用环境危险识别

系统地识别电气设备生命周期中所有阶段的潜在危险、危险处境和危险事件是建设实验室电气安全环境的基础步骤，必须区别所考虑的危险、危险处境或危险事件是否影响对人员、财产或两者的损害。实验室电气设备生命周期的所有阶段包括设计、制造、安装、运行、使用、维护、改造等。危险识别应从电气设备进行各项操作以及与电气设备交互人员的各项任务中进行识别，识别任务须考虑电气设备生命周期所有阶段的所有相关任务，识别任务一般可以有以下内容：设置、测试、编程、启动、所有操作模式、从电气设备移动产品或部件、正常停止、意外停止、紧急停止、从阻断状态恢复、在意外停止后启动、意外启动、勘察/排除故障、清洁和清扫、计划内维护和维修、计划外维护和维修、合理预见误用等。

　　危险识别应识别并列出有关危险、危险处境和危险事件的列表,并赋以能够以危险处境在何时和如何导致伤害的方式来描述可能发生的事故背景。只有识别危险后,才可能采取措施降低与之有关的风险。

　　识别危险的常用方法一般有以下两种:

　　(1) 自上而下法:以潜在后果(例如触电、灼伤、火灾等)的核查清单为起点,并确定引起伤害的危险源。识别时由危险事件返回到危险处境,再返回到危险本身。该核查清单中的每一项依次应用于电气设备生命周期的每个阶段、每个零部件/功能和(或)任务。该方法的缺点之一是工作过于依靠可能并不完善的核查清单,对人员要求有较丰富的经验。

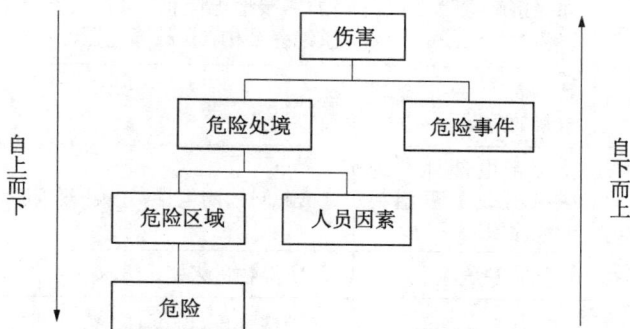

图 11.1　危险识别的自下而上和自上而下的方法

　　(2) 自下而上法:以考察所有危险作为起点,考虑在所确定的危险处境中所有可能出错的途径(如绝缘、潮湿、老化、损坏、故障等),以及这种处境如何导致伤害的。自下而上法比自上而下法更全面和彻底,但这种方法花较多时间,有可能会造成过于复杂和冗长而缺失重点。

　　危险识别时,应将危险识别进行适当方式的记录,以保证能清楚地描述下列信息:

　　(1) 危险及其位置(危险区域);

　　(2) 危险处境,指不同类型的人员(如管理人员、维护人员、使用人员等)以及他们所从事的使其暴露在危险中的任务或活动;

　　(3) 作为危险事件或长时间持续暴露的结果,危险处境如何导致伤害及造成伤害的过程、程度等;

　　(4) 有关电气设备的可能的特殊伤害(一般会通过技术手册等作特殊申明)的性质和严重程度。

表 11.1 列出了电气设备的通用危险源。

表 11.1　通用危险源识别

序号	危险类别	危险名称	可能的危险源
1	电击危险	电气绝缘危险	① 绝缘电阻和泄露电流;② 介质强度;③ 绝缘结构和耐热性;④ 防潮性能;⑤电气绝缘的应用。
		直接接触危险	① 人体允许流过的电流值;② 安全特低压限值;③ 外壳防护及等级(防异物、水等的进入);④ 电气隔离;⑤封闭场所。
		间接接触危险	① 保护接地(接地系统连接的可靠性、耐腐蚀性,接地电阻值,保护接地标志等);② 双重绝缘结构;③ 故障电压、过流切断等。
2	着火危险	结构部件的非金属材料的危险	耐热性
		支撑带电部件的绝缘材料或工程塑料的危险	① 耐热性、耐电性;② 耐燃、阻燃性。
3	机械危险	外壳防护危险	① 防异物进入;② 防水进入。
		结构危险	① 结构强度、刚度;② 表面粗糙度、锐边、棱角;③ 稳定性。
		运动部件的危险	① 机械防护罩材料及其厚度、尺寸;② 运动件、作业工具的防甩出;③ 气体、液体介质的飞溢;④ 振动。
		联接危险	① 机械联接危险(联接件的应用、参数、可靠性等);② 电气联接的危险(联接结构、内部接线、电源连接、电缆等的可靠性)。
4	运行危险	环境变化引起的危险	① 海拔、温度、湿度;② 外部的冲击、振动;③ 电场、磁场和电磁场的干扰。
		接近、触及危险部件的危险	① 人肢体触及危险部件;② 刀具、刃具、磨料等的线速度控制。
		危险物质	① 阻止燃烧;② 易爆物质的隔离;③ 灰尘、液体、蒸汽和气体的溢出。
		振动、噪音的危险	① 消声设施;② 隔离设施。

续表

序号	危险类别	危险名称	可能的危险源
4	运行危险	静电积聚引起危险	
		防止电弧引起危险	
		电源控制及危险	① 电压波动、中断、暂降等电源故障；② 应急自动切断电源；③ 电源开关与控制的可靠性。
		操作故障引起的危险	① 误操作；② 意外启动、停止；③ 无法启动；④ 硬件或软件的逻辑错误；⑤ 操作规程。
5	辐射危险	电离辐射危险	① 激光和化学辐射；② 红外线、可见光辐射；③ 紫外线辐射。
		非电离辐射危险	① 射频电场、磁场和电磁场辐射；② 极低频电场、磁场。
6	人体工程学	操作性危险	① 操作适应人体的动作特性、感觉；② 提高舒适度、减少疲劳和心理压力的程度；③ 人机互动界面。
7	化学品危险	电气设备使用的材料	① 限制使用的金属；② 限制使用的化学品等。

危险识别一般可以建立以下格式的表格予以记录：

表 11.2　危险源识别记录

危险源识别				
资源（初步设计文件、技术文件、构造文件）			方法/工具	
范围（生命周期阶段、电气设备零部件/功能）			分析员	
危险	危险区	危险处境	危险事件	可能的伤害

2. 实验室电气设备风险评估

识别危险后,应通过测定各类危险源的各项风险要素,对每种危险处境进行风险预测,综合判定各项风险。

（1）风险要素

特定情况或技术过程中的相关风险源主要由表 11.3 所示各项要素组成:

表 11.3　风险要素

序号	风险要素	程度	描述
1	伤害的严重程度	伤害的程度	① 轻微:正常可逆或可修复; ② 严重:正常不可逆或不可修复或死亡。
		伤害的广度	① 单个人员或设备本身或周围环境财产
2	发生伤害的可能性	暴露的危险处境	① 需要触及危险区域,如正常操作、维护等;② 触及的性质,如手动操作、给料等;③ 在危险区域停留的时间;④ 所需涉及的人员数量;⑤ 触及的频率、度;⑥ 已采取的防护;⑦ 电气设备运行的持续时间;⑧ 电气设备关闭的持续时间;⑨ 电气设备在监控下运行和关闭。
		发生危险事故	发生危险事件的评定准则:① 可靠性和其他统计书籍;② 意外事故历史;③ 损害健康或财产的历史;④ 风险比较。
		抑制伤害的可能性	避免或限制伤害的评定准则:① 操作电气设备的人员:技术人员、非技术人员、无人操作;② 人员避免或限制伤害的可能性(如反应、敏捷、脱离的可能性):可能、有条件下的可能、不可能;③ 发现风险的途径:通过总体信息(隐含)、通过直接观察、通过警示和指示装置;④ 实际经验和知识:有无关于电气、电气设备的经验;⑤ 危险处境下导致伤害的速度:突然、快、慢;⑥ 不同暴露人员对伤害的感受范围以及可以降低的伤害广度。

（2）风险程度

一般通过风险指数来描述风险程度,风险指数是通过描述相关的危险、危险处境、危险事件和可能的伤害,评定风险要素相对应的参数。

3. 实验室电气设备风险评价

风险预估后,进行风险评价,以评定是否需要降低风险或是否已实现安全。如果需要降低风险,则须选择适当的防护措施予以实施,直至消除各种危险隐患,达到安全。在评价风险时,应根据具体实验环境采用的基础安全标准和多专业安全标准进行。因此,风险评价的主要目的是通过设计减少风险并根据现有条件确定最合适的安全措施。

风险评价中考虑的因素,如表 11.4 所示。

表 11.4　风险评价因素

序号	因　素	描　　述
1	人员要素	风险评价中考虑人员要素可能带来的风险,常规包括以下方面: ① 人员与电气设备的互动,包括维修;② 人员之间的互动;③ 心理压力相关的因素;④ 人体工效学影响;⑤人员在特定情况下认知风险的能力,该能力与其经历的培训、经验和自身能力相关。 预估暴露人员的能力,一般须考虑以下因素: ① 在电气设备设计中给出的人体工效学原则;② 执行任务需具备的能力;③ 对风险的认知;④ 执行任务正常操作的情况下的信心;⑤误导以致违反规定的和必要的安全操作规程。 培训、经验和能力可能影响风险,但设计和实施防护措施仍是消除危险、降低风险的最直接手段。
2	可靠性和环境因素	风险预估应考虑设备零部件的可靠性和环境因素,一般包括以下方面: ① 识别可能伤害的环境,如环境参数、电磁兼容、振动、电源故障等; ② 尽可能使用定量方法,并在使用过程中验证,以比较各种防护措施; ③ 提供相关信息,以便选择适当安全功能的零部件和装置。 与技术培训、工作组织、正确行为、注意事项、应用人员防护装备等相关防护措施相比,设计阶段所实施的安全措施和技术安全措施更为有效。因此在风险预估中,设计措施的可靠性所具有的风险相对低于技术防护措施的风险。
3	防护措施失效的可能性	风险预估必须考虑措施失效或没有起到有效的防护的可能性: ① 防护措施影响效率,或涉及其他活动,或与用户预想不符; ② 难以使用防护措施;③ 涉及除操作人员以外的人员;④ 用户不知道防护措施或不认可防护措施的有效性。
4	防护措施的维持能力	

续表

序号	因 素	描 述
5	使用信息	① 建立有关电气设备预期用途的信息,特别是电气设备的所有操作模式; ② 应向使用者提供必备信息,以保证安全和正确使用电气设备,应将可能的残余风险告知使用者,并作出相应警告及措施; ③ 使用信息应包括依据指示和描述合理预期的电气设备用途,并应警告除描述信息以外的使用方法使用电气设备而造成的风险,特别考虑其可以预见的误用; ④ 使用信息应包括运输、组装、安装、使用、操作、清洁、维修等相关内容。

4. 风险识别、预估及评价的逻辑过程

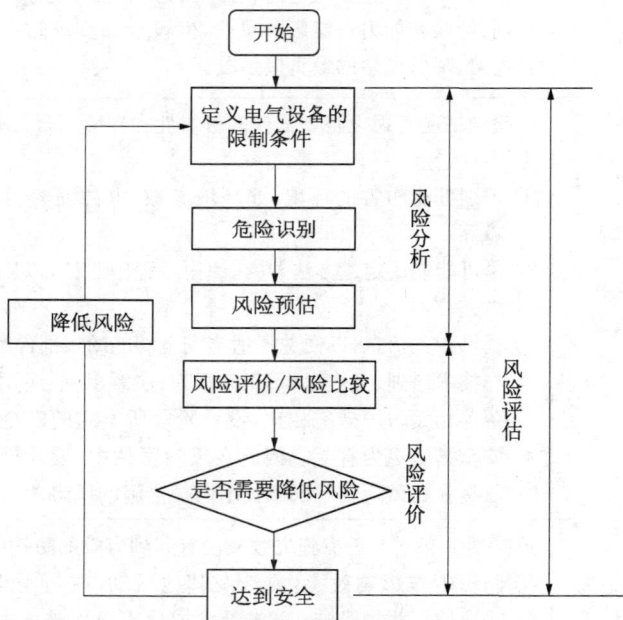

图 11.2 风险识别、预估及评价的逻辑过程

5. 实验室电气设备的风险降低

降低风险的目标,可通过移除危险,或分别、同时降低以下两种风险要素的一种:① 所考虑危险的伤害严重程度;② 发生伤害的可能性。风险降低的过程可以按照图 11.3 的顺序执行,以降低残余风险。

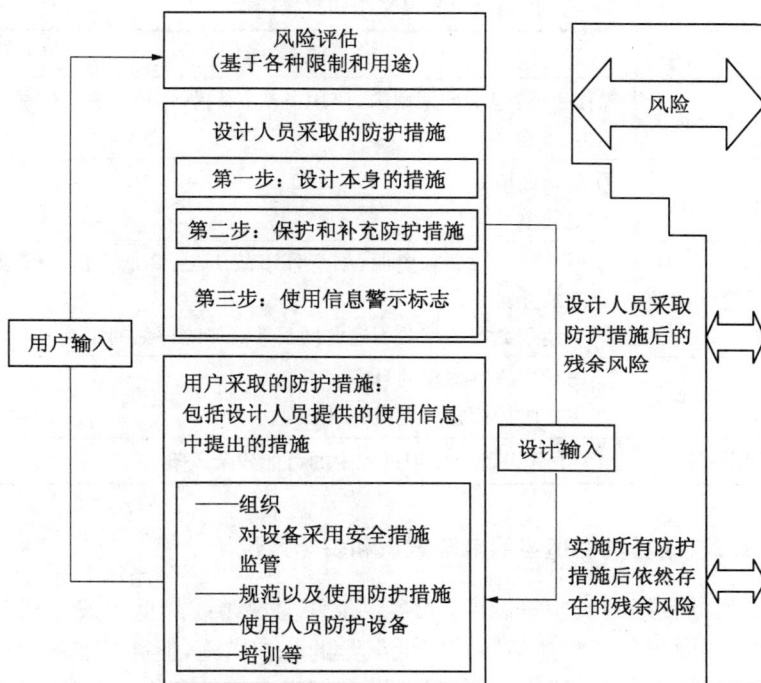

图 11.3　风险降低的过程方法示意图

判断电气设备是否安全,一般可以按下面信息进行自我检查:

① 是否已考虑了所有操作条件和所有干预程度?

② 是否已消除危险或适当降低风险?

③ 是否确定所采取的措施不会带来其他危险?

④ 是否已让使用者充分了解残余风险并且给予警告?

⑤ 使用者的操作条件和电气设备的使用能力是否不会受到所采取措施的影响?

⑥ 所采取的各项防护措施之间是否相互兼容?

⑦ 是否已充分考虑在非专业/专业背景下对专业/工业用途的特定使用所带来的后果?

⑧ 是否确定所采取的措施不会降低电气设备发挥其功能的能力?

6. 实验室电气设备安全环境建设涉及的主要文档和规程

表 11.5　主要文档和规程类型

序号	文档类型	说　明
1	电气设备类	操作手册:包括预期用途、使用方法、限制、环境要素(电源、负载、压力、安全等)等;
2	危险识别类	① 危险处境; ② 危险事件。
3	风险评估类	① 所使用的数据和资源:如意外事故历史、降低类似电气设备风险的经验等; ② 所使用数据的相关不确定性及其对风险评估的影响。
4	防护措施类	① 防护措施要实现的目标; ② 包括防护措施的建设、使用等
5	残余风险类	相关电气设备及使用过程中的可能残余风险

11.2.2　培养准确适当的危险意识和安全意识

负责任的良好的实验室设计,从客观条件上规避或降低了发生风险的概率和程度,同时提供了规避风险或降低风险的防护措施,但高校实验室的主要任务是从事教学和科学研究,目的是验证和探索未知的事物和现象,发生意外客观上难以完全避免,因此提高实验人员、实验管理人员的危险意识和安全意识,培养使用者主动防护和规避风险能力,是从根本上防护和规避风险的最直接手段。

建立专业的、针对性强的实验室电气设备安全培训体系是培养准确适当的危险意识和安全意识的基础条件。合理的安全培训内容必须是通用性知识和专业性知识相结合的,应该包含的内容见表 11.6。

表 11.6　实验室电气设备安全培训主要内容

序号	类别	内容	描　述
1	配电、供电	基础知识	更多的重视实验室电气设备管理使用者识别危险的基础知识,强调适用完备性
		潜在危险和规避措施	强调可预见的风险和规避措施,来自于实验室建设阶段的风险预估和评价内容,针对不同类型的人员开展针对性培训

续表

序号	类别	内容	描　述
2	电气设备	操作流程和使用方法	针对各类电气设备建立规范、完备的操作流程和使用方法,强调规范操作
		潜在危险和规避措施	① 重视培养使用者识别该类设备使用过程中的风险的能力,建立设备风险采集汇报制度; ② 强调可预见的风险和规避措施,分类建设 ③ 对评估风险系数大的设备,在使用者第一次接触该类设备时必须采取相应的保障措施
3	电气设备使用环境	电气设备使用环境保障及相关知识	① 重视电气设备在实验过程中的使用环境变化过程及相关知识的培训,建立必要的识别风险的能力; ② 强调对特殊使用环境的风险意识增强的培训; ③ 强调可预见风险和规避措施 ④ 对评估风险系数大的环境,必须强化
4	与电气设备使用管理的专业知识	与本实验室管理的专业安全知识	特别是与电气设备使用关联的专业安全知识

11.3　实验室安全用电与应急救援

11.3.1　高校实验室电气事故的防止

高校实验室为防止电气事故的发生,应做到如下几点:

(1) 使用室内电源时,应首先确认仪器的使用电压(如 220 V 或 380 V),插头是两插还是三插。如果使用的是三相电源,需要确定三相电的相序,如果不符合时可交换连接导线,调整相序。

(2) 使用电气设备时,手要干燥。不要用潮湿的手接触通电工作的电气设备,也不要用湿毛巾擦拭带电的插座或电气设备。不能用测电笔去测试高压电。

(3) 不能随便乱动或私自修理实验室内的电气设备。进行电气设备的连接、拆装或整体移动时,严禁带电操作,以免发生触电事故。

(4) 经常接触和使用的配电箱、配电板、闸刀开关、按钮开关、插座、插销以及导线等,必须保持完好、安全。不得有破损或将带电部分裸露出来,对不可避免的裸露部分应用绝缘胶布等绝缘体进行妥善绝缘处理。

(5) 不得用铜丝等代替保险丝,并保持闸刀开关、磁力开关等面板完整,以防止短路时发生电弧或保险丝熔断飞溅伤人。

(6) 所有电器设备的金属外壳都应按要求保护接地或保护接零。经常检查电气设备的保护接地、接零装置,保证连接牢固。

(7) 在使用电钻、电砂轮等手持电动工具时,必须安装漏电保护器,工具外壳进行防护性接地或接零,并要防止移动工具时导线被拉断。操作时应戴好绝缘手套并站在绝缘板上。

(8) 在移动电风扇、照明灯、电焊机等电气设备时,必须先切断电源,并保护好导线,以免磨损或拉断。

(9) 在雷雨天气,应停止带电的实验操作,避免发生雷击事故;不要走进高压电杆、铁塔、避雷针的接地导线周围 20 m 之内。当遇到高压线断落时,周围 10 m 范围之内,禁止人员入内;若已经在 10 m 范围之内,应单足或并足跳出危险区。

(10) 对设备进行维修或安装新电器时,一定要先切断电源,并在明显处放置"禁止合闸,有人工作"的警示牌。连接或维修完成后,接通电源,并及时用试电笔或万用表检查电气设备各部分带电情况。

(11) 实验室内不宜存放超量的低沸点有机溶剂或易燃易爆品,以防止这些物品的蒸气达到爆炸极限时遇到电火花而发生爆炸或燃烧。

(12) 电气设备使用完毕后,实验人员应及时关闭总电源,并检查加热装置的分开关是否关闭。

(13) 在进行电气设备的安装时,设备与设备、设备与墙体、设备与通道之间应留有合理的距离,以免人员走动时刮碰到电气设备或线路,维修设备时身体可能会靠墙或接触电气,易引发触电事故。

(14) 通常情况下,不应在无人监控的情况下长时间开启电气设备。不应过度依赖电气开关的自动控制,要经常注意观察电气设备的工作状态,预防传感器失灵而导致电路失控。

(15) 一旦有人触电,应首先切断电源,然后抢救。

11.3.2 安全用电与防护

1. 直接电击的防护

直接接触电击的基本防护原则是:应当使危险的带电部分不会被有意或

无意地触及。最为常见的直接电击的防护措施为绝缘、屏护和间距。这些措施的主要作用是防止人触及或过分接近带电体造成触电事故。

绝缘材料又称介电材料或电介质,其导电能力很小,但并非绝对不导电。绝缘材料的主要功能是对带电的或不同的导体进行隔离,使电流按照规定的线路流动。

屏护是一种对电击危险因素进行隔离的手段,即采用遮拦、护罩、护盖、箱闸等,把危险带电体同外界隔离开来,以防止人体触及或接近带电体所引起的电击事故。屏护还有防止电弧伤人,防止弧光短路或便利检修工作的作用。

间距是指带电体与地面之间、带电体与其他设备之间、带电体与带电体之间必要的安全距离。间距的作用是防止人体触及或接近带电体造成触电事故;避免车辆或其他器具碰撞或过分接近带电体造成事故;防止火灾、过电压放电及各种短路事故;另外还要顾及操作方便。

2. 间接电击防护

间接电击防护即故障状态下的电击在电击死亡事故中约占 50%,而这种电击在尚未导致死亡的伤害中所占的比例要大得多。接地、接零、加强绝缘、电气隔离、不导电环境、等电位联结、安全电压和漏电保护都是防止间接接触电击的技术措施。其中接地、接零和漏电保护是防止间接接触电击的基本技术措施。

11.3.3　实验室用电常见安全事故应急措施

1. 触电类型及特点

触电事故是指电流流过人体时对人体产生不同程度伤害的事故。

触电事故按照电流对人体的损害,分为电击和电伤。当电流流过人体,人体直接接收局外电能时所受的伤害叫电击;当电流转换成其他形式的能量(如热能)作用于人体时,热能体将受到不同形式的伤害,这类伤害统称电伤。

根据触电时的情况,可将触电事故分为五种类型。

(1) 单相触电:人体直接接触到带电电气设备或电力线路中一相时,电流经过人体流入大地或带电体,此种触电方式称为单相触电,它属于直接触电的一种。单相触电的危险程度与电网的运行方式有关。一般情况下,电网接地的单相触电比电网不接地的单相触电危险性大。

(2) 两相触电:当人体的两个部位同时接触电源的两相时,将有电流从电源的一相经过人体流入另一相,这种触电方式称为两相触电。两相触电时,人体承受的电压为线电压,因此两相触电更容易造成严重伤害。

（3）漏电触电：电气设备和用电设备在运行时，常因绝缘损坏而使其金属外壳带电，当人体触碰时，电流从带电部位经过人体流入大地或接地体，这种触电方式称为漏电触电。漏电触电电压受到漏电电阻的影响，一般小于或等于相电压。

（4）跨步电压触电：在带电导线触地或故障情况下的接地体周围都存在电场，当人的两脚分别接触不同点时，两脚间承受电压，电流流经两腿，这种触电方式称为跨步电压触电。

（5）高压电击：当人体靠近带高压电的物体时，在人体和高压物体之间会形成击穿放电，对人体造成一定伤害。当接触高压物体时，如果人体和大地导通，则会有电流流过人体而触电；如果人体和大地绝缘较好，则可能因带上同性电荷而被排斥开从而造成人体的机械伤害。

2. 发生触电事故后的应急措施

学习电气安全的目的是要防止实验室触电事故的发生。如果事故不可避免地发生了，第一时间进行现场急救是十分关键的，如果处理及时、准确，并能迅速进行抢救，很多触电者的心脏虽然停止跳动，呼吸已经停止，但仍然可以抢救回来。

（1）触电事故发生后，首先应迅速查看配电系统。如果实验室总配电箱上的总漏电保护没有跳闸，应以手动方式立即扳下闸刀断电。

（2）当电线搭落在触电者身上或被压在身下时，可用干燥的衣服、手套、绳索、木板、木棒等绝缘物作为工具，拉开触电者或电线。

（3）如果触电者倒地或俯卧在仪器上，不要试图关闭仪器上的开关或拔掉仪器后方墙面上的众多的插头，因为此仪器可能整体带电，施救者身体会接触到仪器外壳而也会触电；也不要试图移动触电者的身体，而应迅速采取（1）中的断电措施。

（4）进行现场急救。当触电者脱离电源后，可轻拍其肩部并高声唤其姓名。如果发现伤员有了意识，应立即送往医院；如发现伤员无反应，应立即用手指掐其人中穴、合谷穴5秒钟；如触电者呼吸心跳停止，要立即进行人工呼吸和胸外心脏按压，试行心肺复苏。

抢救触电者应设法按上述情况迅速切断电源，使其脱离电源后，应立即将其转移到就近的通风而干燥的场所，避免手忙脚乱，避免围观。然后应根据具体情况进行判别，再根据不同情况进行对症救护。对于需要救治的触电者，大致可以分为下列三种情况：

① 对伤势不重、神志清醒，但有点心慌、四肢发麻、全身无力，或者触电过

程中曾一度昏迷，但已经清醒过来的触电者，此时应让其安静休息，并注意观察。也可请医生前来诊治，或送医院救治。

② 对伤势较重、已失去知觉，但心脏仍在跳动，有呼吸的触电者，应让其舒适、安静地平躺。为让空气流通良好，边上不要围观。解开其衣服领口以及裤带，以便于其呼吸。

③ 对伤势较重，呼吸或脉搏停止，甚至呼吸和脉搏都已经停止（所谓的"假死状态"），则应立即进行人工呼吸和胸外心脏按压法进行抢救。同时请医生或快速送医院抢救。

（5）现场救护的主要方法。对触电者进行现场救护的主要方法是心肺复苏法，包括人工呼吸法和胸外按压法两种急救方法。这两种急救方法对于抢救触电者生命来讲，既至关重要，又相辅相成。所以，正常情况下上述两种方法要同时进行。

① 口对口人工呼吸法。口对口人工呼吸就是采用人工机械的强制作用维持气体交换，以使其逐步地恢复自主呼吸。进行人工呼吸时，首先要保持触电者气道通畅，捏住其鼻翼，深深吸足气，与触电者口对口接合并贴近吹气，然后放松换气，如此反复进行。开始时可先快速连续而大口地吹气 4 次，然后施行速度为每分钟 12～16 次。对于儿童为每分钟 20 次。

② 胸外心脏按压法。胸外心脏按压法就是采用人工机械的强制作用维持血液循环，并使其逐步过渡到正常的心脏跳动。让触电者仰面躺在平坦而硬实的地方，救护人员立或跪在伤员一侧肩旁，两肩位于伤员胸骨正上方，两臂伸直，肘关节固定不屈，两手掌根相叠。此时，贴胸手掌的中指尖刚好抵在触电者两锁骨的凹陷处，然后再将手指翘起，按压时抢救者的双臂绷直，双肩在患者胸骨上方正中，垂直向下用力按压，均匀进行，每分钟 80～100 次，每次按压和放松时间要相等。当胸外按压与口对口人工呼吸两法同时进行时，其节奏为：单人抢救时，按压 15 次，吹气 2 次，如此反复进行。双人抢救时，每按压 5 次，由另一人吹气 1 次，可轮流反复进行。

按压救护是否有效的标志，是在施行按压急救过程中再次测试触电者的颈动脉，看其有无搏动。

（6）及时拨打急救电话120。对触电者进行抢救时，千万不能对患者注射强心针。

3. 电气设备引发的火灾

电气设备或电线过热、电火花等都有可能造成火灾或爆炸。发生火灾后，可使用干粉、二氧化碳灭火器；用水灭火须特别注意防止触电，与带电体保持安全距离。

4. 电气设备损坏

（1）事故特点

电路发生断线、短路、接地不良、漏电、误合闸、误掉闸等问题时都有可能造成电气设备损坏。比较严重的损坏通常会产生冒烟、焦煳味等现象。

（2）应急措施

① 出现设备损坏后，应立即切断总电源，避免次生事故的发生；

② 在一定距离之外对损坏的仪器设备仔细观察，确定没有任何危险后再靠近检修或搬运。

第 12 章　大型精密分析仪器的安全使用与维护

　　分析仪器是完成分析工作的重要工具。各种分析仪器在复杂程度、通用性、可靠性、智能化程度和价格等方面差别很大,但它们的目的是相似的,也有些仪器是完成辅助工作的,如样品处理分离等。随着计算机技术的发展,目前很多分析仪器已经实现计算机化,即通过计算机实行操作过程自动化及报告结果自动化。通过对分析仪器一般结构的了解,探讨大型精密分析仪器的安全使用和维护,从而达到优化仪器性能指标,延长仪器使用寿命的目的。

12.1　大型精密分析仪器的基本构成和分类

12.1.1　分析仪器的基本结构

　　所有仪器除了具有本身的特性外,从分析原理来看,它们还具有一些共性,即基本组成十分相似。图 12.1 为一般分析仪器的基本组成。

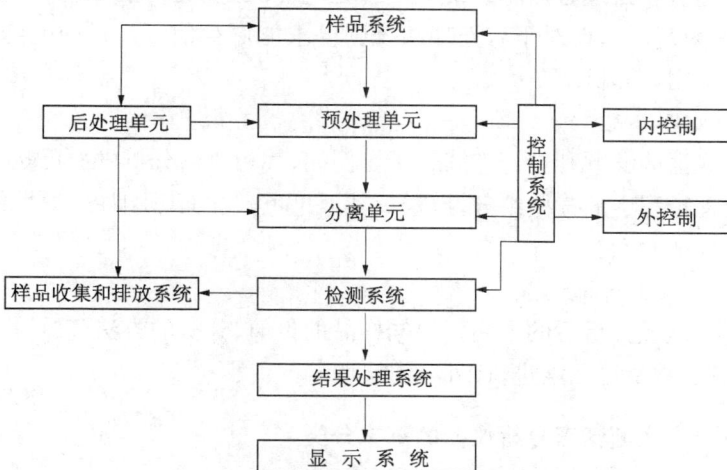

图 12.1　分析仪器的基本构成

1. 样品系统

仪器与物料进行接触的媒介。

2. 预处理单元

用于改变样品的物理或化学状态,以便于仪器进行分析测试。

3. 分离系统

用于提高仪器的通用性。在分析多组分样品的仪器中必须有一个分离系统,分离方法可以是物理的、化学的、光学的、电磁的及数字技术的。例如,色谱按不同分析物与固定相之间的亲合力差异而分离,许多光学分析中用合适的单色器分离其他干扰信号等。

4. 检测系统

用于反映物质的性质与数量关系的变化,它是仪器的最重要部分。分析仪器的响应信息、重现性、选择性、灵敏度等往往决定于此系统。

5. 显示系统

向分析工作者显示分析信息。如状态信息、定性信息、定量信息等。

6. 控制系统

用于管理仪器内部操作与仪器外的处理。目前常用的控制系统均采用计算机系统。计算机可置于分析仪器内部,也可在外部通过适当接口与仪器相连。

7. 结果处理系统

用于分析和处理数据。通常有两种处理方式:实时与后处理。对于实时系统不需储存信号,而对于后处理系统则要求能储存信号。目前的结果处理系统也都采用计算机。

8. 后处理单元

用于保证能够顺利进行连续分析。例如,气相色谱分析中的反吹,用来除去样品处理过程中的某些组分,以避免其通过色谱柱而影响柱分离性能,还可以用来减少死时间。

9. 样品收集和排放系统

负责处理经分析后的样品。根据样品的价值、分析的方法(破坏性和非破坏性)、毒性、数量等因素进行不同的处理。

12.1.2 大型精密分析仪器的基本分类

大型分析仪器一般分为以下几类:

1. 光谱分析仪器

根据电磁辐射与物质相互作用的性质来划分,建立在不同物理基础上的常见光谱分析仪器主要包括:紫外可见分光光度计、红外分光光度计、荧光分光光度计等分析仪器。

2. X 射线分析仪器

常见 X 射线分析仪器主要包括:单晶 X 射线衍射仪、多晶 X 衍射仪(又称粉末 X 衍射仪)、X 射线荧光分析仪。

3. 磁共振波谱仪

磁共振波谱仪主要可以分为以下两种:核磁共振波谱仪、顺磁共振波谱仪等。

4. 色谱分析仪

根据分离色谱柱工作原理不同,色谱分析仪主要分为:① 气相色谱仪;② 液相色谱仪;③ 凝胶色谱仪;④ 离子色谱仪;⑤毛细管电泳仪等。

5. 电子束、粒子束微区分析仪

根据不同表面分析技术特点和取样深度的不同,常见微区分析仪通常分为以下几类:扫描电子显微镜、透射电子显微镜、X 射线能谱仪等。

6. 质谱仪

根据用途不同,质谱仪主要可以分为:同位素质谱仪、有机质谱仪、无机质谱仪等。

7. 热分析仪器

根据测量对象的不同,热分析仪主要分为热重分析仪、差热分析仪和差示扫描量热仪等。

12.2　大型精密仪器实验室的安全建设

12.2.1　大型精密分析仪器实验室的用电要求

现代大型精密仪器实验室离不开用电。掌握电气事故的主要特点对做好实验室电气安全工作具有十分重要的意义。

1. 仪器实验室电气事故的主要来源和分类

常见电气事故按其产生的来源分类,一般可分为自然事故和人为事故。

自然事故:由于自然现象产生的事故,如:雷电、静电、风暴、地震等。

人为事故：由于各种电气系统和电气设备产生的事故，如：电击、电弧、电火花等引起的事故。按照大型仪器实验室电气事故的基本原因，电气事故可以分为以下几类：① 触电事故；② 雷电和静电事故；③ 射频事故；④ 电路事故。详见本书第 11 章。

在以上四类电气事故中，触电事故是大型仪器实验室电气事故中最常见的一种。更为重要的是，电气事故可能会引起电气火灾和爆炸，造成更大程度和范围的损失。

大型仪器设备的电气事故具有抽象性、广泛性等特点，这使得对于电气事故的防护显得十分困难和复杂。

2. 大型分析仪器室电气设备的安装调试要求

大型分析仪器实验室的建设必须按照仪器设备的安装调试要求进行建设。需要注意以下几点：

（1）根据仪器设备的最大功率配置配电箱，以防止仪器过载，导致跳闸现象，干扰仪器设备正常工作，以致损坏设备。

（2）正确配置插座，插座上多种电气的额定功率应小于插座允许的额定功率，使用电源插座时，切忌"小马拉大车"。

（3）大型仪器实验室必须按照仪器设备的技术要求配置绝缘材料和接地线。

（4）电源需要安装符合要求的漏电保护器和空气开关，以有效防止触电事故和因电气设备漏电而造成电气火灾爆炸事故。

（5）仪器实验室的建设中，应注意强弱电线系统的合理布线。相线、零线、保护接地线应选用不同颜色，暗线应穿阻燃管。保护接地线要牢固地接在保护干线上，严禁将单相三孔插座的接地线与零线直接连起来，以防止使用中零线开路时造成电器外壳带电伤人。电气线路建设及电气安装必须符合安全规定。

（6）在实验条件允许的情况下，宜采用安装空调设备、增湿器等，以提高实验场所的相对湿度，消除静电危害。

3. 大型分析仪器室设备操作和管理人员使用和日常维护管理电气时的注意事项

为了有效防范大型仪器设备电气事故，大型仪器设备操作和管理人员在使用和日常维护管理时，需要做到以下几点：

（1）一切大型仪器设备在使用前，应该检查是否漏电，仪器设备的外壳是否带电，接地线是否脱落。

（2）在使用仪器设备的电器动力时，必须事先检查电源开关、马达和机械设备的各部分是否安置妥善。

（3）开始工作或停止工作时，必须将开关彻底扣严或拉下。

（4）安置仪器设备的房间、场所必须保持干燥，不得有漏水或地面潮湿现象，注意电线的干燥度，遵守使用大型仪器设备的规程。离开仪器室时，要切断电加热仪器的电流。

（5）在更换保险丝时，要按照负荷量选用合格保险丝，不得加大或以铜丝代替使用。

（6）仪器室内不得有裸露的电线头，不要用它接通电灯、仪器或电动机。切记实验室内发出火花的危险性，因为空气中可能有构成爆炸混合物的可燃气体或蒸气。

（7）电气开关箱内不准放任何物品，以免导电燃烧。

（8）严禁用铁柄毛刷清扫电门和用湿布擦拭电门，严禁用潮湿的手接触电器。擦拭仪器设备前应将全部电源切断。

（9）仪器动力设备如电风扇、马达等发生过热现象，应立即停止运转，申请专业人员进行维修。

（10）对于高温裸露电气设备均应设置安全罩，严禁将安置妥当的安全罩随意撤掉，以免发生触电烫伤事故。

（11）严格禁止在电气设备或线路上洒水，以免漏电。

（12）大型仪器设备必须安装符合要求的地线，以有效防止静电和雷电等对仪器设备的危害和仪器性能指标的影响。

（13）使用高压电流工作时，要穿上胶鞋并带上橡皮手套，站在橡皮地毯上。

（14）大型仪器设备不得私自拆开及随便进行修理。

（15）受到电流伤害时，要立即用不导电的物体将电线挪开，同时采取措施切断电流，把触电者转移到有新鲜空气的地方进行人工呼吸并迅速转送医院。

由于电流具有看不见、摸不着等特性，其潜在危险不易为人们所察觉，极易对人员和仪器设备造成重大损失。积极采取有效的安全防护措施，可以将危险降到最低。

12.2.2　大型精密分析仪器实验室的用气要求

1. 气体钢瓶的存放要求

压缩气体钢瓶是实验室常用的气体存放方式。压缩气体钢瓶的实验室存放必须注意以下几点：

（1）气体钢瓶应存放在阴凉、干燥、远离火源的地方。

（2）充装有毒气体的气瓶，或充装有介质相互作用接触后能引起燃烧、爆炸的气瓶必须分室贮存。

（3）充装易于起聚合反应的气体气瓶，如乙炔、乙烯等，必须严格规定贮存期限。

（4）气体与其他化学危险品不得随意混放。

（5）气体钢瓶有缺陷不能保证安全使用的，或安装附件不全、损坏或不符规定的，均不应送交气体制造厂充装气体。

（6）气体钢瓶贮藏室必须保持通风。

氢气和乙炔气是大型精密仪器实验室经常使用的压缩气体，主要应用在气相色谱仪和原子吸收分光光度计中。乙炔是极易燃烧、容易爆炸的气体，氢气则是一种无毒、无腐蚀性、极易燃烧的气体。氢气和乙炔气气体钢瓶的危害主要是气体泄露造成爆炸、火灾等事故，从而使实验室房屋和仪器设备损坏，甚至会造成人员伤亡。

2. 氢气的安全使用和防护

（1）氢气在仪器中作为载气是有潜在危险的。氢气具有潜在爆炸性和其他导致危险的特征。

① 氢气在宽浓度范围内有可燃性。在 1 大气压下，氢气在 4%～74.2% 体积范围内可燃。

② 氢气是燃烧最快的气体。

③ 氢气扩散时温度升高，氢气燃点很低。

④ 氢气若在高压下快速扩散会自燃。

⑤ 氢气在强光下燃烧看不到明亮的火焰。

（2）仪器操作人员应该明了氢气积累的机制，当发现或者怀疑氢气积累时应该知道如何预防。

表 12.1　氢气积累机制与结果

机　制	结　果
仪器关闭	仪器可以认为已经关机。也可能由于内部或者外部的原因意外地被关闭，配置电子流量控制（EFC）的仪器关闭时，EFC 将截断载气气流
停　电	由于 EFC 原因，停电时仪器会自动关闭

（3）仪器分析实验室常用的预防措施有：

① 防止载气体管路发生泄漏。使用检漏装置定期检查氢气是否泄漏。

② 尽可能地消除实验室中的火源（点火、检测器产生火花、静电等）。

③ 不要让氢气从高压罐中直接排放到空气中，否则有自燃危险。

④ 用氢气发生器代替压缩气体钢瓶。

⑤ 为避免火灾或爆炸，当色谱柱被拆除或不使用检测器的时候，始终要关闭氢气，这样可以防止氢气的累积。

（4）仪器分析实验室主要的操作预防措施有：

① 关闭气相色谱仪时先关闭氢气气流。

② 停电时一定要记住关闭氢气气源。

3．乙炔气的安全使用与防护

乙炔作为燃烧气体，其火焰燃烧稳定，重现性好，噪声低，温度约为 2 300℃，因此常用作原子吸收分光光度计的燃烧火焰。

含有 7％～13％（体积分数）的乙炔-空气混合气和含有大约 30％乙炔的乙炔-氧气混合气最易发生爆炸。在未经净化的乙炔内可能含有 0.03％～1.8％的磷化氢。磷化氢的自燃点很低，气态磷化氢在 100℃就会自燃，而液态磷化氢甚至在低于 100℃的温度下也会自燃，因此当乙炔中含有空气时，有磷化氢存在，就可能构成乙炔—空气的爆炸起火。乙炔燃烧时，绝对禁止用四氯化碳灭火。存放乙炔气瓶处要通风良好，温度要保持在 30℃以下。充灌后的乙炔气瓶要静置 24 小时后再用。为了防止气体回缩，应该装上回闪阻止器。应该注意，当气瓶内还剩有相当量乙炔气时（一般最多降低到 1 个表压），就需要换用另一只新乙炔气瓶。在使用乙炔气瓶过程中，应经常注意瓶身温度情况。如瓶身有发热情况，说明瓶内有自动聚合，此时，应立即停止使用，关闭气门并迅速用冷水浇瓶身，直至瓶身冷却，不再发热为止。

4．氢气、乙炔气高压气瓶的使用规程

（1）禁止敲击、碰撞，气瓶应可靠地固定在支架上或墙上，以免滑倒。

（2）开启高压气体钢瓶时，操作者需站在气瓶出气口的侧面。气瓶应直立，然后缓慢旋开瓶阀。气体必须经减压阀减压，不得直接放气。

（3）高压气瓶上使用的减压阀要专用，安装时螺口要上紧。

（4）开关高压气瓶瓶阀时，应用手或专门扳手，不得随便使用凿子、钳子等工具硬扳，以防损坏瓶阀。

（5）气瓶与明火距离不得低于 10 m；有困难时，应有可靠的隔热防护措施,但不得小于 5 m。

（6）高压气瓶应避免暴晒及强烈振动,远离火源。

（7）气瓶工作地点应保证良好的通风换气。

（8）气瓶内气体不得全部用尽。剩余残压（即余压）一般应为 2 kg/cm² 左右,至少不得低于 0.52 kg/cm²。

（9）气瓶须定期进行技术检验。气瓶在使用过程中,如发现有严重腐蚀或其他严重损伤,应提前进行检验。

12.3　磁共振波谱仪的安全使用和维护

磁共振波谱仪现在已经成为实验室的常用大型仪器之一,主要可分为以下两种:核磁共振波谱仪、顺磁共振波谱仪。由于磁共振波谱仪系统复杂,在操作磁共振谱仪时可能会对仪器设备造成一些损害。正常操作中最可能导致伤害的情况有:

（1）在盖着防尘盖时,从磁体中弹出样品管。

（2）在没有压缩气体支持下往磁体内放入样品管。

（3）发射的 RF 脉冲太长、太强或者又长又强。

（4）往未连接的导线或者调谐不好的探头中传输 RF 能量。

保证实验室人员的安全特别重要。无论是布置实验室,或是训练在实验室内和周围工作的人员,这都是最重要的。磁共振谱仪不同于绝大多数仪器设备的地方在于其使用强磁体。如果遵守正确的操作规程,在强磁体附近工作是完全安全的,但如果违反操作规程,就有可能造成严重的事故。最重要的是绝对不要允许使用心脏起搏器或者金属关节的人员接近磁体。磁体周围存在一个磁场,这个磁场是不可见的,因此需要在周围区域设置警告标识。如果一个铁磁性物体离磁体太近,会突然被惊人的力量吸进磁体,从而损害磁体,并会伤害周围人员。由于磁场的强度随着远离磁体的距离显著减弱,一般将周围磁场划分为内部区域和外部区域。两个区域的物理范围取决于磁体的大小。磁体越大,磁场会越强,两个区域的范围也会越大。

12.3.1　内部区域的安全与防护

内部区域是指从磁体中心到 1 mT（10 高斯）线之间的区域。在这个区域内,物体可能突然被吸到磁体中心,磁体的吸引力会在很短的距离内由很难觉

不要
在磁体室内
使用金属座椅

严禁
心脏起搏器
使用者
接近磁体

把液氦罐和液氮罐
固定在墙上
0.5 mT线以外

不要
在磁体附近
放置改锥及螺钉

不要使用钢铁做成的梯子

由于磁场可以穿过墙
壁，这些安全措施同
样适用于隔壁房间及
楼上、楼下的房间

标示所有受磁
体影响的区域

保证通风良好

银行卡
信用卡

精密机械、钟表
这些物品如果接近1.0 mT线，可能损坏

磁带、磁盘

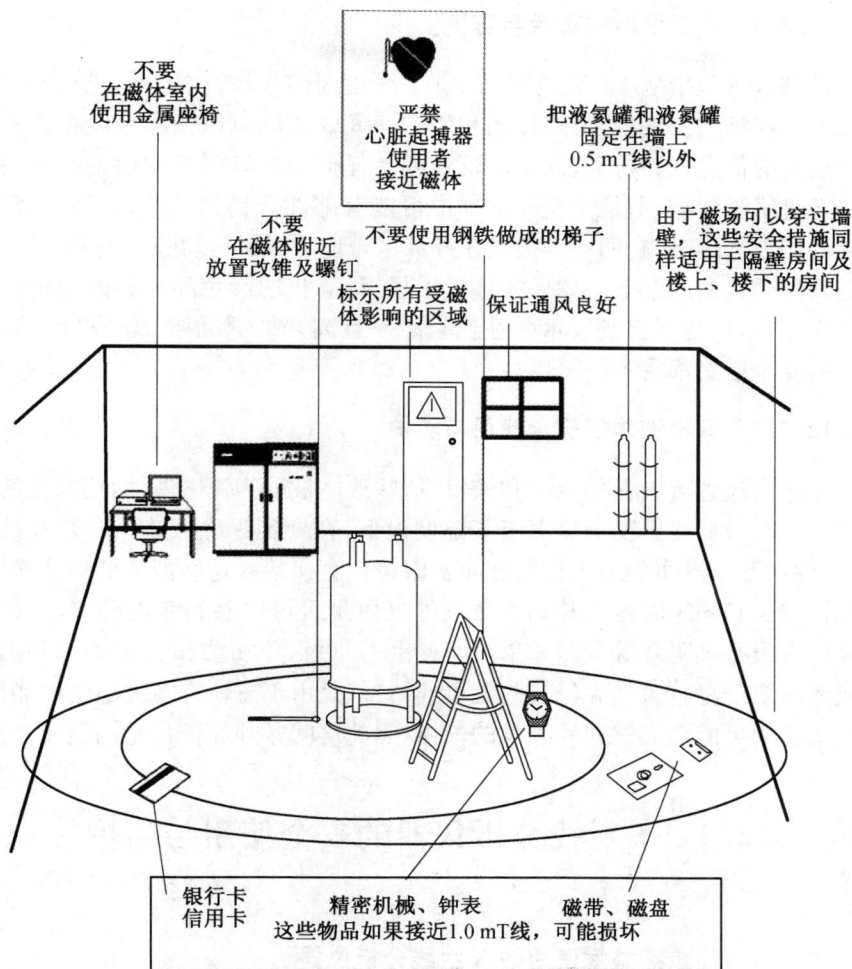

图 12.2　强磁体周围磁场的划分

察增大到无法控制的程度。绝对不允许在这一区域内放置或者移动铁磁性重物。在磁体上工作使用的任何梯子都应该是非铁磁性材料的，例如铝合金。补充液氦、液氮的杜瓦瓶必须是使用非磁性材料制成的。不要把小的金属件（例如改锥、螺栓）放在磁体附近的地面上，如果它们被吸进磁体的腔管内会导致严重的伤害，特别是当磁体没有安装探头时。佩戴手表进入内部区域可能会损坏手表。外部区域的安全措施同样适合于内部区域。

12.3.2 外部区域的安全与防护

外部区域是指从 1 mT 线到 0.3 mT 线之间的区域,磁场不会被墙壁、地板或者天花板阻挡,可能会延伸到相邻的房间。磁场可以消除存储在磁带或者磁盘上的信息。银行卡、安全通行证或者任何包含有磁条的设备都会被损害。光盘不受影响,但是光盘驱动器中可能有部件会受到影响。当使用钢铁做成的压力气罐时,它们应该被放在外部区域以外(最好是在磁体室外面),并且必须被固定在墙壁上。如果太靠近磁场,计算机的彩色显示器的颜色显示会发生变形,但是不会造成永久性伤害。一旦离开外部区域,所有针对磁体磁场的安全措施都将不再需要。

12.3.3 深冷液体的安全使用与防护

磁体内包含着大量的液氦和液氮,这些液体被称为深冷液体,用来把磁场线圈保存在极低的温度下。由于其温度极低,在处理深冷液体时必须穿戴手套、长袖衬衫或者实验室工作服和防护眼镜。直接接触这些液体会导致冻伤。系统管理员必须定时检查并确认蒸发的气体是否可以顺利流出磁体,例如单向阀门有没有被阻塞等等。如果没有接受过训练,不要尝试去给磁体补加液氦或者液氮。尽管氦气和氮气是无毒气体,但是由于磁体存在失超的可能性,会导致房间可能会突然充满蒸发的气体,因此房间必须保证良好的通风。

12.4 X 射线分析仪器的安全使用与防护

12.4.1 高校实验室使用的 X 射线分析仪器

高校实验室用于物质的成分与结构鉴定使用的 X 射线分析仪器主要有:X 射线多晶(粉末)衍射仪、X 射线单晶衍射仪、带电子俘获检测器的气相色谱仪等。

随着经济发展和科研要求的不断提高,X 射线分析仪器的应用越来越普及,加强对 X 射线分析仪器的日常维护和管理,以期减少辐射事故,保障校园生命和财产安全。

12.4.2　射线防护器材的种类和应用

辐射防护领域中使用的射线防护器材按防护对象分,可分为个体防护装备和防护装置。

个体防护装备主要包括铅防护服、铅帽、铅手套、铅玻璃眼镜等;防护装置包括防护门、防护窗、铅屏风、铅玻璃等。

射线防护器材按材料分类,主要有:建材类、金属类、铅玻璃类和铅橡胶类。

(1) 建材类防护材料。这类材料主要指混凝土、砖、防护涂料等用于射线装置机房的基建屏蔽材料。

(2) 金属类防护器材。金属类防护器材是指用金属材料和其他防护材料经机械加工而成的各种射线屏蔽防护装置。如各种规格的电动手动射线防护门、防护窗、铅屏风等。这类防护器材主要用于 X 射线机房。

(3) 铅玻璃类防护器材。铅玻璃主要分为两类,一类是无机铅玻璃,一类是有机铅玻璃。有机铅玻璃比无机铅玻璃耐冲击力高,但不耐碱和酒精。无机铅玻璃主要用于观察窗和制作铅眼镜用,有机铅玻璃主要用于制作防护屏风和防护面罩等。

(4) 铅橡胶类防护用品,主要用于放射工作人员个人的屏蔽防护材料。

12.4.3　X 射线分析仪器常用的有效防护措施

X 射线对人体组织能造成伤害。人体受 X 射线辐射损伤的程度,与辐射量(强度和面积)和辐射部位有关,眼睛和头部较易受伤害。衍射分析用的 X 射线为软射线,比医用 X 射线波长长,穿透弱,人体吸收大,故危害更大。对 X 射线的防护是每个工作人员必须牢记的。人体经超剂量的 X 射线照射,急性损伤症状如烧伤,慢性累积则会引起放射性疾病乃至造成死亡。因而要绝对避免受到直射束的照射,对散射线也需加以防护。故仪器工作时的初级 X 射线(直射线束)和次级 X 射线(散射 X 射线)都要警惕。前者是从 X 射线管发出的直射 X 射线,强度高,在 X 射线分析装置中通常它只存在于限定的行程中。散射 X 射线的强度虽然比直射 X 射线的强度小几个数量级,但在直射 X 射线行程附近的空间都有散射 X 射线。因此直射 X 射线的光程必须用金属板完全屏蔽起来,即使小于 1 mm 的小缝隙,也会有 X 射线漏出。

大型 X 射线分析仪器实验室采取的辐射防护措施主要有:

(1) 尽量采用隔室操作,利用墙、防护门和防护窗进行防护;对于自屏蔽

X射线分析仪器,保证仪器屏蔽防护设施有效,仪器表面 5 cm 处的辐射水平不应超过 2.5 μSv/h。

(2)实验时,力求迅速、熟练,尽量减少被辐射的时间,并应尽可能利用各种夹具、机械手等来操作,以便远离辐射源,减少被辐射剂量,同时应设置隔离屏障,防护 X 射线可以用铅板、铅玻璃或高锡含量的防辐射有机玻璃等进行隔离。

(3)实验时,根据工作场所辐射水平实际情况,选择穿戴适当的个体防护装备,如防护服、防护手套等。禁止在实验室内吃、喝或抽烟。

(4)实验室应保持高度清洁,有良好的通风条件。实验过程中煮沸、烘干、蒸发等均应在通风橱中进行,粉末物质应在手套箱中进行处理。

(5)佩戴个人剂量计和个人剂量报警器,可以知道当天接受的剂量和累积剂量,以便将其控制在安全水平以下。

12.4.4　对 X 射线分析仪器进行有效安全管理的主要措施

对 X 射线分析仪器进行有效的安全管理,主要采取以下措施:

(1)各相关单位根据实验室的工作需要和仪器特点,编写《射线类仪器安全操作规程》和《辐射安全与防护管理制度》,并在放射工作场所显眼的地方张贴相应的规章制度和操作规程。

(2)各单位必须指定专人负责保管和管理射线装置,根据卫生部第 55 号令《放射工作人员职业健康管理办法》和环保部第 18 号令《放射性同位素与射线装置安全和防护管理办法》,放射工作人员必须持证上岗。

(3)各单位应建立健全安全检查制度,定期对各实验室使用射线类分析仪器的放射工作场所进行安全检查。

(4)新建、改建、扩建放射工作场所的放射防护措施,必须与主体工程同时设计审批,同时施工,同时验收使用,放射防护设施设计方案及相关文件,必须报主管部门审查同意后方可实施,竣工后须经环保、安监等相关部门验收同意,获得许可证后方可启用。

12.5　电子束、粒子束微区分析仪的安全使用和维护

电子束、粒子束微区分析仪根据不同表面分析技术特点和取样深度的不同,通常分为以下几类:扫描电子显微镜、透射电子显微镜、原子力显微镜、X

射线能谱仪等等。这些仪器在新型材料的性能研究方面起着重要作用。这里着重对电镜的安全使用和维护进行说明。

电镜实验室安全事件可以分为两类：一类是突发事件，一类是潜在的安全隐患。电镜实验室的突发安全事故很罕见，可是突发事件一旦发生，会表现很剧烈，可能对实验室人员和财产造成损害。潜在的安全隐患，可能对人员健康和财产造成逐渐的损害，以至于不可挽回。针对实验室安全，定期排查安全隐患，不失为一个好的措施。

1. 电镜实验室的危险来源

根据电镜实验室的仪器装置和样品处理要求，其危险来源主要有：

（1）高压容器装置（如二氧化碳临界点干燥器等）；

（2）易燃的可燃液体（酒精等用于清洗镜筒的化学品）；

（3）X 射线泄漏；

（4）有害的化学物质（主要来自样品、戊二醛生物制样药品），或细菌、病毒样品等；

（5）有毒的烟气（真空系统排放的气体）排放。

2. 电镜实验室针对以上危险区域常采用的预防措施

（1）对压力容器进行专业检测；

（2）电子显微镜实验室绝对禁止吸烟；

（3）经常进行 X 射线检测，以防泄漏（一般扫描电镜的防护是没有问题）；

（4）有害物质的储存必须配置外部通风口；

（5）旋片式机械真空泵尾气要排放到室外，或者配置过滤装置。

3. 电镜实验室安全操作的基本规程

（1）在开机前，首先要检查环境的温湿度是否符合仪器工作要求。如果不符合，需要打开空调和去湿机，使仪器达到最佳工作状态。

（2）用无水乙醇等有机溶剂处理样品时，要注意温度和明火，防止引起燃烧。

（3）开机后按仪器说明步骤操作，选择合适的工作参数。

（4）仪器通电时，禁止触碰电子枪的高压电缆线，以防触电。

（5）关机时，切记首先切断高压，再退出程序，关闭服务器电源和实验室总电源。

参考文献

[1] 王卓君. 文化强校. 助推中华民族复兴伟业[J]. 中国高等教育,2013(8):14—16.

[2] 闻星火,梁立军,刘建铭,等. 香港高校的安全管理[J]. 实验技术与管理,2009,26(9):178—181.

[3] 关继祖,俞宗岱. 香港科技大学实验室安全管理系统[J]. 实验技术与管理,2009,26(10):1—3.

[4] 郑春龙. 台湾地区推进高校实验室安全管理研究[J]. 实验技术与管理,2011,28(11):164—168.

[5] 郑晓东,赵月琴. 新加坡大学实验室管理及实验队伍建设情况调研[J]. 实验技术与管理,2011,28(9):168—171.

[6] 廖秀萍,刘屿. 加拿大国家研究所实验室安全与环保管理及启示[J]. 实验室研究与探索,2011,30(9):170—173.

[7] 张志强. 日本高校实验室安全与环境保护考察及启示[J]. 实验技术与管理,2010,27(7):164—167.

[8] 阮慧,项晓慧,李五一. 美国高校实验室安全管理给我们的启示[J]. 实验技术与管理,2009,26(10):4—7.

[9] 温光浩,周勤,程蕾. 强化实验室安全管理,提升实验室管理水平[J]. 实验技术与管理,2009,26(4):153—157.

[10] 尹志宏. 如何设计全新的现代"开放共享"实验室[J]. 实验室研究与探索,2012,31(6):168—172.

[11] 尹志宏. 如何设计全新的现代"开放共享"实验室(续)[J]. 实验室研究与探索,2012,31(7):176—180.

[12] 李五一,滕向荣,冯建跃. 强化高校实验室安全与环保管理建设教学科研保障体系[J]. 实验技术与管理,2007,24(9):1—3.

[13] 蔡毅飞,薛来. 高校化学实验室 EHS 管理体系的构建[J]. 实验室研究与探索,2011,30(4):179—181.

[14] 车剑飞,路贵斌,叶欣欣,等. 高校化学实验室管理中 EHS 文化的构建[J]. 实验技术与管理,2009,26(9):19—24.

[15] 王蓓,刘永红,张宜欣,等. 化学实验室 EHS 管理体系的构建与实践[J]. 实验室研究与探索,2011,30(1):175—176.

[16] 郑春龙. 高校实验室个体防护装备的配备与管理[J]. 实验技术与管理,2012,29

(7):190—192.

[17] 祝优珍,王志国,赵由才.实验室污染与防治[M].北京:化学工业出版社,2006.

[18] 周立亚,龚福忠,王凡,等.创建绿色化学实验室的探讨[J].实验技术与管理,2010,27(6):174—176.

[19] 易国顺,赵邦枝,李名家,等.高校实验室安全与环保的现状分析和对策研究[J].实验技术与管理,2010,27(5):170—174.

[20] 周固,李崧.高校实验室中纳米颗粒材料的安全管理[J].实验室研究与探索,2009,28(4):160—163.

[21] 江玉萍.浅谈高校化学实验的绿色化[J].实验技术与管理,2005,22(7):94—97.

[22] 仇念文,孙建迎,钟杰,等.加强危险废物管理创建"绿色"环保实验室[J].实验室科学,2009(4):161—163.

[23] 贡长生,张龙.绿色化学[M].武汉:华中科技大学出版社,2008.

[24] 任玉杰.绿色有机化学实验[M].北京:化学工业出版社,2008.

[25] 李再峰.绿色化学实验[M].武汉:华中科技大学出版社,2008.

[26] 武晓峰,闻星火.高校实验室安全工作的分析与思考[J].实验室研究与探索,2012,31(8):81—84.

[27] 中国石油和化学工业协会.GB/T 16483—2008 化学品安全技术说明书内容和项目顺序[S].北京:中国标准出版社,2008.

[28] 中华人民共和国交通运输部.GB 6944—2012 危险货物分类和品名编号[S].北京:中国标准出版社,2012.

[29] 全国危险化学品管理标准化技术委员会.GB 13690—2009 化学品分类和危险性公示通则[S].北京:中国标准出版社,2009.

[30] 国务院.危险化学品安全管理条例[EB/OL].http://www.gov.cn/flfg/2011-03/11/content_1822902.htm.

[31] 姜忠良,齐龙浩,马丽云,等.实验室安全基础[M].北京:清华大学出版社,2009.

[32] 黄凯,张志强,李恩敬.大学实验室安全基础[M].北京:北京大学出版社,2012.

[33] 李五一.高等学校实验室安全概论[M].杭州:浙江摄影出版社,2006.

[34] 饶国宁,陈网桦,郭学永.安全管理[M].南京:南京大学出版社,2010.

[35] 崔政斌,崔佳,孔垂玺.危险化学品安全技术[M].北京:化学工业出版社,2010.

[36] 王凯全,等.安全管理学[M].北京:化学工业出版社,2011.

[37] 李勇.实验室生物安全[M].北京:军事医学科学出版社,2009.

[38] 呼小洲,程小红,夏德强.实验室标准化与质量管理[M].北京:中国石化出版社,2013.

[39] 中华人民共和国科学技术部,国家认证认可监督管理委员会.GB 19489—2008 实验室 生物安全通用要求[S].北京:中国标准出版社,2008.

[40] 中国实验室国家认可委员会,军事医学科学院生物工程研究所.实验室生物安全

基础知识[M].中国计量出版社,2004.

[41] WHO. Laboratory Biosafety Manual[M/OL]. 2ed(revised). http://www. who. int/csr/resources/publications/biosafety/Labbiosafety. pdf.

[42] 国务院.病原微生物实验室生物安全管理条例[EB/OL]. http://www. gov. cn/zwgk/2005-05/23/content_256. htm.

[43] 魏志勇.医用核辐射物理学[M].苏州:苏州大学出版社,2005.

[44] 姜德智.放射卫生学[M].苏州:苏州大学出版社,2004.

[45] 杨朝文.电离辐射防护与安全基础[M].北京:原子能出版社,2009.

[46] 刘树铮.医学放射生物学[M].北京:原子能出版社,2009.

[47] 季成富.电离辐射防护与安全管理[M].南京:江苏人民出版社,2007.

[48] 李少瑞.放射同位素与射线装置辐射事故分级处理、报告及监测技术实务全书[M].北京:环境科学出版社,2006.

[49] 中华人民共和国卫生部,国家环境保护总局,中国核工业总公司. GB 18871—2002 电离辐射防护与辐射源安全基本标准[S].北京:中国标准出版社,2002.

[50] 联合国环境规划署,世界卫生组织,国际辐射防护协会合编.激光和光辐射[M].宋增仁,王贤珍,张龙恩,等,译.北京:中国环境科学出版社.1990.

[51] 彭开良,杨磊.物理因素危害与控制[M].北京:化学工业出版社,2006.

[52] 杨径.职业危害的个人防护.北京:中国环境科学出版社,2010.

[53] 朱良漪,孙亦梁,陈耕燕.分析仪器手册[M].北京:化学工业出版社,1997.

[54] 周同惠,汪尔康,陆婉珍.分析化学手册[M].北京:化学工业出版社,1996.

[55] 国家环境保护局标准处. GB 8703—1988 辐射防护规定[S].北京:中国标准出版社,1988.